Martina Meuth · Bernd Neuner-Duttenhofer

PROVENCE

Küche, Land und Leute

Photos von Martina Meuth

Kulinarische Landschaften

Photos von Martina Meuth

ISBN: 978 3 8094 1704 0

© 2008 by Bassermann Verlag,
einem Unternehmen der Verlagsgruppe
Random House GmbH, 81673 München
Copyright der Originalausgabe
© 2000 by Droemersche Verlags-
anstalt Th. Knaur, München
Alle Rechte vorbehalten.
Das Werk darf – auch teilweise – nur mit
Genehmigung des Verlages wieder-
gegeben werden.
Gestaltung und Herstellung:
von Delbrück, München
Reproduktion: Fotolitho Longo, Bozen
Umschlaggestaltung:
Atelier Höpfner-Thoma, München
Karte: Kartographie Huber, München
Druck: Těšínská tiskárna, Český Těšín

Printed in the Czech Republic

Mix
Produktgruppe aus vorbildlich bewirtschafteten
Wäldern und Recyclingholz oder - fasern
www.fsc.org Zert.-Nr. SGS-COC-004278
© 1996 Forest Stewardship Council

Verlagsgruppe Random House FSC-DEU-0100
Das für dieses Buch verwendete
FSC-zertifizierte Papier *Arctic Silk* +
wurde produziert von Arctic Paper Hafreström
und geliefert durch Berberich.

817 2635 4453

Inhalt

Vorwort	6–11

FRÜHLING: Seiten 12–73

Im Hinterland von St-Tropez: Ziegenkäse nach alter Art	14
Les Roches: Ferien am Meer	20
Artischocken: Disteln, die gut schmecken	26
Urlaubsinsel Porquerolles	28
Landschaft des Massif des Maures	34
Cannes: Sonne, Meer und schöne Frauen	40
Monte Carlo: Fürstlicher Luxus	44
Val des Nymphes: Ruine im Grünen	50
Morcheln, die Frühjahrspilze	54
Die Dentelles de Montmirail und ihr goldener Wein	56
Kräuterküche der Provence	60
Saftig, süß und leuchtendrot: Kirschen. Pur und als Dessert	64
Mandragon: die Poststation an der Route Nationale	66
Spitzenweine vom Château Rayas	70

SOMMER: Seiten 74–133

Sisteron und der Canal du Midi	76
Früchte des Südens: von Aprikosen und Pfirsichen	78
Relais für Genießer: La Fuste	80
Leuchtend lila, von betörendem Duft: Lavendel	84
Das »deutsche« Dorf in der Provence	86
Die wilde Schlucht des Verdon	88
Von einem, der Parfums erfindet	92
Maître Boscq und seine Küche	96
Gastmahl bei einer Künstlerin	100
Antibes, die Stadt, und nahebei: ein gemütliches Landhaus	102
St-Maximin: Kleinstadt-Idylle und ein vorzügliches Restaurant	106
Von Bauern, Handwerkern und den typischen Kräutern	114
Bildschönes Weingut: Château Coussin	116
Quirliges Leben in Aix-en-Provence	118
Puyfond: eine Frau am Herd	120
Cavaillon: Melonen und ein guter Koch	124
Fontaine de Vaucluse: tiefe Brunnen und Forellen	130
Traumhafte Kulisse: Sénanque, die Zisterzienserabtei	132

HERBST: Seiten 134–191

Von den Ockerbrüchen bei Roussillon zum malerischen Gordes und den Kalksteinbrüchen von Lacoste	136
Das Geheimnis des Endiviensalats	140
Einfache Alltagsküche in Manes	142
Sault, am Fuß des Mont Ventoux	144
Der heilige, weiße Berg	146
Vaison-la-Romaine: Impressionen	148
Oliven aus Nyons	150
Römerbrücke: Pont du Gard	152
Nîmes: Stierkampf und Paella	154
Restaurant: »Alexandre«	158
Inbegriff für Sommergemüse: la Ratatouille	162
St-Gilles: Romanik und Perrier	164
Marseille: Menschen, Großstadt, Bouillabaisse	166
Restaurant »Le Lunch«: Oase ohne Strom	170
Calanques: wilde Meeresbuchten	175
Fischer-Idylle: Cassis	176
St-Tropez am Ende der Saison	180
Weinlese auf Château Minuty	182
Nizza: der berühmte Salat, der Markt und ein winziges Bistro	186

WINTER: Seiten 192–245

Bei Nizza, das Bergdorf Coaraze	194
Camargue: endlose Weite, Pferde, Stiere und eine gemütliche Farm	198
Orangenkuchen in Aigues Mortes	206
Arles und das Restaurant im ersten Stock	208
Sonnenuntergang in Les Baux	212
Maussane: wo selbst Santons gern essen	214
Les Alpilles: im Landhaus zu Gast	216
Großer Wein: Domaine Trévallon	220
Avignon: die Brücke, die Päpste und leibliche Genüsse	224
Venasque: ein Aussteiger kocht	230
Das schwarze Gold: Trüffel	234
Ländliche Idylle im Rhônetal	238
Ein gemütlicher Landgasthof	240
Zum Winterausklang: die rosa Wolke der Pfirsichblüte	244

Adressenverzeichnis und Landkarte der Provence	246
Rezeptregister deutsch	248
Rezeptregister französisch	249
Stichwortregister und Bibliographie	250

Martina Meuth liebt das unergründliche Violett des Lavendels, den Duft des Knoblauchs und den Geschmack von Olivenöl

Bernd Neuner-Duttenhofer liebt Trüffeln und Thymian, würzigen Wein, den Mistral, sein Licht und den steinigen Mont Ventoux

Vorwort

Jedes Mal, wenn wir uns zu einer unserer Reportagereisen für dieses Buch in die Provence bei Freunden oder beruflichen Partnern abmeldeten, leuchteten deren Augen auf, hörte man ein neidisches Seufzen durchs Telefon: »Aah – Provence! Habt Ihr's gut... Wie schön!«

Provence: Traumlandschaft, Urlaubsziel – aber jeder hat andere Assoziationen. Welche Provence ist gemeint? Das klassische Dreieck *Avignon–Arles–Nîmes* mit den prachtvollen Zeugen römischer, romanischer und gotischer Glanzzeiten? Die Urlandschaft der *Camargue* mit ihren Naturschutzgebieten? Die wilden Gebirge des *Lubéron*, der *Ste-Baume* oder der *Maures*? Verschlafene Dörfer mit boulespielenden alten Männern oder der Jet-Set im Yachthafen von *Cannes*, die internationale Jugend beim Jazz-Festival in *Juan-les-Pins*, die Zigeuner-Wallfahrt in *Stes-Maries-de-la-Mer*? Oder ist es *Aix-en-Provence* mit seinem platanenbeschatteten *Cours Mirabeau*, *Cézanne* und der *Montagne Ste-Victoire*? Der majestätische *Mont-Ventoux*, die wilden Schluchten des *Verdon*, die lieblichen Weinlandschaften unter den

7

Spitzen der *Dentelles de Montmirail* oder die duftenden Lavendelfelder auf dem kargen *Plateau de Vaucluse*? Die von Touristen überlaufene *Fontaine de Vaucluse* oder die einsamen Flußschluchten der *Alpes de Haute-Provence*? Die *Machie* und *Garigue* am *Garlaban*, dem Berg der Jugend von *Marcel Pagnol*, oder die Schafweiden und Eichenwälder im Bergland der *Haute-Provence* von *Jean Giono*? Die geschäftige Hafenstadt *Marseille*, die Industrieanlagen in *Fos* oder am *Étang de Berre*, die kleinen Badeorte an der zerklüfteten Küste des *Esterel*? Oder das mondäne *Monte Carlo*, das im Starrummel versinkende *St-Tropez* und die *Côte d'Azur*, die Luxushotels auf den Caps der *Riviera*?

All dies ist Provence, wenn man uns folgt und die *Côte d'Azur* mit einbezieht, die Provence also bis an die italienische Grenze reichen läßt. Jeder Ort hat seine eigene Wahrheit, seine eigene Schönheit.

Aber – wir stießen bei der Arbeit zu diesem Buch auf eine ganze Menge »Aber«: Diese vorweg, damit wir uns sodann unbeschwert der schönen, der sonnendurchglühten und lichtdurchfluteten, der knoblauchduftenden, nach Olivenöl und Kräutern schmeckenden Provence, dieser kulinarischen Landschaft widmen können!

Manches in der von der modernen Industriegesellschaft usurpierten Landschaft stimmte uns traurig, nicht selten machte uns das unbegreiflich unsensible Naturverständnis der Franzosen ganz einfach wütend; hier erschreckte uns eine ungeahnte Interesselosigkeit an der eigenen Geschichte, der künstlerischen wie der kulinarischen Kultur, und dort verfluchten wir die Auswirkungen eines internationalen, gleichmacherischen, charakterverderbenden Tourismus, der die traditionellen Bauformen und Stadtbilder zerstört, der Produkte, Speisen und Sitten rund um die Mahlzeiten so verändert hat, daß in weiten Teilen von einer provenzalischen Küche nicht mehr gesprochen werden kann. Wir hatten unerwartete Schwierigkeiten, der vielgepriesenen *Cuisine du Soleil*, der Küche der Sonne, in einer unverfälschten, ursprünglichen Form zu begegnen. Und wir mußten entdecken, daß die einstmals so vielfältige Familienküche der provenzalischen Frauen einer recht einfallslos-einseitigen Restaurantküche gleichgültiger Berufsköche gewichen ist. Und was in einigen der weltberühmten Luxushäuser von besternten Köchen auf den Teller gehäuft wurde, war schlampig gekocht und abenteuerlich teuer. Sie wird man in unserem Buch vergeblich suchen.

Aber gottlob gibt es daneben die ein-

fache, die Küche der Bauersfrauen und Fischerinnen – köstlich und unverfälscht, klar und kräftig gewürzt! Stets in einer Mischung aus effektiver Sparsamkeit im Einsatz der Mittel und verschwenderischem Reichtum an Aromen! Wie unterschiedlich und an die lokalen Produkte gebunden die bürgerliche Kochkunst in den Städten! Hier die italienisch beeinflußte Nudel-Küche von *Nizza*, dort eine von *Lyon* die Rhône hinunter in den Süden gelangte Tradition der intensiven Wein-Saucen. Üppige Gerichte in den fruchtbaren Tälern und Ebenen, bescheidene, notgeborene Speisen in den kargen Bergregionen.

Wer heute in die Provence reist, erlebt das Gefühl der Üppigkeit allenthalben – Obst und Gemüse, Sonnenblumenfelder, Getreide, Weinberge. Das war früher anders, vielmehr war Wassermangel stets das Problem. Erst seit in den letzten Jahrzehnten das Kanalnetz das gesamte Land mit Wasser versorgt, ist die Landwirtschaft zu neuer Blüte gelangt. Während einst in der provenzalischen Küche getrocknete Hülsenfrüchte (Linsen, Bohnen, Erbsen, Kichererbsen und Saubohnen) eine überragende Rolle spielten, werden sie heute in ihrer Bedeutung von Frischgemüsen und Salaten weit übertroffen – das gilt auch für die traditionellste Familienküche! Daß die Provenzalen neue Produkte schnell annehmen, haben sie bewiesen: Die aus Amerika importierten Tomaten, Kartoffeln und grünen Bohnen sind längst als unverzichtbar vereinnahmt! Die wichtigsten »Gemüse« in der provenzalischen Küche sind jedoch Zwiebeln und Knoblauch, beides am liebsten roh oder höchstens kurz mitgegart: Ein Erbe aus alten Römerzeiten, denn die in *Arles*, *Orange* und *Nîmes* angesiedelten Söldner aßen zum Frühstück trocken Brot mit Salz, Zwiebeln und Knoblauch.

Freilich dazu stets einen ordentlichen Schluck Wein, am liebsten aus der Region – der Wein von der Rhône genoß in alten Zeiten hohen Ruf. Nach einer Schwemme schwacher Massenweine erzeugt man heute wieder zunehmend hochklassige Weine.

Ein »Grundnahrungsmittel« hingegen, der Fisch, macht Probleme. Aus der chemieträchtigen und in den Kühltürmen der Atomkraftwerke aufgewärmten Rhône sollte man lieber nichts genießen, die Gebirgsflüsse von den Alpen her sind weitgehend ausgetrocknet und die Fischbestände im Mittelmeer erschreckend stark zurückgegangen. Wasserverschmutzung, mehr noch gnadenlose Überfischung, haben dafür gesorgt, daß die Fischer heute kaum mehr genug fangen, um überle-

ben zu können. Der größte Teil des Fischangebotes in den Läden kommt aus dem Atlantik. Freilich: eine gute Bouillabaisse läßt sich nur aus Mittelmeerfischen zubereiten – aus dem billigen Fischeressen ist längst eine teure Luxusmahlzeit geworden.
In den Bergregionen bilden Schafe und Ziegen die Basis bäuerlichen Daseins. Die Lämmer von *Sisteron, Castellane,* aus der *Crau* und den *Alpilles* genießen den besten Ruf. Früher ließ sich das gar nicht so genau festlegen – die Schafherden wurden von den winterlichen Weiden in den Tiefebenen in langen Märschen auf die Almen der *Alpes de Haute-Provence* getrieben: *Transhumance,* Bodenwechsel, nannte man das. Der Beruf des Schäfers oder Ziegenhirten erfordert hohen Einsatz, Verzicht auf Urlaub, ständige Wanderschaft und unsicheren Verdienst – entsprechend selten ist er geworden. Trotzdem: Lamm und Zicklein – das Fleisch der Provence!

Ganz besonders in Verbindung mit den Kräutern, die überall wild wachsen, Futter für die Tiere, auch Weide für Bienen, die aromatischen Honig liefern. Dabei nimmt keine provenzalische Köchin die Mischung, die uns als *Herbes de Provence* in den Souvenirläden aufgeschwatzt wird, eine Komposition aus Thymian, Rosmarin, Fenchel, Bergbohnenkraut, Salbei, Basilikum und Lavendel, um ihren Braten und Ragouts die Würze zu geben, sondern sorgfältig ausgewählt nur ein, zwei, höchstens drei Kräuter, dann aber in verschwenderischer Menge.

Die Basis der provenzalischen Küche ist das Olivenöl: Schon die Griechen brachten den Ölbaum hierher, die Römer haben den Anbau intensiviert, und bis vor wenigen Jahrzehnten galt das provenzalische Olivenöl als das beste der Welt – man sprach vom »Provenzeröl«. An einigen Orten gibt es noch erstklassige Qualitäten, in den meisten Gegenden aber pflückt man die Früchte nicht mehr mit der Hand, sondern schüttelt sie in Netze und erntet erst, wenn die Früchte sehr reif sind: das ergibt ein schweres, kräftig aromatisches Öl, welches für unseren heutigen Geschmack den fruchtigeren, eleganteren Ölen aus Italien unterlegen ist. Auch wurde an den steilen Hängen der Seealpen, den eigentlich besten Lagen, die Pflege der Bäume vernachlässigt, weil sich dort vom Tourismus leichter und besser leben läßt. Die Stadtflucht der provenzalischen Landbevölkerung, die Aufgabe der Bergdörfer, das Verlassen der Höfe – Folge der Industrialisierung, des gesellschaftlichen Wandels, neuer Möglichkeiten. Schon im letzten Jahrhundert der Beginn des Tourismus an der

Küste, neuer Reichtum für die Badeorte. Personal wurde im Hinterland rekrutiert. Die Häfen wurden im Zeitalter des Kolonialismus zu Handelszentren, neben denen sich zunehmend Industrie ansiedelte und die Arbeitskräfte anzog. Nach dem letzten Krieg brachte der Massentourismus immer neue Verdienstmöglichkeiten, erst nur an der Küste, dann zunehmend auch im Landesinneren. Aus ganz Frankreich kamen Köche und Kellner, Stubenmädchen und Serviererinnen an die *Côte*. Die Neuankömmlinge entdeckten rasch die Möglichkeiten der südlichen Küche und lieben das Provenzalische heute mehr als die Provenzalen selbst, die eher den modernen Formen der Gastronomie, fremden Küchen und Produkten zuneigen. Gleichzeitig Beginn einer Veränderung in der Bevölkerungsstruktur und der Nutzung des Landes: In die leerstehenden Höfe und Bergdörfer zogen zunächst Künstler, Literaten und Kunsthandwerker – aus Paris. Picasso entdeckte das Töpfern: heute gibt es in jedem Dorf wenigstens ein Atelier. Bauten sich die Fremden erst nur an der Küste ihre Villen und Zweitwohnungen, zogen sie im Laufe der Jahre immer weiter ins Landesinnere. Aus ganz Frankreich übersiedelten Menschen, die sich nach Luft und Sonne sehnten, in die Provence: Wer im Norden kaum mehr eine Chance sah, konnte sich für ein paar Franc hier ein kleines Häuschen mit etwas Land kaufen und eine Existenz beginnen, die zwar keinen Wohlstand brachte, aber ein Auskommen sicherte in warmer, heller – kurz: angenehmerer Umgebung als im nebliggrauen, kalten Norden. Nach 1958 ließen sich die Algerienfranzosen nieder, nach 1968 die Aussteiger der Studentenrevolution: Alte landwirtschaftliche Betriebe wurden modernisiert, neue Anbaumethoden ließen wieder ländliche Existenzen zu. In den letzten beiden Jahrzehnten haben Alternative immer neue Möglichkeiten in spezialisierten, freilich auch vom Staat unterstützten landwirtschaftlichen Betrieben entwickelt. Das Land, vor dreißig Jahren aufgegeben, bietet wieder Chancen – und die Fremden nehmen sie mit mehr Elan wahr als die Einheimischen, scheinen oft provenzalischer als die Provenzalen und pflegen freudig deren Traditionen.
Landschaft im Herzen Europas, zu allen Zeiten geschichtsträchtig, stolz auf ihre Vergangenheit, weltoffen und aufnahmefähig für Fremdes, dennoch beharrend auf Traditionen, ein Land, das geliebt wird: die Provence.
Unser Buch will ihr und ihren Liebhabern dankend huldigen.

11

FRÜH
Frische Morcheln, Kräuter
Genüsse, die einfach

LING
blüten, Ziegenkäse.
und daher Luxus sind

Eingelegt: junger Ziegenkäse *Monaco: Kunsterlebnis* *Luxus: Hôtel de Paris* *Frühlingsfrisch: Morcheln*

Mit Rosmarinduft: Wachteln *Großer Wein: Château Rayas* *Ferienparadies: Les Roches*

Unter Platanen: Südliches Licht

Eine rauhe Idylle: das wahre Leben auf dem Lande

Seit Jahrzehnten verdirbt der Tourismus die Ursprünglichkeit gerade der gebirgigen und daher trockenen und armen Gegenden der Provence. Und dennoch hat man sich daran gewöhnt, diese kargen Landstriche durch eine rosarote Brille zu betrachten: Wo ein paar Ziegen grasen, der Klatschmohn blüht, eine Handvoll Olivenbäume stehen oder verknurzelte Weinstöcke gedeihen, da wird die Welt einfach zur Idylle erklärt, weitere Gedanken macht man sich keine – man ist ja im Urlaub. Hinter dieser in die Realität geträumten Kulisse freilich sieht es höchst unfreundlich aus: Wer hier der Natur etwas abringen will, bekommt keinen Zucker zu schlecken!

Einer, der es wissen muß, ist Olivier Ronceray, der schon als kleiner Junge mit den Eltern in die Provence gekommen war: Jahrelang hatte er den Rummel von St-Tropez mitgemacht, hatte als Photograph, Maler und Händler das typische Leben der vom Tourismus abhängigen Saison-»Arbeiter« geführt. Aber Anfang der 80er Jahre hatte er die Nase voll – als eine Mischung zwischen klassischem Aussteiger und umweltbewußtem Grünem wollte er zwar Distanz zum Leerlauf dieser modernen Gesellschaft, aber dennoch nicht nach Indien ziehen. Und er wollte beweisen, daß es neben dem zerstörerischen Tourismus und entgegen einer nur auf angeblich wirtschaftliche Großformen ausgerichteten Agrarindustrie eine Möglichkeit gibt, die Landschaft der Provence zu erhalten, nämlich aus einer bäuerlichen Landwirtschaft heraus; und dabei den Menschen zu helfen, ein sinn-volles Leben mit einer wahren Lebensqualität zu führen. Ein kühner Versuch, der enorme Kraft kostete:

Zunächst kaufte er sich einen alten, fast vollkommen verfallenen Hof mit Wäldern inmitten des rauhen Mauren-Gebirges. Dieser *Jas*, wie die hochgelegenen Höfe im Gegensatz zu den *Mas* in der Ebene heißen, war bis zum ersten Weltkrieg von fünf Familien bewohnt, von denen jede jeden Maulbeerbaum für die Seidenraupenzucht und zwei Olivenbäume für das Öl besaß, ein bißchen Land für Gemüse und Getreide, ein paar Schafe und Ziegen. Zu wenig zum Leben . . .

Nach fast siebzig Jahren ohne Pflege mußte Olivier Ronceray erst einmal die Dächer reparieren und – nachdem er sich mit seiner Frau entschieden hatte, Ziegen zu halten – rund um das Haus den Wald aus Korkeichen, Ginster und Kastanienbäumen roden, um Wiesen und einen Gemüsegarten anlegen zu können: Alles in Handarbeit. Es gab weder Strom noch Wasser, das er sich zwei Jahre lang im Kanister herantransportieren mußte, ehe er in einigen hundert Metern Entfernung eine Quelle entdeckte. Inzwischen erzeugt er Strom für Maschinen und Licht mit einem Dieselaggregat und kann über Funk telephonieren.

Die Behörden des Departements Var haben ihm Hilfe geleistet – nicht materiell, aber sie haben ihm eine Ausbildung und mehrere Praktika bezahlt und bei der Entwicklung und Einrichtung der Melkanlage (es war die erste elektrische im Departement) geholfen: Hier werden die Tiere in einem sich drehenden Rundstall gleichzeitig gemolken und gefüttert,

was morgens und abends jeweils 2½ Stunden dauert. Außerdem stellt ihm das Förderungsprogramm einen oder zwei Praktikant(inn)en, auf die er angewiesen ist. Alleine könnte er nicht alles schaffen und auch niemals wegfahren. Denn das rauhe, einsame, entbehrungsreiche Leben hat seine Frau nicht ausgehalten – sie wohnt mit den Kindern in der Nähe und führt wieder eine »bürgerliche« Existenz. Normalerweise bleiben die jungen Leute, die er ausbildet, nur zwei Monate – in letzter Zeit aber gerne immer länger, weil es eben doch nicht so einfach ist, das traditionelle Käsemachen zu lernen: Jede Partie gerät anders, braucht, je nach Temperatur und Luftfeuchtigkeit, eine andere Behandlung. Oft entscheidet sich in einer einzigen Stunde, ob der Käse frisch gegessen werden muß, ob man ihn reifen lassen kann oder ob er sich eignet, mit Kräutern und Gewürzen in Olivenöl eingelegt zu werden. Damit gelang ein Durchbruch – denn das Problem an der *Côte* ist ja, daß man nur während der drei Sommermonate einen ausreichend großen Kundenkreis hat, aber neun bis zehn Monate Käse produziert. Heute verkauft er einen großen Teil seines »*Cabridou*«, wie der einfache weiße, »süße« Käse heißt, in Pokalen ganzjährig an Händler und Großhändler in Nizza, Marseille, Lyon und Paris. An Ort und Stelle liebt man mehr die ganz frischen Käse, häufig mit Kräutern gewürzt – Basilikum, Estragon und Minze, die er ebenso wie den Paprika zum Einlegen in seinem Garten zieht. Beste Qualität und die richtige Vermarktung – das sind die Grundlagen für einen rentablen Betrieb. Die Zeiten, wo der Käse heute so, morgen so geriet, sind allerdings vorbei: Auch von einem kleinen, bäuerlichen Betrieb erwartet man heute ein gleichbleibendes Qualitätsniveau. Dieses muß allerdings deutlich höher liegen und individueller ausgeprägt sein als bei industrieller Herstellung. Um Spitzenprodukte zu erzielen, so ist er überzeugt, benötigt man hochentwickelte Technik, die aber auf den natürlichen Bedingungen basieren und diese intelligent auszunutzen verstehen sollte. Sein Erfolg gibt ihm recht: In den letzten beiden Jahren haben seine Käse den ersten Preis des Departements gewonnen!

Um die unendliche Mühe der Tierhaltung, der Pflege und der Käserei erträglich zu gestalten, schwebt Olivier Ronceray ein landwirtschaftliches Kollektiv vor. Er strebt eine Gemeinschaft von zehn bis zwölf Personen an, die sich die Arbeit nach Neigung und Können teilen und dem einzelnen auch die heute übliche Freizeit lassen. An Interessenten, so weiß er, fehlt es nicht: Immer mehr junge Leute wenden sich wieder den althergebrachten, bäuerlichen, in Jahrhunderten entwickelten Lebensformen zu.

Der Hof von Olivier Ronceray, einige Kilometer vom ehemals gefürchteten Räubernest »La Garde-Freinet« im Massif des Maures ist für die Kinder, die am Wochenende zu Besuch kommen, ein Paradies. Eine Hospitantin gerbt die Ziegenfelle, kümmert sich um einige Bienenvölker und kocht im Winter Maronenpüree: alles wird verkauft!

15

Olivier Ronceray's 75 Zicklein führen ein unbeschwertes Leben in den lichten Korkeichen- und Eßkastanienwäldern und auf den kargen Wiesen des Massif des Maures – nur die 15 besten behält er als Milchziegen, die anderen werden noch jung geschlachtet. Die Milchziegen werden morgens und abends gemolken, die Milch sogleich zum Käsen angesetzt, nämlich mit Lab vermischt und mit etwas Molke vom Vortag gesäuert. Peinliche Sauberkeit und eine konstante Temperatur zwischen 20 und 21 Grad sind dabei Voraussetzung für ein gutes Gelingen. Nach 24 Stunden ist die Milch geronnen und wird mit einer Kelle in kleine Becher gefüllt. Nach 12 Stunden Abtropfen wendet und salzt man die Käse in der Form ein erstes, nach weiteren 12 Stunden ein zweites Mal. Am folgenden Tag kommen sie auf luftige Plastikgitter und müssen vier, bei feuchtem Wetter bis zu sechs Tage reifen – natürliche Bedingungen erfordern Können und Erfahrung. Um die Käse dann nicht sofort und unter eventuellen Verlusten verkaufen zu müssen, legt Olivier Ronceray sie mit Kräutern der Provence in Olivenöl ein.

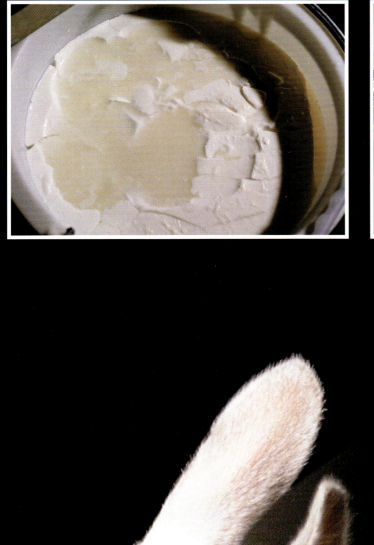

1
– FEUILLETÉS DE CHÈVRES À LA CONFITURE DE COURGE –

SÜSSE KÄSETASCHEN MIT KÜRBISKONFITÜRE

Ziegenfrischkäse ist so mild, daß man ihn – wie Quark – durchaus auch süß verarbeiten kann.

Für vier Personen:
Taschen:
*1 Paket Blätterteig,
Mehl für die Arbeitsfläche,
6–7 ganz frische Ziegenkäse,
1 Ei, 2 EL Milch oder Sahne*
Kürbiskonfitüre:
500 g Sommerkürbis (z. B. Patisson oder Kapuzinermütze, geputzt gewogen) mit Blüten (notfalls auch einige Zucchiniblüten), 450 g Zucker, 1 Vanilleschote

Für die Konfitüre das in feine Scheiben geschnittene Kürbisfleisch und die Blüten mit Zucker vermischt über Nacht zugedeckt stehen lassen, damit sich der Zucker auflöst. Den Saft, der sich dann gebildet hat, abgießen und rasch um etwa die Hälfte einkochen, dabei die Vanilleschote mitziehen lassen. Das Kürbisfleisch mit den Blüten zufügen. Etwa 20 Minuten kochen, bis die Gelierprobe ergibt, daß die richtige Konsistenz erreicht ist. Das Mark aus der Vanilleschote kratzen und in die Konfitüre rühren. In Gläser füllen, verschließen und abkühlen lassen.
Für die Käsetaschen den Blätterteig wie im Rezept nebenan beschrieben dünn ausrollen und zuschneiden. Jeweils in die Mitte der Teigquadrate eine dicke Ziegenkäsescheibe betten. Die Taschen zusammenklappen, mit Eiweiß zukleben. Die Oberfläche mit Eigelb einpinseln, das mit Milch glattgequirlt wurde. Im 200 Grad heißen Ofen 20 Minuten goldbraun backen.

2
– FEUILLETÉS DE CHÈVRES AU BASILIC –

SALZIGE KÄSETASCHEN MIT BASILIKUM

Für vier Personen:
1 Paket tiefgekühlter Blätterteig, Mehl zum Ausrollen, 5–6 kleine, runde Ziegenkäse (eher frisch als trocken), 1 Basilikumsträußchen, 1 Ei, 2 EL Milch oder Sahne

Den Blätterteig auf der mit Mehl bepuderten Arbeitsfläche messerrükkendünn ausrollen. Quadrate von zwölf Zentimetern Kantenlänge ausradeln. Den in Scheiben geschnittenen Ziegenkäse jeweils in die Mitte setzen. Mit Basilikumblättchen bestreuen. Den Teig jeweils darüberklappen, drei- oder viereckige Taschen formen. Die freie Teigfläche mit Eiweiß einpinseln, das die Tasche nachher zusammenhält. Die Ränder gut festdrücken, damit der Käse beim Backen nirgendwo auslaufen kann. Das Eigelb mit Milch oder Sahne verquirlen und auf die Oberfläche der Teigtaschen pinseln. Die Täschchen auf ein mit Backpapier belegtes Blech setzen. Im 200 Grad heißen Ofen etwa 20 Minuten backen, bis die Taschen aufgegangen und schön braun und knusprig geworden sind.
Heiß, am besten mit einem Salat aus reifen Tomaten, der mit schwarzen Oliven und reichlich Basilikum angemacht ist.

»Les Roches«: leise, lässig, luxuriös

Wer einen ruhigen Urlaub am Meer verbringen will, hat's an der *Côte* nicht leicht: das typisch französisch-quirlige, rast- und ruhelose Feriengetriebe, endlose Autoschlangen – und fast überall donnern zwischen Haus und Meer die Züge der Eisenbahn vorbei...
Eine Oase der Ruhe, unmittelbar am Meer, die Straße abseits im Rücken, liegt auf den Felsen von *Aiguebelle* bei *Le Lavandou* das Hotel »Les Roches« – wie ein glücklich gestrandetes Schiff. Dieser Eindruck ist kein Zufall: Die Eigentümer, die in England mehrere Restaurants besitzen, wollten im mediterranen Rahmen ein britisches Ambiente schaffen – und wo könnte sich die reichlich vertretene englische Klientel mehr in Ferien und gleichzeitig heimischer fühlen, als auf einem Schiff? Die an Drahtseilen gespannten Segel schützen nicht nur vor der Sonne, sondern knattern auch im Wind, Schäkel und Trossen klingeln wie auf einem Boot. Im Restaurant sitzt man bei geöffneten Schiebetüren wie auf einem Schiffsdeck, das Geländer wird zur Reling.
Die großen Zimmer sind licht und klar, verfügen über Balkon oder Terrasse zum Meer, sind mit großen Terrakottaplatten ausgelegt, die Bäder in provenzalischer Art gefliest. Neuerdings gibt es im Untergeschoß kleinere Zimmer, an deren Scheiben bei Wind und Wellengang das Meer gischtet. Mehrere Liegeterrassen, ein Pool, gepflegte Gartenanlagen, der Beach-Club, in dem man zwischen Sonnenbädern Kleinigkeiten, Gegrilltes und Salate essen kann, eine Bar und schließlich das weiträumige, in Pastelltönen gehaltene Restaurant machen den Komfort perfekt.
Zwei junge Leute, der gebürtige Bretone Laurent Tarridec als Koch und Pierre Prat aus dem nahen St-Raphael als Saalchef, geben dem Haus einen frischen, angenehm aus dem Rahmen der Routine fallenden Stil.
Laurent Tarridec hat in ganz Frank-

– britisches Flair und kreative Küche

reich bei verschiedenen Köchen gelernt, ehe er an der *Côte* heimisch wurde. Zunächst kochte er hier ganz provenzalisch, mit vielen Kräutern, den typischen Würzkombinationen aus Olivenöl, Tomate, Anchovis, Knoblauch und Basilikum. Seit ein paar Jahren baut er aber zunehmend Elemente aus Asien ein, deren verschiedene Küchen er auf vielen Reisen kennenlernte. Fisch-Sauce ergänzt Anchovis, asiatisches Basilikum ersetzt das heimische, Ingwer, Chili, verschiedene Currypasten, Sesamöl, Minze, grüner Koriander (*cilantro* – auch in der arabischen Küche heimisch), Zitronengras (*citronelle*) und Zitronenblatt (*bergamotte*) gehen mit aromatischem Provencegemüse, Felsenfischen und Krustentieren, würzigem Lamm und zartem Geflügel aufregende und einträchtige Verbindungen ein. Eine Küche der Phantasie, voller Spiel und Kreativität.

Pierre Prat kennt die passenden Weine dazu: In den letzten Jahren haben einige provenzalische Weingüter die eingetretenen Pfade verlassen und machen mit modernster Technik, bestem Lesegut und dem nötigen Ehrgeiz Weine voller Frische, mit zarter Säure und fruchtigen Aromen, die mit den würzigen Gerichten Tarridecs in idealer Weise harmonieren.

Seine besondere Liebe gilt aber dem Käse: In der Hochsaison kann man hier rund 150 verschiedene Sorten probieren, wobei die Auswahl von rund 40 englischen Käsen sein ganzer Stolz und sicher auch in England selbst in dieser Perfektion selten anzutreffen ist. Die Pflege ist in diesem Klima freilich aufwendig: Drei Stunden am Tag beschäftigt er sich mit ihnen, wäscht und bürstet, putzt und beschneidet sie. Im »Tantalus«, dem verschließbaren englischen Karaffenständer, stehen Port, alter *Bandol* und *Muscat de Beaumes-de-Venise* bereit. Geschmackliche Harmonie zwischen Frankreich und Britannien!

»Les Roches« in Le Lavandou: Der Blick schweift frei über das flimmernde Meer zu den Klippen des Massif des Maures oder zur Île du Levant. Für das Wohl der Gäste sorgen Laurent Tarridec und Pierre Prat auf ruhige, aufmerksam-gelassene Weise

1

– LA SOUPE CLAIRE
DE LANGOUSTINES –

KLARE SUPPE
MIT MEERESFRÜCHTEN

In einem Sud, der intensiv nach thai-
ländischem Zitronenblatt duftet, den
eßbaren Blättern der sogenannten
Kaffirzitrone, sind Scampi und Venusmuscheln pochiert. Scheiben von thai-
ländischer weißer Aubergine und
reichlich Korianderblätter geben asiatische Würze, winzige Würfelchen von
roter Bete setzen Farbtupfer neben
grüne Erbsen und gelbe Pfifferlinge.

2

– LE TABOULÉ DE LOUP EN
PEAU D'ÉPICES, BOUILLON
D'ASPERGES VERTES –

SEEWOLF-FILET AUF
GRÜNER SPARGELSAUCE

Das Filet vom Seewolf wird mit einer
Schicht von arabischem Weizengrieß
(Couscous) bedeckt, die mit einer Cur-
rymischung geschärft und exotisch ge-
würzt ist, anschließend unter dem
Grill gebräunt. Serviert mit einer
Sauce aus püriertem grünem Spargel,
die ebenfalls nach den Wohlgerüchen
Asiens duftet. Garniert wird der Teller
mit wilden Spargelspitzen.

3

– LE FILET DE ST. PIERRE À
L'HUILE PARFUMÉE –

ST. PIERRE-FILET
IN DUFTENDEM ÖL

Das Fischfilet wird zunächst in chine-
sischem Sesamöl mariniert, bevor
man es sanft über sojawürzigem Sud
dämpft und schließlich mit hauchfein
geschnittenen Frühlingszwiebeln bestreut serviert. Die rhombenförmig
zugeschnittenen Manges-Touts (Zuk-
kerschoten) sind in einem mit Galgant
und Zitronengras gewürzten Sud nur
kurz gegart und deshalb sehr knackig.

4

– LES BEIGNETS DE
SARDINES À LA PURÉE DE
POIVRONS DOUX –

GEBACKENE SARDINEN
MIT PAPRIKASAUCE

Dieser Ausbackteig ist besonders
knusprig. Im übrigen handelt es sich
um eine moderne Version eines alten
provenzalischen Gerichtes.

Für vier Personen:
Teig:
85 g Mehl, 85 g Kartoffelstärke,
15 g Backpulver, ¼ l lauwarmes
Wasser, 1 EL Olivenöl, Salz
Außerdem:
10 frische Sardinen, 8 Zucchiniblüten,
eine Handvoll schöner Kräuterblätter,
zum Beispiel Salbei, Basilikum,
Liebstöckel, glatte Petersilie,
Öl zum Fritieren
Paprikasauce:
2 große rote Paprikaschoten,
2 Schalotten, 2 Knoblauchzehen,
3 EL Olivenöl, ⅛ l Wein, Salz

Den Teig mindestens eine Stunde vor
dem Essen anrühren, damit sich der
Kleber des Mehls entwickeln kann:
Mehl, Stärke und Backpulver mit dem
Wasser verquirlen.
Inzwischen die Sardinen entgräten,
halbieren und auf der Außenseite mit
einem scharfen Messer kreuzweise
einritzen. Schließlich salzen, pfeffern,
in den Teig tauchen, gut abtropfen und
schwimmen im heißen Öl eine Minu-
te backen – nur blaßgelb werden lassen, damit der Fisch schön saftig
bleibt. Zucchiniblüten und Kräuterblätter ebenfalls in den Teig tauchen
und ausbacken.
Für die Sauce Paprika, Schalotten und
Knoblauch kleinschneiden, im Öl andünsten, mit Wein und ebensoviel
Wasser auffüllen, salzen. Zugedeckt
30 Minuten weich kochen. Im Mixer
pürieren, durch ein Sieb streichen,
wenn nötig noch etwas einkochen und
abschmecken.

5

– LA BARIGOULE DE TOUS
LES LÉGUMES
AUX COQUILLAGES –

GEMÜSE À LA BARIGOULE
MIT MEERESFRÜCHTEN

Angeblich soll sich der Name von einem Pilz ableiten, der in der Provence
heimisch ist – allerdings kommt er in
der Zubereitung nicht vor. Jedenfalls
sind Artischocken *à la barigoule* ein
sehr beliebtes Gericht, das immer
wieder anders aussieht. Meist sind die
bis aufs Herz geschälten Artischocken
in einem Sud aus Olivenöl und Weißwein gesotten, oft auch zusammen mit
anderen Gemüsen, zum Beispiel Möhren, Lauch, Blumenkohl oder Zucchini, nie jedoch Pilze . . . (Siehe auch Seite 219) und statt mit den sonst üblichen Korianderbeeren würzt Laurent
Tarridec den Sud mit dem frischen
Koriandergrün.

Für 4 Personen:
8–10 kleine Artischocken, 2 Möhren,
2 Zucchini, 2 Zwiebeln,
4–6 Knoblauchzehen,
eine Handvoll Blumenkohlröschen,
6 EL Olivenöl, ½ l Weißwein,
Saft von 2 Zitronen,
1 TL Pfefferkörner, Salz,
4 schöne Garnelenschwänze,
200 g junger Tintenfisch,
200 g Vongole (Venusmuscheln),
Pfeffer, Korianderblätter

Die geschälten Artischockenherzen
halbieren oder vierteln. Möhren und
Zucchini in Streifen, Zwiebel in Seg-
mente, Knoblauch in Scheiben schneiden, Blumenkohl in kleine Röschen
teilen. In vier Löffeln Olivenöl andünsten, mit Wein und Zitronensaft auffüllen. Pfeffer zufügen und Salz. Etwa
20 Minuten köcheln, bis das Gemüse
gar ist, aber noch Biß hat.
Die Meeresfrüchte putzen, Garnelen
entdärmen, Tintenfische in Stücke
schneiden, auf der Innenseite kreuzweise einkerben. Im restlichen Öl
rasch sautieren, salzen und pfeffern.
Das Gemüse à la barigoule in tiefen
Tellern anrichten. Die Meeresfrüchte
dazwischen verteilen und großzügig
mit Korianderblättern bestreuen.

1

– L' AÏOLI DES ROCHES –

DIE GROSSE AÏOLI NACH ART DES HAUSES

Natürlich auch dies eine verfeinerte, moderne Version des schlichten, typisch provenzalischen Freitagsessens (siehe Seite 87): Statt des sonst üblichen Stockfischs frischer Kabeljau und jede Menge eleganter Gemüse.

Für vier Personen:
1,5 kg Gemüse, was der Garten oder Markt hergibt: jetzt im Frühjahr Artischocken, zarte Möhren, Spargel, die ersten Zucchini, neue Kartoffeln, Salz, Pfeffer, ca. ¾ l Gemüsebrühe, 800 g Kabeljaufilet
Aïoli:
2 Eigelb, 4–6 Knoblauchzehen, 1 frisch gekochte Kartoffel ¼ l aromatisches, provenzalisches Olivenöl, Salz, ½ TL Senf, Zitronensaft

Das Gemüse putzen, hübsch zuschneiden, in Salzwasser oder Gemüsebrühe knapp gar kochen. Den Fisch im Gemüsesud sanft ziehen lassen.
Für die Aïoli Eigelb, Knoblauch und Kartoffel im Mixer pürieren, dabei langsam das Öl hinzufließen lassen (alles muß gleiche Zimmertemperatur haben!). Wenn die Sauce hellgelb und dick geworden ist, mit Salz, Senf und Zitronensaft abschmecken.
Das Gemüse auf einer großen Platte anrichten, die Aïoli getrennt reichen.

2

– LA »BRANDADE« DE CABILLAUD AU JUS DE VIANDE –

»BRANDADE« VOM KABELJAU MIT FLEISCHSAFT

Die Anführungszeichen sollen andeuten, daß es sich hier nur um eine Variante zum Thema handelt. Denn unter Brandade versteht man ein Püree aus Stockfisch und Milch (siehe auch Seite 156). Laurent Tarridec hat das klassische Rezept modernisiert.

Für vier Personen:
200 g Lauch, 50 g Knoblauchzehen, 3 EL Olivenöl, Salz, 500 g mehlige Kartoffeln, 1 Bund Schnittlauch, 4 EL Milch, 4 schöne Stücke Kabeljaufilet, Mehl, Öl zum Braten, ⅛ l Kalbsfond

Das Weiße vom Lauch mit dem Knoblauch kleinschneiden, im Öl andünsten, salzen und mit wenig Wasser bedeckt sanft weich kochen. Gut verrühren, falls jetzt nicht alles zu einem Brei zerfällt, das Gemüse mit dem Pürierstab glattmixen.
Die Kartoffeln in ihrer Schale mit grobem Meersalz weich kochen, abgießen, pellen und heiß durch die Presse in die eben aufkochende Milch drükken. Das Lauch-Knoblauchpüree zufügen. Mit dem Holzlöffel glattrühren, mit Salz und Pfeffer abschmecken. Den in Röllchen geschnittenen Schnittlauch untermischen.
Die Fischstücke im Mehl wenden, salzen und pfeffern, im heißen Öl auf beiden Seiten sanft bräunen.
Auf einem Klacks Kartoffelpüree anrichten. Mit heißem Kalbsjus umgießen. Laurent Terridec garniert die Teller mit gedünsteten Knoblauchzehen und Frühlingszwiebeln.

3

– LE GRATIN DE GRIOTTES ET PARFAIT RÉGLISSE –

SAUERKIRSCH-GRATIN MIT LAKRITZ-PARFAIT

Hierfür braucht man zu Pulver zerkleinertes Lakritz. In Frankreich wird so etwas fertig angeboten. Bei uns ist Lakritz zu kleinen Stangen gepreßt, die man übrigens in jeder Drogerie kaufen kann. Sie lassen sich im elektrischen Zerhacker pulverfein mixen.

Für vier bis sechs Personen:
Lakritz-Parfait:
4 Eigelb, 4 EL Zucker, 25 g Lakritz, 200 g Sahne
Gratin:
2 Eigelb, 1 TL Speisestärke, 2 gehäufte EL Zucker, ⅛ l Milch, 1½ Blatt Gelatine, 150 g Zucker, 3 Eiweiß, 250 g Sauerkirschen, brauner Zucker zum Bestreuen
Sauce:
250 g Sauerkirschen, 150 g Zucker, ⅛ l Rotwein

Eigelb und Zucker im Wasserbad dick und cremig schlagen. Das Lakritzpulver unterrühren. Unter die abgekühlte Masse die steifgeschlagene Sahne unterziehen. In eine kleine Kastenform füllen, mit Folie abdecken und im Gefrierfach kalt stellen.
Für den Gratin zunächst eine Konditorcrème kochen: Dafür die Eigelbe mit der Stärke und dem Zucker im Wasserbad zu einer dicken, hellen Crème schlagen, die aufgekochte Milch zufügen und auf mittlerem Feuer unter ständigem Schlagen einmal aufwallen lassen. Die eingeweichte Gelatine unterziehen. Zur selben Zeit den Zucker mit zwei Eßlöffeln Wasser in einem kleinen Topf aufkochen. Gleichzeitig das Eiweiß steif schlagen. Nach fünf Minuten sollte der Zucker zur »Perle« gekocht sein, das heißt, ein in kaltes Wasser fallender Tropfen muß als Kugel zu Boden fallen. Jetzt heiß unter ständigem Schlagen in den Eischnee rühren, bis sich alles völlig verbunden hat. Die heiße Konditorcreme auf diese Masse geben, beides mit einem Spachtel vermischen.
In kleine Portions-Tortenringe oder in Portionsförmchen füllen, dabei entstielte Sauerkirschen dazwischen betten. Mit braunem Zucker dick bestreuen und unter dem Grill acht Minuten garen. Aus den Ringen lösen und mit einer Scheibe Lakritz-Parfait anrichten. Dazu paßt eine Sauce aus Sauerkirschen und Rotwein.

Disteln für Genießer

Das wohl beliebteste Gemüse der Provenzalen ist, vor allem im Frühjahr, die Artischocke. Die Distelart mit der fleischigen Knospe kam über die Araber (Sarazenen) ins Land, wird seit Jahrhunderten kultiviert und gehört zu den edelsten Gemüsesorten. Die verhaltene Bitterkeit, ein nußartig anmutender Geschmack und die zarte Konsistenz machen sie zum begehrten Genuß, aber auch die gesundheitlichen Aspekte kommen nicht zu kurz: Wie vielen bitteren Dingen schreibt man der Artischocke blutreinigende Wirkung zu. Während man bei uns die großen runden vorzieht (die dann allerdings meist aus der Bretagne oder aus Spanien importiert werden), von denen man die Blätter abzupft und auslutscht oder nur den Boden ißt, schätzen die Provenzalen die kleineren, violetten Sorten höher ein: Man schält sie regelrecht, so daß nur das Herz übrig bleibt, das vollkommen eßbar ist. Allerdings werden heute in der Provence beide Sorten angebaut: Die größeren runden, wie auf dem Bild aus der Nähe von *Hyères* zu sehen, die im

1
– OMELETTE AUX ARTICHAUTS –
ARTISCHOCKEN-OMELETT

Entweder in einer sehr großen Pfanne ein Omelett für zwei backen, oder nacheinander in einer Portionspfanne für jeden sein eigenes Omelett zubereiten.

Für zwei Personen:
2 große Artischocken,
2 Knoblauchzehen, 2 EL Olivenöl,
Salz, Pfeffer, 4 Eier, Petersilie

Die Artischocken völlig entblättern, ihr Herz oder die Böden in dünne Scheiben schneiden und zusammen mit dem feingehackten Knoblauch im heißen Öl in einer Omelettpfanne dünsten, bis sie gar sind, aber noch Biß haben. Dabei salzen und pfeffern.
Inzwischen die Eier gründlich verquirlen, mit Salz und Pfeffer und reichlich feingehackter Petersilie würzen. In die Pfanne gießen und bei mittlerer Hitze stocken lassen, wobei die Unterseite zart bräunen darf.

2
– ARTICHAUTS AUX HARICOTS SECS –
ARTISCHOCKEN MIT WEISSEN BOHNEN

Beides paßt glänzend zusammen: die winterlichen weißen Bohnen bekommen durch die Frische der frühlingshaften Artischocken eine erstaunliche Leichtigkeit. Das Gemüse paßt als Beilage zu Fleisch, oder ist, mit mehr Flüssigkeit als im Rezept angegeben aufgefüllt, ein herrlicher Eintopf.

Für vier Personen:
250 g weiße Bohnen, Salz, eine kleine Handvoll Salbeiblätter,
6–8 Artischocken, 1 große Zwiebel,
3–4 Knoblauchzehen, 3 EL Olivenöl,
je 2–3 Rosmarin- und Thymianzweige, Muskat

Die Bohnen über Nacht einweichen, schließlich mit frischem Wasser, das mit Salz und Salbei gewürzt ist, großzügig bedecken und dreiviertel gar kochen.
Inzwischen die Artischocken bis auf ihr Herz schälen. Nicht zu klein gewürfelt mit feingehackter Zwiebel und Knoblauch im heißen Öl andünsten. Die Bohnen mit so viel Kochwasser zufügen, daß alles knapp bedeckt ist. Die restlichen Kräuter obenauf betten. Zugedeckt etwa 20 Minuten köcheln, bis die Bohnen weich geworden sind. Mit Salz und viel frisch geriebener Muskatnuß abschmecken.

3
– ARTICHAUTS FARCIS –
GEFÜLLTE ARTISCHOCKEN

Hierfür möglichst große Artischocken nehmen, die dick und flach sind und deshalb gut in der Form stehen können. Die gefüllten Böden schmecken übrigens auch lauwarm, am besten mit frischem Baguette, zum Aufwischen des Schmorsafts.

Für vier Personen:
4 Artischocken, Zitronensaft,
6 gehäufte EL Semmelbrösel,
2 Bund Petersilie, Salz, Pfeffer,
2 ganze Knoblauchknollen,
⅛ l Olivenöl, 3–4 EL Weißwein

Die Artischocken bis auf ihren Boden von Blättern befreien, am Rand schön glatt schneiden, das Heu herausschaben. Die säuberlich hergerichteten Böden rundum mit Zitronensaft einreiben oder in Wasser legen, das mit reichlich Zitronensaft versetzt ist, damit sie schön hell bleiben.
Für die Füllung Semmelbrösel, feingehackte Petersilie, Salz, Pfeffer und durch die Presse gedrückten Knoblauch mit so viel Öl mischen, daß eine streichfähige Paste entsteht. In die gesalzenen Artischockenböden verteilen, schön aufhäufen, daß sich die Füllung nach oben wölbt, und festdrücken. Nebeneinander in eine flache, feuerfeste Form setzen. Mit Öl und Wein beträufeln. Im Backofen bei 220 Grad insgesamt 40 bis 50 Minuten schmoren – je nach Größe –, bis die Böden gar sind. Dabei ab und zu mit ihrer Schmorflüssigkeit beschöpfen.

späten Frühjahr am besten schmecken, und die kleineren länglichen, die es nur im tiefen Winter und im Hochsommer nicht gibt.

Von allen Artischockenarten ist die erste und zweite Knospengeneration am zartesten – also die Hauptknospe und die von den wiederum stärksten Seitentrieben. Sie haben einen verhältnismäßig dicken Stiel, fest geschlossene Blätter und einen fleischigen Boden. Die später folgenden Nebenknospen bleiben kleiner und sind oft von störenden Fasern durchzogen. Ihr Stiel ist dünn, und die Blätter biegen sich zur Spitze hin nach außen. Artischocken schmecken nur ganz frisch wirklich gut, müssen straff und lebhaft gefärbt sein.

Unter den vielen Sorten erinnern heute nur noch wenige mit spitzen Dornen an ihre distelige Vergangenheit – früher waren alle solcherart bewehrt, weshalb in alten Rezepten stets empfohlen wird, man solle die Blattspitzen mit einer Schere abschneiden. Das ist natürlich nur nötig, wenn tatsächlich Dornen vorhanden sind. Egal, welche Sorte und welche Zubereitungsart: Wenn man Artischockenherzen oder -böden herausschält, muß man sie sofort in Zitronenwasser legen, damit sie nicht braun werden.

Eine Spezialität von Nizza (und heute der ganzen Provence): Die »poivrades«. Das sind winzige, ganz jung geerntete lila Artischocken, die man roh verspeist, indem man sie nur in eine Mischung aus Salz und Pfeffer *(poivre)* stippt, mit Zitronensaft und Olivenöl zu einem Salat anmacht oder hauchdünn über alle möglichen Fleisch- oder Fischgerichte hobelt.

27

Der »Mas du Langoustier« und die grüne Ausflugsinsel Porquerolles

Die Hyèrischen Inseln Levant, Port-Cros und Porquerolles vor der Südküste der Provence gehören zu den ursprünglichsten Regionen der Provence. Einst nur Zufluchtstätten von Piraten, dann militärische Vorposten, verschlossen sie sich dem Tourismus. Glücklicherweise wurden sie früh unter Naturschutz gestellt, so daß keine Hotelburgen und Feriensiedlungen entstehen konnten. Außerdem sind Motorfahrzeuge nicht zugelassen.

Die größte der Inseln, Porquerolles, bietet an der Nordseite herrliche Strände, während der Süden steil ins Meer abfällt. Bis in die Mitte des 19. Jahrhunderts wurde hier aus Meeresalgen und dem Salz der nahen Salzfelder von Giens Soda gesotten, das zur Herstellung von Glas, Seife und Reinigungsmitteln sowie zum Färben und Gerben gebraucht wurde. Dabei hatte man die Wälder ausgeplündert, die aber inzwischen wieder nachgewachsen sind und in fast urwaldlicher Dichte fast die ganze Insel überziehen, unterbrochen nur von Rebgärten.

Hauptort der Insel ist das gleichnamige Hafenstädtchen, das über einige bescheidene Hotels, ein paar Ferienhäuser, eine Reihe von Restaurants und Imbißbuden, mehrere Fahrrad-Ausleihen und vor allem viele Liegeplätze für Motor- und Segeljachten verfügt. Fast das ganze Jahr über ist es recht ruhig hier, doch in den Monaten Juli/August und an Wochenenden und Feiertagen im Frühjahr scheint die Insel überzuquellen: Tausende von Naturfreunden setzen dann mit dem Schiff über, machen sich mit Picknickkörben auf den Weg, zu Fuß oder per Rad, lassen sich am Strand und auf den Felsen nieder, sonnen sich zwischen schützenden Macchiabüschen oder trotzen Meer und Wind auf den Klippen. So ganz unberührt ist dann die Natur allerdings nicht mehr...

Im Westen der Insel, inmitten einer Lichtung, liegt der »Mas du Langoustier«, der Hof des Langustenfischers: Ferienhotel mit Pensionsgästen und Restaurant für Feinschmecker zugleich. Die Geschichte des Hauses dürfte einzigartig sein: Aus den ehemaligen Gebäuden der Soda-Fabrik hat Lelia Le Ber, aus der Bretagne stammend, 1936 ein Hotel gemacht – um ausreichend Platz zu haben, die vielen Möbel sinnvoll unterzubringen, die sie mit Leidenschaft gesammelt hatte. Heute führt Tochter Marie Caroline das Hotel, zusammen mit ihrem Mann, dem früher international tätigen Industriellen Georges Richard.

An schönen Ausflugstagen kann man auch draußen essen – das einfache Menü für Hausgäste oder *à la carte*: Die erstaunlichen Kreationen von Jean Louis Vosgien. Wie der Name schon sagt, kommt er aus den Vogesen, aus Gérardmer, lebt seit 1973 an

»Mas du Langoustier«: einsam und ländlich, inmitten von Wäldern, ruhig, bescheiden – einfach gemütlich

der Côte und hatte, wie er bescheiden aber selbstbewußt sagt, das Glück, nur bei weniger bekannten Küchenchefs zu lernen – so konnte er eine ganz persönliche Art zu kochen ausbilden. Und während das Haus im Winter geschlossen ist, findet er die Zeit, in ferne Länder zu reisen, was man sieht und schmeckt: Er hat die asiatische Küchentechnik für sich entdeckt, etwa das rasche Pfannenrühren im sehr heißen Wok, raffinierte Schnittmethoden, das schonende Dämpfen, und liebt exotische Gewürze wie Ingwer, Soja- und Fischsauce, Szechuanpfeffer oder Zitronengras.

Der »Mas du Langoustier« gilt unter wohlhabenden Segelsportlern als Geheimtip: Wenn man nach anstrengendem Törn noch spätabends einen köstlichen Hummer oder ein leichtes Fischgericht will – hier ist man immer willkommen! Zwanglos kann man genießen, was Paris nur in feudal-steifen Restaurants bietet, trinkt seinen Wein in lässiger Laune und wird anschließend sogar zurück aufs Schiff gebracht.

Inselträume: Unter der Sonne und im Wind des Mittelmeers eine Idylle auf bretonisch-elsässischer Basis mit internationalem Touch.

Das Weingut »Domaine de l'Ile« gehört ebenfalls der Familie Le Ber. Der fruchtige Rosé-Wein besitzt wenig Säure, zeichnet sich aber dennoch durch eine angenehme Frische aus: Er schmeckt wie durchweht von einer Meeresbrise, die tatsächlich ein jodiges Aroma hinterlassen hat. Man serviert den Wein stets jung und eiskalt – am besten zu den kräftigen Fischen des Mittelmeeres und zu allen Krusten- und Schalentieren

Georges Richard und Jean Louis Vosgien: Der Chef des Hauses nutzt seine Verbindungen zur Industrie, um Tagungen ins Haus zu holen, der Koch verwöhnt die Gäste mit außergewöhnlichen Gerichten in persönlichem, euro-asiatischem Stil

Marie Caroline Richard, geborene Le Ber: Sie sorgt für häusliche Atmosphäre, kümmert sich um die Gäste, verwaltet die Sammlungen ihrer Mutter, erneuert und erweitert nach und nach Zimmer, Restaurants, Konferenzräume und Gärten

Achour, der Fahrer des alten Dodge, mit dem die Gäste vom Schiff abgeholt werden: Seit 18 Jahren ist der Algerier der unersetzliche, immer lachende gute Geist des Hauses. Selbst ein »Plattfuß« kann ihn nicht aus der Ruhe bringen!

1
– ÉTUVÉE D'ARTICHAUTS ET DE COURGETTES AUX TRUFFES –

GEDÄMPFTE ARTISCHOCKEN MIT ZUCCHINI UND TRÜFFELN

*Für vier Personen:
2 kleine Zucchini, 1 EL Butter, Salz, Pfeffer, 4 schöne, gekochte Artischockenböden, 1 kleine, eingekochte Trüffel mit ihrem Saft, 2 EL Butter, Kerbel*

Die Zucchini längs in feine Streifen hobeln. In der heißen Butter dünsten, dabei mit etwas Wasser besprenkeln, damit sie nicht zu trocken werden. Salzen. Die quer in dünne Scheiben geschnittenen Artischockenböden schneiden, zufügen und nur eben erwärmen. Ebenso die in streichholzfeine Streifen geschnittenen Trüffel.
Den Saft aus dem Topf abgießen, mit dem Trüffelsaft mischen und mit der Butter aufschlagen. Abschmecken und wieder erwärmen. Über die hübsch auf Teller verteilten Gemüse gießen.

2
– COLINOT AU FOUR AUX ÉPINARDS ET RAVIOLI DE POTIRON –

ÜBERBACKENER SEEHECHT MIT SPINAT UND KÜRBISRAVIOLI

Für vier Personen:
Ravioli:
500 g Kürbisfleisch,
70 g geriebener Parmesan,
70 g geriebener Gruyère,
100 g Walnußkerne, Salz, Pfeffer,
1 Rezept Nudelteig (Seite 94),
Eiweiß
Außerdem:
250 g Spinat, 2 EL Olivenöl,
4 Scheiben Seehecht,
4 EL Semmelbrösel, 3 EL Butter,
⅛ l Fischfond, Saft einer Zitrone,
100 g Butter

Vom Kürbisfleisch für die Ravioli ein Stückchen abschneiden und winzig klein würfeln – kurz pochiert für die Dekoration beiseite stellen. Das restliche Kürbisfleisch weich kochen, auf einem Teller ausbreiten und eine Nacht lang trocknen lassen. Schließlich mit Käse und Nüssen im Mixer zur feinen Paste zerkleinern, salzen und pfeffern. Den Teig dünn ausrollen, mit Eiweiß einpinseln. Auf eine Hälfte Häufchen von Kürbisfüllung setzen, mit einer Teigplatte abdecken. Runde oder eckige Ravioli ausschneiden. In Salzwasser pochieren.
Den Spinat in heißem Öl zusammenfallen lassen, salzen und pfeffern. Den Saft zum Fischfond gießen.
Den Fisch salzen, pfeffern, mit Bröseln panieren und in heißer Butter braten. In der Mitte eines Tellers anrichten, den Spinat und die Ravioli darum herum verteilen. Fischfond und Zitronensaft erhitzen, mit Butter aufmixen und mit Salz und Pfeffer abschmecken. Über den Spinat und die Ravioli verteilen. Zum Schluß mit Kürbiswürfelchen garnieren.

Der halb steinige, halb sandige Strand in der weit eingezogenen Bucht des Grand Langoustier in der Abendsonne

2
– CREVETTES EN PÂTE DE RIZ –

HUMMERKRABBEN IM REISTEIGMANTEL

Den Teig hierfür kauft man fertig im Asienshop: papierdünne Blätter, die eingeweicht werden müssen, bevor man sie verwenden kann.

Für vier Personen:
20 Reispapierblätter, 1 Stück Ingwer,
2 Knoblauchzehen,
je 1 rote und gelbe Paprikaschote,
2 Schalotten,
400 g ausgelöste Hummerkrabben,
1 TL Speisestärke, ⅛ l Fischfond,
Saft einer Zitrone, 75 g Butter,
eine kleine Handvoll ausgelöster Dicke-Bohnen-Kerne, Kerbel

Die Reispapierblätter nebeneinander ausbreiten, mit dem Wäschesprenger besprühen und einweichen.
Für die Füllung Ingwer, Knoblauch, geschälte, entkernte Paprika und Schalotten winzig klein würfeln – je zwei Eßlöffel Paprikawürfel für die Dekoration beiseite stellen. Den Rest mit den entdärmten Hummerkrabben im Mixer zerkleinern, aber nicht zermusen. Die Stärke mitmixen. Mit Salz und Pfeffer würzen. Jeweils einen großzügigen Eßlöffel dieser Farce in ein Reisblatt wickeln. Die Päckchen im Dampf etwa fünf Minuten garen.
Für die Sauce Fond mit Zitronensaft aufkochen, die Butter zufügen und cremig aufmixen. Abschmecken und über die dekorativ angerichteten Ravioli gießen. Mit Paprikawürfeln und blanchierten Bohnenkernen bestreuen und mit Kerbel garnieren.

Ein geschützter Platz zum Picknicken – bei alt und jung beliebt – und zum Lesen findet sich überall auf der Insel

1
– EMINCÉ DE FILET DE BŒUF AUX HUÎTRES –

OCHSENFILETSTREIFEN MIT AUSTERN

Für vier Personen:
500 g Rinderfilet (Mittelstück),
2–3 EL Olivenöl, Salz, Pfeffer,
12–18 kleine Belon-Austern,
2 EL Sojasauce, 2 EL Wasser,
100 g Butter, Pfeffer,
300 g Broccoliröschen

Das Fleisch in heißem Öl kräftig rundum anbraten, erst dann salzen und pfeffern und schließlich in Folie gepackt warm stellen und ziehen lassen, damit es durch und durch rosa wird. Inzwischen die Austern auslösen, den Saft auffangen. Mit Sojasauce und Wasser aufkochen und mit der Butter aufmixen. Pfeffern, aber nicht salzen. Die Broccoliröschen blanchieren. Das Fleisch in Scheiben schneiden und wie auf dem Photo anrichten. In die Mitte die Austern setzen, darum herum die Röschen verteilen. Alles mit der Sauce übergießen. Sofort servieren.

3
– TUILES AUX AMANDES –

MANDELHIPPEN

Sie schmecken frisch gebacken zum Dessert oder wie hier, mit Obstsalat aus exotischen Früchten gefüllt.

Für vier bis sechs Personen:
3 Eiweiß (110 g), 40 g Butter,
200 g blättrige Mandeln,
185 g Zucker, 30 g Mehl

Damit der Teig nicht zu flüssig oder zu fest wird, das Eiweiß exakt abwiegen. Die Butter sanft erwärmen. Beides mit Mandeln, Zucker und Mehl sorgfältig mischen und eine Stunde kalt stellen.
Auf mit Papier belegten Blechen mit genügend Abstand voneinander Teigkleckse setzen. Diese in der Mitte absolut flach streichen, damit die Kreise gleichmäßig durchbacken.
Im 180 Grad heißen Ofen acht bis zehn Minuten backen. Und dann rasch arbeiten: Die Hippen sofort mit einer Palette vom Blech heben, über ein Soufflèförmchen stülpen, ein zweites Förmchen darüber setzen, damit die Hippe ihre typische Form bekommt, die sie nach dem Abkühlen behält.

33

»Massif des Maures«: Wilde Wälder

Man könnte annehmen, die Bezeichnung »Maurengebirge« leitet sich von den Mauren, den Arabern ab, die hier im 8. und 9. Jahrhundert die Vorherrschaft besaßen und die immer wieder als Piraten das ganze Mittelalter hindurch die Küsten heimsuchten. Aber das ist unwahrscheinlich, denn man nannte sie niemals *maures*, sondern immer *sarazènes*. Vielmehr bekam das Gebirge seinen Namen von dem provenzalischen Wort für Wald, *maouro*. Endlose Wälder prägen nämlich seinen Charakter. Dessen abweisende Undurchdringlichkeit wurde bis ins letzte Jahrhundert hinein von Wegelagerern und Dieben geschätzt, weshalb die Reisenden lieber einen Bogen um das Massiv machten. Auch heute noch ist das Innere weitgehend unberührt.

Dagegen säumen Orte mit klangvollen Namen seine Küste: Le Lavandou, Aiguebelle, Cavalière, Canadel- und Cavalaire-sur-Mer, Port-Grimaud, St-Tropez, St-Maxime und St-Raphaël, auch einige der meernahen Städtchen, etwa Ramatuelle, Cogolin und Grimaud, sind wohlbekannt. Der Gegensatz zwischen den belebten Badeorten und den stillen Wäldern im Inneren könnte nicht größer sein!

Der Tourismus begann um die Jahrhundertwende, als englische Aristokraten die verschlafenen Fischerorte und dramatischen Felsenbuchten mit geschützten Sandstränden entdeckten und das bis dahin als anrüchig geltende Bad im blauen Meer in Mode brachten – die *Côte d'Azur* war entdeckt. Außerdem kam bereits Ende des 19. Jahrhunderts mit dem Schriftsteller Guy de Maupassant St.-Tropez zu erstem Ruhm, und Colette verbrachte hier schreibend viele Winter. Anfang des 20. Jahrhunderts folgten die Maler, in den fünfziger Jahren dann die Filmstars und Playboys. St-Tropez wurde zum Inbegriff des Reichtums, der Ausschweifung, süßen Nichtstuns. Fährt man nur einige Kilometer landeinwärts, ist man in einer anderen Welt. Eichenwälder mit macchiaähnlichem Unterholz wechseln ab mit me-

glitzernde Felsen und blaues Meer

terhohen Ginster- und Heidebüschen (*bruyère* – aus deren Wurzeln in Cogolin die berühmten Pfeifen gemacht werden). An der gegen kalte Nordwinde geschützten Küste wuchern Mimosenwälder, die im ausgehenden Winter die Hänge mit verschwenderischem Gelb überziehen und das Land in ihren honigschweren Duft tauchen. Überall Kiefernwälder, besonders auf den Steilhängen der Küste eindrucksvolle Exemplare. Fällt die Sonne auf den Boden, glitzern die Kristalle im Gneis oder Schiefer wie Gold und Silber.

Auf den höheren Bergzügen lichte Kastanienhaine mit alten, knorrigen Bäumen, die sorgfältig von allem Unterholz befreit werden, damit man die Früchte aufsammeln kann. Die *Fête de la châtaigne*, das Kastanienfest, lockt im Herbst Tausende von Besuchern nach La Garde-Freinet. Hier gibt es Kork-Industrie, wo die akkurat abgeschälten Rinden der Korkeichen zu Flaschenpfropfen verarbeitet werden – das Schälen der Eichen haben übrigens die Araber den Provenzalen beigebracht. Alle sechs bis acht Jahre kann die Rinde abgenommen werden, die nun nackten Stämme streicht man mit einer speziellen roten Farbe an, damit sie nicht ausbluten.

Die Üppigkeit der Wälder, dank reicher Niederschläge im Winter und Frühjahr, täuscht über die Verheerungen hinweg, die Waldbrände in den trockenen Sommermonaten immer wieder anrichten. Allenthalben durchziehen daher mühevoll ausgehauene Feuerschneisen die Landschaft.

Nur auf dem Grund der schmalen Täler gibt es genügend Erde für ein paar karge Felder, stehen vereinzelt Kirsch- und Nußbäume. Auf sanfteren Hängen und geschützten Bergkuppen baut man Wein, kultiviert Oliven und hält Schafe. Für viele Menschen reichte es nie. Ein Platz der Einsamkeit: In die Stille des Maurengebirges haben sich dann auch, nachdem die Sarazenen verjagt worden waren, bereits im 12. Jahrhundert die Kartäuser zurückgezogen – in die häufig zerstörte, teilweise restaurierte *Chartreuse de la Verne* inmitten der übermächtig wirkenden Berge.

1
— PALMIERS —

SCHWEINSÖHRCHEN

Ebenso hübsch wie originell und ohne viel Mühe rasch gebacken: Pikante Häppchen zum Apéritif.

Zutaten:
1 Paket tiefgekühlter Blätterteig, Mehl, 100 g Tapenade (Olivencreme Rezepte Seite 96 und 230)

Die Teigplatten nicht zu dünn ausrollen. Mit der Tapenade bestreichen. Jeweils von ihren Längsseiten her bis zur Mitte aufrollen. Quer in fingerstarke Scheiben schneiden. Bei 200 Grad 10 Minuten backen.

Auf dem Dorfplatz wird unter sorgfältig gestutzten Platanen Boule *oder* Pétanque *gespielt – oben in* Collobrières, *unten in* La Garde-Freinet. *Nach dem eisigen Nordwind* »Mistral« *fangen im März die Rosen an zu blühen, und man kann wieder draußen sitzen. Viele Nordafrikaner haben hier eine neue Heimat gefunden*

Im Inneren des Massif des Maures blüht unter silbrig dösenden Olivenbäumen der Mohn; unberührt, ursprünglich und undurchdringlich endlose Wälder aus Kiefern, Eichen und Kastanien; hier und dort Trockenblumen, überall Korkeichen, aus deren Rinde Flaschenpfropfen werden; immer wieder dazwischen die geordneten Reihen des Weins

Cannes: Vom Wintersalon der Aristokratie

»Canoïs«, der Hafen der *cannes*, der Schilfrohre, die rund um die Bucht einst prächtig gediehen ... Bis ins Jahr 1834 lebte das Fischerstädtchen bescheiden und unbemerkt in der Nachbarschaft der längst erblühten winterlichen Gesellschaftsbäder Menton, Monte Carlo und Nizza. Dort wollte denn auch der soeben aus seinem Amt geschiedene Lord-Kanzler von Großbritannien, Lord Henry Brougham, den Winter verbringen. In jenem Jahr wütete aber in der Provence die Cholera, und das Herzogtum Piemont-Savoyen, zu dem Nizza damals gehörte, schloß seine Genzen entlang des Flusses Var: Der Lord mußte umkehren, suchte sich ein Quartier und entdeckte Cannes. Er fand es so reizvoll, daß er unverzüglich ein Anwesen erwarb und einen schloßartigen Landsitz errichten ließ. Jeden Winter entfloh er den Nebeln Londons, um hier seine Sonnenkur zu nehmen – bis zu seinem Tode im Jahre 1868. Die englische Aristokratie tat es ihm nach, und Cannes wurde, wie man sich in einer Werbeschrift ausdrückte, zum *salon d'hiver de l'aristocratie mondiale*.

Überall Zeugen der noblen Vergangenheit: Die weltberühmte *Croisette*, der palmenbekränzte Prachtboulevard am Meer, gerahmt von den Palästen der großen, eleganten, luxuriösen und teuren Hotels. Das »Carlton«, das »Majestic«, das »Gray d'Albion«, das »Martinez« ... Wer etwas bedeutete und darstellt in der Welt der Reichen, hat hier schon mal gewohnt.

Heute brandet unablässiger Verkehr über die *Croisette*, die Hotels können nur mit Schallschutzfenstern überleben, in den Häfen klirren Segelboote, dröhnen Motoryachten. In den Geschäften das internationale Jet-Set-Angebot für alle, die meinen, durch den Erwerb von ein paar Accessoires dazuzugehören. Wahrlich Palmen ohne Oase, eine Altstadt mit Touristennepp, mehr oder weniger guten Restaurants und dem unvermeidlichen Fast-Food. Aber mit jener wundervollen Atmosphäre, jener gemischten Gesellschaft, die sich nur dann bildet,

Festspielzeit: Showtime für Schauspieler, Selbstdarsteller, Clowns und Akrobaten. Unter gestutzten Platanen ein glitzernder Markt mit alten und neuen Antiquitäten

zum populären Jahrmarkt der Eitelkeiten

wenn Alltag und Ferien zusammentreffen, wenn die einfachen, arbeitenden Leute in ihrer Stadt dem Ansturm der müßiggehenden Fremden zu widerstehen vermögen. Denn allem zum Trotz ist Cannes eine Stadt, kein Touristenghetto.

Sich selbst feiert Cannes im Winter, wenn im Januar/Februar die Mimosen blühen – ein Jahr nach seiner Entdeckung durch Lord Brougham wurde in Cannes die erste aus Santo Domingo importierte Mimose gepflanzt. Es gefiel ihr auch hier prächtig: Von zeitweilig über 700 Hektar Anbaufläche wurde und werden Sträuße in alle Länder Europas versandt.

Um die Saison zu verlängern, richtete man 1946 das Film-Festival im Mai ein – Glanz, Glamour und nach ihnen die Massen kamen nach Cannes. Für ein paar Tage die internationale Filmwelt, Stars und Sternchen, exzentrische Diven, charmierende Weiberhelden, gewichtige Produzenten und der allen schmeichelnde Troß von Gigolos und Schmarotzern. Vollbesetzte Hotels, publicityträchtige Skandale, internationale Aufmerksamkeit in der Presse. Aber konnte man damit das Image in den fünfziger Jahren noch aufpolieren, kam ein barbusiges Starlett noch weltweit in die begehrten Klatschspalten und warb damit für ein neues Lebensgefühl in Cannes, so ist das heute anders – das Festival ist ein Geschäft wie viele andere: Es wird geschachert wie an der Börse, Produzenten, Regisseure und Akteure kämpfen um die werbewirksame, möglichst goldene Palme, Juroren streiten sich um ihre Positionen, Verleiher schließen Verträge, Kritiker entdecken allfällige Trends, und die Medien leisten Verkaufshilfe.

Die Popularität und der Wunsch der urlaubenden Massen, am scheinbar glanzvollen Leben teilzuhaben, hat Cannes verändert: Nicht mehr 5000 reiche und vornehme Gäste pro Saison, die ein paar Wochen oder Monate blieben, sondern Hunderttausende kommen jetzt für ein paar Tage.

Hatten sich die winterlichen Gäste einst in Zwiebelschichten von Trikots und Röcke gehüllt, präsentierten die Sommergäste lustvoll ihre Körper – zunächst in weiten, im Winde wehenden Röcken, durchsichtigen Blusen und Bikini, heute sonnen sich die Schönen am Strand, zwischen den Restaurants und dem natürlich trotz aller Betriebsamkeit unverschämt und einladend blauen Meer, mit blankem Busen, und der *»cache-sex«* viriler Möchtegernplayboys zeigt mehr, als er verbirgt.

Und das Festival? Kommt noch jemand nach Cannes, um Stars zu bewundern? Gibt's noch Skandale? Werden in den Betten der Luxushotels zwischen seidenen Laken noch Karrieren gestartet? Auf einem Bootssteg vor der *Croisette* strippt vor den Kameras der wahrscheinlich von der Festspielleitung informierten Reporter ein wahrscheinlich von der Festspielleitung gemietetes Mädchen. Morgen wird in fast allen Provinzzeitungen der Welt das Bild abgedruckt: Cannes, wie es wirbt und lockt. Welch Jahrmarkt der Eitelkeiten!

– MORUE –
STOCKFISCH

Morue ist ein gesalzener, getrockneter Kabeljau und war früher vor allem abseits der Küste die einzige Möglichkeit, Seefisch auf den Tisch zu bekommen. Er ist auch heute noch, trotz moderner Kühltechnik, überall in Frankreich, auch an der Küste, begehrt und beliebt. Wichtig für seinen Wohlgeschmack ist gründliches, ausdauerndes Wässern in fließendem oder wenigstens immer wieder ausgewechseltem Wasser. Das dauert je nach Sorte mindestens 24 Stunden. Besser allerdings noch länger, das kann auch bis zu zwei, drei Tage lang dauern. Dadurch erlangt das Fischfleisch wieder nahezu seine ursprüngliche Konsistenz, behält jedoch seinen ganz charakteristischen Geschmack, den ihm das Einsalzen verleiht. Die Mühe des Säuberns übernimmt in Frankreich häufig der Händler, der bereits küchenfertige, eingeweichte und tadellos parierte Stockfischfilets anbietet. Manchmal kann man bei uns in Läden, wo sich Gastarbeiter versorgen, ebenfalls küchenfertigen Stockfisch finden, meist jedoch muß man die Arbeit selber erledigen.

Nach dem Wässern müssen die sorgfältig parierten (also von Gräten und Haut gesäuberten) Stockfischfilets pochiert werden: Dafür einen Sud aus Salzwasser herstellen, der mit einigen Lorbeerblättern, Petersilienstengeln, grob zerschnittener Zwiebel, einigen Piment- und Pfefferkörnern gut gewürzt ist. Ihn einige Minuten lang köcheln, bevor die Filets hineingelegt werden. Den Topf dann vom Feuer ziehen und den Fisch im langsam auskühlenden Sud sanft ziehen lassen; auf keinen Fall richtig kochen lassen, weil sonst das Fischfleisch strohig und trocken wird.

1
– MORUE AUX POIS CHICHES –
STOCKFISCH MIT KICHERERBSEN

Eine Kombination, die in der Provence unverrückbar zum Karfreitag gehört. Die Kichererbsen werden entweder, wie hier, als Gemüse oder auch als Püree gereicht.

Für vier Personen:
Kichererbsen:
250 g Kichererbsen,
eine Handvoll Salbeiblätter,
1 Zwiebel, 3 Knoblauchzehen,
2 EL Öl, 250 g Tomaten,
Salz, Pfeffer
Außerdem:
500 g gewässerter Stockfisch,
Mehl zum Wenden, Salz, Pfeffer,
4 EL Olivenöl

Die Kichererbsen am Vortag mit reichlich Wasser bedeckt einweichen. Schließlich mit frischem Wasser, Salz und Salbei aufsetzen und auf kleinem Feuer weich kochen – wie lange das dauert, hängt vom Alter der Hülsenfrüchte ab. Man kann das gut bereits am Vortag erledigen, dann ist die übrige Arbeit vor dem Essen rasch getan: Zwiebel und Knoblauch im Öl andünsten, gehäutete, entkernte Tomaten zufügen. Köcheln, bis die Tomaten völlig aufgelöst sind. Mit Salz und Pfeffer abschmecken. Die abgetropften Kichererbsen zufügen, einige Minuten köcheln und den Tomatengeschmack aufnehmen lassen.

Die sauber parierten Stockfischfilets in streichholzschachtelgroße Stücke schneiden, in Mehl wenden, salzen, pfeffern und in reichlich Olivenöl goldbraun backen.

2
– TIAN DE MORUE AUX ÉPINARDS –
STOCKFISCHAUFLAUF MIT SPINAT

Schmeckt köstlich und ist im Handumdrehen zubereitet. Gut auch für Gäste geeignet, weil man den Auflauf schon am Morgen vorbereiten und dann jederzeit in den Ofen schieben kann. Der Auflauf nimmt nicht einmal Aufwärmen übel.
Tian ist übrigens eine sehr provenzalische Sache: Immer eine Art Auflauf, mal süß (siehe auch Seite 64), mal salzig, meist geschickte Resteverwertung. Ihr Name leitet sich von der Form ab, in der dieser Auflauf zubereitet wird. Sie ist flach, meist rund, natürlich feuerfest und ofentauglich.

Für vier Personen:
3 Knoblauchzehen, 2 EL Olivenöl,
500 g Blattspinat, 1 TL Mehl,
¼ l Milch, Salz, Pfeffer, Muskatnuß,
500 g gewässertes, pochiertes
Stockfischfilet, 150 g geriebener Käse

Die feingehackten Knoblauchzehen im heißen Öl andünsten, mit Mehl bestäuben und gründlich verrühren. Mit Milch ablöschen. Sobald sie etwas dicklich geworden ist, den sorgfältig verlesenen, gewaschenen und entstielten Spinat zufügen. Nur zusammenfallen lassen, mit Salz, Pfeffer und reichlich frisch geriebener Muskatnuß würzen.

Etwa die Hälfte davon in einer feuerfesten Form verteilen. Darauf den zerpflückten Stockfisch betten, mit dem restlichen Spinat abdecken. Zum Schluß geriebenen Käse darüberstreuen. Im 220 Grad heißen Ofen eine halbe Stunde backen.

Monaco, »Hôtel de Paris«: Luxus in Perfektion

Nur 190 Hektar groß ist das Fürstentum Monaco – das exclusivste Land der Welt! Zum einen, weil es sich hier wirklich schön wohnen läßt, zum anderen, weil die Einwohner keine Steuern zu zahlen brauchen. Diesen paradiesischen Zustand verdanken sie ursprünglich dem »Casino«, der sagenumwobenen, skandalumwitterten Spielbank, die schon 1856 eröffnet wurde, aber erst 1878 ihren heutigen Rahmen fand. Der Architekt der Pariser Oper, Charles Garnier, hat dieses Juwel der Belle Epoque mitten in die Olivenhaine von Monte Carlo gesetzt, prunkend in der reichen Ausstattung des zweiten Empire und der Gründerzeit. Schnell gruppierten sich Luxushotels und Villen um den Bau mit der großen Terrasse und der schönen Aussicht, angesichts derer sich die von der launischen Roulettekugel Ruinierten die tödliche Pistolenkugel gaben...

Das Fürstentum gliedert sich in drei Bereiche. Historisches Zentrum ist der Felsen von »Monaco« mit dem Schloß, in dem die Familie Grimaldi, aus ältestem Genueser Adel, seit 1297 residiert. Sie stand zeitweise unter spanischer Schutzherrschaft, der sie auch den Fürstentitel verdankt, gehörte kurz zu Frankreich, wurde dann Sardinien unterstellt und bekam 1860, nachdem es Frankreich Menton und Roquebrune verkauft hatte, wieder dessen Schutz, der im Laufe der Zeit zu einer engen Union wurde. Der von 1949 bis 2005 regierende Fürst Rainier hat es verstanden, mit seiner Frau Grace Kelly und seinen Kindern den internationalen Jet-Set, weltläufiges Image, Nobeltourismus und damit Geld in den kleinen Staat zu holen.

All das hätte freilich nicht genügt, um den Staat zu finanzieren, und heute trägt die Spielbank nur noch einen kleinen Teil der Einkünfte. Deshalb hat man weltumspannende Konzerne angesiedelt, in der Geschäfts- und Hafenstadt »La Condamine«.

Am bekanntesten der dritte Ort, Monte Carlo: Schöne Frauen, Luxushotels, Roulette, Bälle und Balletts, teure Autos, Rallye und Grand Prix – das mondäne Seebad. Im Zentrum natürlich weiterhin die Spielbank, unmittelbar daneben das »Hôtel de Paris«, von der fürstlichen »Société des Bains de Mer« betrieben. Ein Haus der Superlative, erstrahlend im sorgfältig restaurierten, aber unprätentiösen Glanz einer ganz selbstverständlich vorhandenen Pracht. Krönung des Ganzen ist das Restaurant »Louis XV«. Gold und Girlanden, Stuck und Spiegel mögen den Gast vielleicht einen Moment einschüchtern – der lockere, unaufdringliche, geradezu herzliche Service unter der Leitung von Georges Marie Gerini (assistiert von Benoît Peeters) läßt jedoch gleich eine wohlige Ungezwungenheit entstehen. Das Verhältnis von Gast zu Ober wird hier nicht durch die in Frankreich so häufige, steife Distanziertheit, falsch verstandene Vornehmheit oder gar Unterwürfigkeit beeinträchtigt, vielmehr schafft das Selbstbewußtsein der jungen, sich ganz einfach natürlich verhaltenden Servicebrigade eine angenehme Atmosphäre der Gleichberechtigung. Der Bürger kann sich im fürstlichen Rahmen königlichen Genüssen hingeben, der Küche von Alain Ducasse.

Alain Ducasse ist einer der großen Köche unserer Zeit, der eine ganz persönliche Handschrift entwickelt hat – stammend aus dem kulinarisch reichen Südwesten Frankreichs, aufbauend auf der Kunst seiner Lehrmeister Guérard, Chapel, Lenôtre und Vergé, hat er viele Anregungen aus der benachbarten italienischen Küche aufgenommen. So verwendet er nicht das derbe französische, sondern das feinere ligurische Olivenöl, gibt dem Gemüse mehr Eigenständigkeit und geht mit sahnigen Saucen sehr vorsichtig um. Stets steht an erster Stelle das Produkt und seine überragende Qualität – je nach Jahreszeit serviert er ganze Menüs, die sich um ein bestimmtes Produkt drehen, etwa Morcheln, Spargel, Langoustines, Lorcheln oder Trüffeln. Eigenart und Geschmack der Zutaten bestimmen natürlich die Kompositionen, die sich durch eine seltene Kombination von Eleganz, Zartheit und Präzision auszeichnen. Kurz: Hotel de Par(ad)is...

Ein alltägliches Bild – Rolls Royce zwischen Spielbank und Hôtel de Paris. Und auf dem zentralen, von noblen Läden umgebenen Platz vor dem prächtigen Casino geben sich »Emily«-elegante Damen und moderne Kunst ein immer anspruchsvolles Stelldichein – hier eine Katze von Botero

Luxus bis ins kleinste Detail: Nach alten Vorbildern bemaltes Porzellan, goldene Platzteller, Kristallgläser, feinste Servietten und Tischdecken, in denen sich die floralen Muster der Decke wiederfinden. Von der gläsernen Kuppel über der Emfangshalle, die zum Verweilen lädt, bis zu den reichen Dekorationen im Restaurant Louis XV ist alles aus einem Guß. Bei schönem Wetter speist man unter Markisen auf der Terrasse. Dieses prächtige Ambiente, die subtile Küche von Alain Ducasse und der perfekte Service von Georges Marie Gerini verbinden sich im Hôtel de Paris zu wahrhaft luxuriöser Harmonie. Freilich hat dieses Vergnügen seinen Preis!

1
– POINTES D'ASPERGES
ÉMULSION D'HUILE D'OLIVE
ET VINAIGRE BALSAMICO –

KLEINER SALAT
VON SPARGELSPITZEN

Ein Salat aus den lauwarmen Spitzen von violettem, grünem und wildem Spargel. Die Marinade ist nicht nur wegen des Essigs aus Modena eine Hommage an das nahe Italien: Alain Ducasse nimmt dafür das Olivenöl vom italienischen Teil der Riviera, das er für feiner, eleganter und delikater hält als das einheimische.

1
– CRÈME DE PETITS POIS EN »CAPPUCCINO« VERT ET BLANC –

ERBSENCREMESUPPE À LA »CAPPUCCINO«

Bildschön, originell und köstlich: eine delikate Cremesuppe aus pürierten jungen Erbsen, die erst am Tisch fertiggestellt wird. Im Teller: Je ein Häufchen Kräutercrème und Schlagrahm, dazwischen knusprige Speckstreifchen und gedünstete Pilze, darum herum winzige Croûtons. Vor dem Gast wird die Erbsencreme eingefüllt. Umrühren muß er selber.

2
– CANNELONI D'HERBES ET SALADES, QUELQUES ARTICHAUTS POIVRADE –

CANNELONI AUS KRÄUTERN UND SALAT

Italien ist nah, auch dieser Teller ein Beweis dafür: elegante, kleine Nudelröllchen, gefüllt mit einer Farce aus blanchierten, gehackten Kräutern und bitteren Salatblättern. Serviert auf einem Bett von hauchfein gehobelten, in Olivenöl gebratenen Artischockenböden und gedünstetem Spinat. Ein klarer, konzentrierter Jus sorgt für die entsprechende Verbindung.

3
– HOMARD, VONGOLE ET SOUPIONS AUX PÂTES EN IMPRESSION DE FEUILLES –

MEERESFRÜCHTE MIT TEIGBLÄTTERN

Kräuter, zwischen zwei Teigblätter gelegt, die miteinander wieder hauchdünn ausgerollt werden, hinterlassen darauf ihren exakten Abdruck. Das sieht immer wieder verblüffend aus. Alain Ducasse serviert diese Nudelblätter mit einem Ragout von Hummer, Venusmuscheln und Garnelen in einer besonders aromatischen, duftenden, ganz leichten, klaren Sauce.

4
– ROUGETS EN FILETS ET UN SAUTÉ DE POMMES ET COURGETTES –

ROUGET-FILETS AUF KARTOFFELN

Die kleinen, säuberlich filierten Fischchen, in Olivenöl gebraten, sind auf kroß gebackenen Kartoffelscheiben angerichtet und tragen als Sauce einen Klecks von dicker, heißer Tapenade. Rund ausgestochene Zucchinischeibchen geben Farbe, in lange Stücke geschnittener (in Frankreich seltener) Schnittlauch Biß und Würze. Dazu: gebackene Knoblauch-Taler.

5
– CÔTE ET PIED DE COCHON DE LAIT, JUS À LA SAUGE, POLENTA AUX CÈPES –

KOTELETT UND FÜSSCHEN VOM SPANFERKEL

Mit Gänseleber und Trüffel gefülltes Kotelett, sowie mit ebensolchen Delikatessen in ein Schweinsnetz gehülltes, völlig entbeintes Füßchen vom Spanferkel, mit einem klaren, konzentrierten Bratenjus, der intensiv nach Salbei duftet. Dazu eine sahnige Polenta, die mit getrockneten Steinpilzen gewürzt und cremig wie ein erstklassiges Kartoffelpüree ist.

6
– CHOCOLAT GLACÉ À L'AMARETTO DI SARONNO, CRÈME LÉGÈRE –

GEEISTE SCHOKOLADE MIT AMARETTO

Schokoladeneis, das mit dem Duft von Amaretto di Saronno (italienischer Mandellikör) gewürzt ist und wie ein Granité gefroren. Die Bitternis der Schokolade wird durch einen Klecks halbcremig aufgeschlagener Sahne besänftigt und aufgehellt. Dazu werden als Petits fours transparente Mandelhippchen, knusprige Ingwerstäbchen und bittersüßes Konfekt gereicht.

Verwunschen: »Val des Nymphes«

Im verkehrsreichen Rhônetal allenthalben Handel, Industrie und Energiewirtschaft. Einfallslose Fertigbauten umlagern als Fremdkörper die alten Stadtkerne entlang der Verkehrswege. Doch die vor wenigen Jahren noch verlassenen Ortschaften auf den Bergflanken haben profitiert: Zum Beispiel *La Garde-Adhémar*, oberhalb des Kernkraftwerkes von Pierrelatte auf den Felsen thronend: Noch vor wenigen Jahren standen die meisten Häuser leer und schienen einem sicheren Verfall entgegenzudämmern. Jetzt sind fast alle wieder mit Liebe hergerichtet. Ein kleines Restaurant und einige kunstgewerblich-alternative Läden versorgen Dorf wie durchreisende Touristen. Ein paar Ferienwohnungen, vor allem aber Häuser für die wieder ständig hier lebenden und arbeitenden Leute. Natürlich sind das keine Bauern wie einst, sondern in der Industrie tätige Menschen. Aber sie wohnen in Häusern, die aus der Landschaft heraus entstanden sind, dem Klima entsprechende Wohnstrukturen erlauben und so ein harmonisches Lebensgefühl schaffen – die Kirche steht wieder im Dorf.

Fährt man auf dem schmalen, mauergesäumten Sträßchen ein paar Kilometer weiter ins Land hinein, verliert sich jede lärmende Hektik. Eine durchaus nicht geräuschlose Ruhe liegt über Wäldern und Feldern, Vögel zwitschern, im Unterholz raschelt es, ein Bächlein plätschert durch unerwartet grüne Wiesen mit zartem Löwenzahn, und eine angenehm kühle Luft durchzieht die aufkommende Hitze des leuchtenden Frühlingstags. *Val des Nymphes*, Tal der Nymphen, weist ein Schild den Weg. Neben einer den Römern heiligen Quelle ein Heiligtum der Christenheit: Inmitten einer Lichtung öffnet sich ein halb zerfallenes romanisches Kirchlein dem Himmel. Die Rundbögen der Apsis in stilsicherer Reinheit, die Fassade klar gegliedert, ganz und klar unspektakulär bei aller Bescheidenheit hinreißend schön. Ein Ort zum Träumen.

1
– SOUPE AU CRESSON –
BRUNNENKRESSESÜPPCHEN

Dieses Rezept läßt sich immer wieder abwandeln. Falls nicht genügend Brunnenkresse vorhanden ist, füllt man einfach mit Spinat oder verschiedenen anderen Kräutern auf. Übrigens wieder mal, wie so oft in der Provence, die unauffällige Verwendung von altbackenem Brot …

Für vier Personen:
1 Zwiebel, 2 Knoblauchzehen,
2 EL Olivenöl, 150 g Brunnenkresse
(geputzt gewogen),
2 altbackene Weißbrotscheiben,
¾ l Brühe, Salz, Pfeffer

Feingehackte Zwiebel und Knoblauchzehen im heißen Öl weich dünsten, ohne Farbe nehmen zu lassen. Die Kresse zufügen, vollkommen darin zusammenfallen lassen. Das entrindete, in Bröckchen zerkrümelte Brot zufügen und mit Brühe auffüllen. Aufkochen, salzen und pfeffern. Schließlich im Mixer fein pürieren.

2
– SALADE AUX PISSENLITS –
LÖWENZAHNSALAT

Den Löwenzahn nur auf Wiesen suchen, die möglichst abgelegen und nicht unmittelbar neben einer Straße zu finden sind.

Für vier Personen:
zwei bis drei großzügig bemessene
Handvoll Löwenzahnblätter,
3 Scheiben Speck,
3–4 Weißbrotscheiben,
3–4 Knoblauchzehen, 2 EL Olivenöl,
Salz, Pfeffer

Den Löwenzahn sehr gründlich verlesen und mehrmals waschen – nur die zarten, kleinen Blätter verwenden, welke, gelbe oder große wegwerfen.
Den Speck winzig klein würfeln und in einer Pfanne auslassen. Das gewürfelte Weißbrot zufügen und langsam goldbraun braten. Erst gegen Schluß die durchgepreßten Knoblauchzehen zufügen. Wenn die Croûtons richtig knusprig sind, den Salat mit Salz und Pfeffer bestreuen. Erst dann das Olivenöl und den gesamten Pfanneninhalt zufügen. Behutsam mischen und sofort servieren, weil der Salat jetzt rasch zusammenfällt.

In den Eichen- und Buchenwäldern der gesamten Provence kann man im Frühjahr nach warmen Regengüssen eine Delikatesse finden: Morcheln. Im Var, *vor allem aber im Norden, in den sandigen Tälern des* Tricastin *und in den wenigen verbliebenen Auwäldern an* Durance *und* Rhône, *sprießen die unscheinbaren Pilze, die in der feinen Küche so begehrt sind.*
Aber nicht nur die Menschen, auch die Schnecken wissen die Morcheln zu schätzen, und man muß sich beeilen, wenn man vor ihnen da sein will. Auch wollen die Pilze sorgfältig gewaschen werden, denn in den verwundenen Furchen des Hutes versteckt sich hartnäckiger Sand. Frische Morcheln also gut putzen, getrocknete nach dem Einweichen ebenso. Die weniger schönen Exemplare sowie die beim Kochen hart werdenden Stiele nimmt man für Saucen, Suppen oder Farcen. Vorzugsweise verwendet man die Morcheln in der Provence nicht anders als im übrigen Frankreich – als würzende Beigabe zu Geflügel, fast immer mit Sahne. Höchst beliebt ist aber auch ein Gemüsegericht, das stark an unser Leipziger Allerlei *erinnert, in der frühlingshaften Provence aber eher beheimatet ist als im kühlen Norden. Anders als bei uns sind hier nämlich Morcheln, die ersten Erbsen, Spargel, junge Bundmöhren und zarte Saubohnen gleichzeitig vorhanden*

1
– CRÈME AUX MORILLES –
MORCHELCREMESÜPPCHEN

Wer auf getrocknete Morcheln zurückgreifen muß, weicht sie zunächst ein: mit kochendheißer Milch überbrühen und eine halbe Stunde ziehen lassen – die Milch verleiht ihnen durch ihr Fett übrigens etwas Geschmeidigkeit und verstärkt ihren Geschmack! Wer frische Morcheln hat, putzt sie großzügig – die Füßchen oder von Schnecken angefressenen Hüte sehen im Ragout nicht schön aus, ergeben aber immer noch eine wohlschmeckende appetitliche Suppe!

Für vier Personen:
ca. 200 g Abschnitte frischer Morcheln
oder 25 g getrocknete Morcheln,
1 Zwiebel, 20 g Butter,
1 Bund glattblättrige Petersilie,
1 Glas Weißwein, ¼ l Hühnerbrühe,
100 g Crème fraîche, Salz, Pfeffer,
1 Prise Cayennepfeffer

Die Morchelabschnitte mit der feingehackten Zwiebel in heißer Butter andünsten, bis die Zwiebel weich ist. Die gehackte Petersilie zufügen. Mit Wein und Brühe ablöschen. Zugedeckt etwa 15 Minuten köcheln, bevor die Crème fraîche zugefügt wird. Aufkochen. Im Mixer pürieren. Mit Salz, Pfeffer und Cayenne abschmecken.

2
– POULET À LA CRÈME DE MORILLES –
HÄHNCHENBRUST IN MORCHELRAHM

Für zwei Personen:
4 ausgelöste Hähnchenbrüste,
2 EL Olivenöl, Salz, Pfeffer,
1 EL Butter, 1 Schalotte,
1 Lauchstange,
100 g frische Morcheln,
⅛ l Weißwein, 4 EL Sahne

Die gehäuteten Hühnerbrüste im heißen Olivenöl sanft anbraten, dabei zart bräunen. Mit Salz und Pfeffer würzen. Herausnehmen und zugedeckt beiseite stellen. In der Pfanne die Butter erhitzen, die Schalotte und den in Ringe geschnittenen Lauch andünsten. Die Morcheln zufügen. Nach etwa fünf Minuten mit Wein ablöschen. Einige Minuten köcheln, dabei mit Salz und Pfeffer abschmecken, Sahne zufügen und über die Hähnchenbrüste gießen.

3
– LEGUMES DE PRINTEMPS –
FRÜHLINGSGEMÜSE

Für zwei Personen ein ganzes Essen,
als Beilage ausreichend für vier:
2 EL Olivenöl, 1 Schalotte,
4 junge Knoblauchzehen,
100 g frische Morcheln,
je ca. 100 g Spargel (grün und weiß),
Möhren, Erbsen und Saubohnen,
ein guter Schuß Kalbsfond,
Salz, Pfeffer, Kerbel

Im heißen Olivenöl feingewürfelte Schalotte und geviertelte Knoblauchzehen andünsten, jedoch nicht bräunen. Die geputzten Morcheln zufügen – kleine Exemplare ganz lassen, größere halbieren oder vierteln, sehr große Exemplare auch mehrmals durchschneiden.
Den Spargel sorgsam schälen, schräg in morchelgroße Stücke schneiden, ebenso die geputzten Möhren akkurat zuschneiden. Die Erbsen palen, die Saubohnen nicht nur aus ihrer dicken Schote, sondern auch aus der die Kerne umschließenden dünnen Haut lösen. Das Gemüse nacheinander zu den Pilzen geben und nur kurz dünsten, so daß sie Farbe und Biß behalten.
Zum Schluß den Kalbsfond angießen, mit Salz und Pfeffer würzen und mit Kerbelblättchen bestreuen.

Orange und seine Weine, Kräuter,

Die »Dentelles de Montmirail«, eine verwegene, durch den Gegensatz zwischen gepflegten Weingärten und schroffen Felsen eindrucksvolle Landschaft zwischen Orange und Mont Ventoux, Carpentras und Vaison-la-Romaine. Hier wachsen der mächtige und begehrte Wein von Gigondas, der hellgoldene, süße Muscat de Beaumes-de-Venise und, im Norden, der ebenfalls süße, aber dunkle Dessertwein von Rasteau

Arausio, 36 vor Christus von Augustus als Garnison auf einer alten keltischen Siedlung gegründet, eine der bedeutendsten Städte des Römischen Reichs, hatte damals viermal so viele Einwohner wie heute. Das hervorragend erhaltene Theater – nur Bühnendach und Sonnensegel fehlen – und der Triumpfbogen zeugen vom einstigen Glanz. Alemannen und Westgoten brachten in der Zeit der Völkerwanderung Niedergang und erste Zerstörung, und es dauerte rund tausend Jahre, bis Orange wieder zu Bedeutung kam: Nachdem das Fürstentum 1544 von der Familie des Baux an Wilhelm I. von Nassau-Oranien fiel, den ersten Statthalter der Niederlande. Moritz von Nassau errichtete dann 1622 gewaltige Befestigungen, wobei er leider die Steine der alten Römerbauten verwendete, so daß Gymnasion und Thermen, Kapitol und Tempel abgetragen wurden. Ludwig XIV. gelang im Rahmen des Krieges gegen die Niederlande trotzdem die Einnahme, Mauern und Burg wurden zerstört, und der Besitz der Oranier fiel im Frieden von Utrecht 1713 endgültig an Frankreich. Es blieb den Nassau-

Kirschen und die »Dentelles de Montmirail«

ern nichts als der Titel der Prinzen von Oranien, den sie auch heute noch innehaben.

Rund um die Stadt breitet sich ein fruchtbares Obst- und Gemüseanbaugebiet aus, das seinerseits wiederum von Weingärten umrahmt wird: Im Norden verschiedene *Côtes-du-Rhône Villages*, also besonders herausragende Dorfweine (allen voran *Valréas*, *Visan*, *Rochegude* und *Cairanne*). Im Westen, jenseits der Rhône, die berühmten Gebiete von *Tavel*, *Chusclan*, *Roquemaure* und *Lirac*, die sich bereits 1729 mit einem Brandzeichen auf den Fässern die kontrollierte Herkunft schützten. Der schwere, nach Rosen duftende Rosé von *Tavel* war der Lieblingswein Ludwigs XIV. Im Süden das durch Papst Johannes XXII. im 14. Jahrhundert entdeckte Gebiet von *Châteauneuf-du-Pape*, wo die Rebstöcke in einer nur von wenig roter Lehmerde durchzogenen Ansammlung von Flußkieseln wachsen. Im Osten schließlich ein Bergstock, die *Dentelles de Montmirail*, an dessen ansteigendem Westrand bereits die Römer Weinbau trieben – schon Plinius lobte den Wein von *Gigondas*.

Wie Felsenzähne überragen die Bergkämme aus Kalkstein das wild zerklüftete Gelände, ausgewittert und von der Erosion nadelfein ziseliert. Hier, wo mehr Steine als Erde einen mineralstoffreichen und wärmespeichernden Untergrund für die Weinreben abgeben, wo die Sonne unerbittlich auf die sich die Hänge hinaufschwingenden Weinberge brennt, gedeihen schwere, alkoholreiche Weine. Am berühmtesten ist auch heute noch der *Gigondas*, der sich erst in den fünfziger Jahren, nachdem viele der einst dominierenden Olivenbäume erfroren wa-

1
– BEIGNETS DE FLEURS
D'ACACIA ET DE SAUGE –

GEBACKENE AKAZIENBLÜTEN UND SALBEIBLÄTTER

Das Parfum der Akazienblüten ist unwiderstehlich und paßt vorzüglich zum Duft des Salbei. Man pflückt sie, sobald sich die Knospen gerade eben geöffnet haben. Der Ausbackteig ist süß, aber trotzdem mit Olivenöl gewürzt. Wenn man ihn für pikante Bäkkereien verwenden will, läßt man den Zucker weg und würzt mit Salz.

Für vier Personen:
Ausbackteig:
2 Eigelb, 120 g Mehl,
2 EL Zucker, 2 EL Olivenöl,
¼ l Weißwein, Salz, 2 Eiweiß
Außerdem:
Akazienblüten, Salbeiblätter,
Öl zum Fritieren

Eigelb, Mehl, Zucker, Olivenöl und Wein mit dem Schneebesen glattschlagen. Mindestens eine Stunde in den Kühlschrank stellen – besser sogar bis zum nächsten Tag! –, damit sich der Kleber im Mehl ausbilden kann, der den Teig elastisch und knusprig macht.
Erst unmittelbar vor dem Servieren das mit einer Prise Salz steifgeschlagene Eiweiß unter den Teig mischen. Die absolut trockenen Akazienblüten und Salbeiblätter nacheinander durch diesen Teig ziehen, etwas abschütteln, damit die einzelnen Blüten nicht vom Teig zusammengeklebt werden. In heißem Öl goldbraun backen. Nicht zu viele auf einmal ins heiße Fett geben, damit nichts zusammenklebt und die Öltemperatur nicht zu sehr abgesenkt wird. Auf Küchenkrepp abtropfen.
Dazu schmecken *eingemachte Feigen*. Sie werden während der Saison, im Sommer, auf Vorrat eingekocht: auf 1 kg reife, blaue Feigen, die geschält, jedoch nicht zerkleinert werden, 1 kg Zucker verteilen. Zugedeckt über Nacht stehen lassen, bis sich der Zukker völlig aufgelöst hat. Diesen Saft in einen Topf abgießen und sirupartig einkochen. Erst dann die Früchte zufügen und kochen, bis sie weich sind und der Saft dick geworden ist. Heiß in Schraubgläser füllen und sofort verschließen. So halten sich die Früchte jahrelang. Sie schmecken zu Desserts, Cremes, Crêpes oder einfach so …

ren, ungehindert ausbreiten konnte. Die kräftigen, gehaltvollen Weine mit meist 14 bis 14,5 Grad Alkohol verströmen einen gewürzhaften, an überreife, wilde, dunkle Beeren erinnernden Duft. Der in unmittelbarer Nachbarschaft wachsende *Vacqueyras* steht ihm kaum nach, ist vielleicht etwas weiniger, hintergründiger, geradliniger. Die Rotweine sollten ein paar Jahre altern, damit sie ihr volles, rundes Bukett gewinnen können. Außerdem gibt es Rosé und kleine Mengen eines mächtigen Weißweines.

Ausschließlich aus weißen Muskatellertrauben keltert man im südlichen Teil der *Dentelles de Montmirail* einen Südwein, den *Muscat de Beaumes-de-Venise,* golden und süß. *Beaumes-de-Venise* – die alte Hauptstadt der Grafschaft von Venise trägt einen verlockenden Namen! Er klingt nach Verführung, läßt den Balsamduft von Blüten und Honig erahnen. Im allgemeinen serviert man den Wein denn auch zu frisch gebackenen Obstkuchen.

Madame *Leydier* von der *Domaine de Durban* allerdings schätzt ihren eleganten, leicht wirkenden, feinen Muscat mindestens ebensosehr zu Stopfleber *(foie gras),* Melone mit Parmaschinken, Roquefort oder einem frischen Ziegenkäse. Auch zu Desserts, wie Birnenkuchen mit bitterer Schokolade oder Birnencharlotte mit Himbeersauce: Sie ist stolz auf das zarte Birnenaroma, das sich zu den für den *Muscat de Beaumes-de-Venise* typischen Duft von Zitrone, Akazienblüten und Rosen gesellt.

In den Jahren 1414/15 wurden die ersten Muskatellerreben auf der *Domaine de Durban* gepflanzt. Heute stehen auf der insgesamt über 100 Hektar großen Domaine stattliche 14 Hektar Muskateller. Ein großer Teil ist Wald, auch werden Aprikosen, Äpfel, Kirschen, Tafeltrauben und ein wenig Rotwein angebaut. Für den Muskateller erntet man hier nur 28 bis 30 Hektoliter pro Hektar, aber die haben es in sich: 250 g natürlicher

Die »Domaine de Durban« verfügt über einen mineralstoffreichen Boden, in dem kristalliner Gips vorkommt (neben der Weinflasche). Madame Leydier ist für den Verkauf zuständig, die Söhne Bernard und Jean-Pierre kümmern sich mit dem Verwalter um die Weinberge bzw. den Ausbau

Fruchtzucker sind in einem Liter Traubenmost enthalten!

Die Herstellung des Südweins erfolgt auf besondere Weise, wobei Jean-Pierre Leydier auf die moderne Kellertechnik schwört – dank Kältetechnik und Edelstahltanks kann man zu heftige Gärung und Oxydation, was plumpe Weine zur Folge hätte, kontrolliert vermeiden und erzielt helle, elegante Weine. Die Gärung wird durch Kälte gestoppt, sobald nur noch 110 bis 125 g Restzucker übrigbleiben, dann fügt man neutralen Alkohol aus Wein hinzu, bis zwischen 21,5 und 23,5 Grad Alkohol erreicht sind. Jetzt ruht der Wein noch sechs Monate im Keller, ehe er steril gefiltert und in Flaschen gefüllt wird.

An den Hängen unter den schroffen *Dentelles*, den »Zähnchen« oder »Klöppelspitzen«, werden mit riesigen Raupen und Baggern immer neue Weinberge angelegt – vor allem in der Höhe, auf 400 bis 450 Metern, gedeihen besonders elegante und fruchtige Weine. Am Rande der Rebzeilen blühen im Frühling Mohn und wilde Gladiolen. Die Wälder an den steilen Hängen zwischen den terrassierten Weinbergen bieten Tausenden von Vögeln Schutz, die sich dafür bedanken, indem sie so viele Insekten vertilgen, daß man auf chemische Mittel weitgehend verzichten kann. Überall blüht Ginster, das violette Blau des wilden Salbeis überzieht ganze Geröllhalden, die Wegränder leuchten im himmlischen Blau des zarten Leins. Rosmarin duftet verhalten harzig, Thymian verströmt sein intensives Aroma, und die Bienen summen in un-

1

– AÏGOU BOULIDO –

SALBEISUPPE

»Gekochtes Wasser« lautet die wörtliche Übersetzung, und es ist tatsächlich vorwiegend nichts anderes. Aber eine der wichtigsten, klassischen Suppen der Provence. Sie besteht aus wenigen und immer verfügbaren Zutaten, aus Knoblauch, Kräutern, Wasser und Brot – ein einziges Ei für vier Personen zeugt durchaus nicht von Verschwendung. Und sie beweist, daß wirklich nicht viel nötig ist, um etwas Gutes auf den Tisch zu bringen.

Für vier Personen:
6 Knoblauchzehen, Salz,
2 Salbeistengel, 1 Thymianzweig,
1 l Wasser, 1 Eigelb, 4 Brotscheiben,
Olivenöl, 2–3 EL geriebener Käse

Die mit etwas Salz zerriebenen Knoblauchzehen mit dem Salbei und Thymian in einem Topf mit Wasser auffüllen. Zugedeckt etwa eine halbe Stunde leise ziehen lassen, damit die Kräuter dem Wasser ihren Geschmack mitteilen. Durch ein Sieb filtern und mit dem verquirlten Eigelb legieren.

In jeden Teller eine geröstete oder altbackene Brotscheibe legen, mit Olivenöl beträufeln und mit Käse bestreuen. Die heiße Brühe vorsichtig daneben gießen und unverzüglich zu Tisch bringen.

2
– POULET À LA SAUGE –
SALBEI-HÄHNCHEN

Für vier Personen:
1 schöne Poularde (ca. 1600 g), Salz,
Pfeffer, 4–5 Salbeistengel, 2–3 junge
Zwiebeln, 500 g Kartoffeln,
75 g schwarze Oliven,
4 Knoblauchzehen, 2–3 EL Olivenöl,
ca. ⅛ l Weißwein

Die Poularde innen und außen mit Salz und Pfeffer einreiben. Einen Gutteil der Salbeiblätter in den Bauch stecken. Die Poularde dressieren, das heißt mit Küchenzwirn so zusammenbinden, daß Flügel und Beine dicht am Körper anliegen.
In einen Bräter setzen. Die geachtelten Zwiebeln, die in große Würfel geschnittenen, geschälten Kartoffeln und die Oliven (nach Belieben zuvor entsteinen) und den Knoblauch darum herumstreuen, ebenso die restlichen Salbeiblätter. Mit Olivenöl gleichmäßig beträufeln, vor allem darauf achten, daß die Kartoffeln rundum davon benetzt sind, damit sie schön rösten und nicht verbrennen. Den Bräter in den zunächst auf 220 Grad vorgeheizten Ofen schieben. Nach etwa 45 Minuten auf 160 Grad herunterschalten, den Wein angießen, die Poularde noch weitere 20 bis 25 Minuten nunmehr sanft schmoren.

3
– CAILLES AU ROMARIN –
WACHTELN MIT ROSMARIN

Für zwei Personen:
4 Wachteln, Salz, Pfeffer,
4–5 Rosmarinzweige, 4 dünne
Scheiben durchwachsenen Specks,
1 Zwiebel, 2 Knoblauchzehen,
50 g schwarze Oliven, 4 EL Olivenöl

Die Wachteln innen und außen salzen und pfeffern. In ihren Bauch einen Rosmarinzweig stecken. Jede Wachtel mit einer Speckscheibe umwickeln, dabei einen Rosmarinzweig über der Brust einbinden. Nebeneinander in eine feuerfeste Form setzen. Die gehackte Zwiebel und Knoblauchzehen darum herumstreuen, ebenso die entsteinten Oliven. Mit dem Öl beträufeln. In den zunächst 250 Grad heißen Ofen schieben, bereits nach 12 bis 15 Minuten ausschalten; in der nachlassenden Hitze noch weitere 10 bis 15 Minuten ziehen lassen.

ermüdlichem Fleiß: für köstlich würzigen Honig.
Mit dem Auto kann man den Gebirgsstock der *Dentelles de Montmirail* bequem umfahren, gewinnt ständig neue Eindrücke, und immer wieder setzen kühne Ausblicke in Erstaunen. Lichterlebnisse sondergleichen: Wenn die Morgen- oder Abendsonne über die Spitzen und durch die Scharten strahlt und in die diesige Luft silberne oder goldene Streifen zeichnet, fühlt man sich wie in einer Zauberwelt.
Bereits Mitte Mai beginnt die Saison für die Kirschen von *Beaumes-de-Venise*, süß und fest und voller Aroma. Sie sind erst vor gut dreißig Jahren hier heimisch geworden, als nämlich nach den strengen Frösten von 1956 die Olivenbäume abstarben und man Ersatz suchte, der mehr Rendite bringen würde. Heute sind die Kirschen neben Wein, Aprikosen und herrlichen Fleischtomaten, die ebenfalls schon im Mai aus Folienhäusern auf den Markt kommen, das wichtigste landwirtschaftliche Erzeugnis der Region.

Fortsetzung auf Seite 65

1
– LAPIN FARCI –
GEFÜLLTES KANINCHEN

Für vier Personen:
Füllung:
100 g altbackenes Weißbrot,
ca. ⅒ l Milch, 3–4 Anchovisfilets,
75 g schwarze Oliven, 1 Zwiebel,
2–3 Knoblauchzehen, 1 EL Olivenöl,
1 Ei, je 1 Bund Petersilie und
Basilikum, Salz, Pfeffer, Muskatnuß
Außerdem:
1 Kaninchenrücken,
200 g Spinat- oder Mangoldblätter,
Olivenöl zum Beträufeln
Sauce:
5 EL Zitronensaft, 3–4 EL Brühe
oder Fond, 3–4 EL Olivenöl,
3 EL gehackte Petersilie, Salz, Pfeffer

Zuerst die Füllung zubereiten: Dafür das Brot würfeln, mit der heißen Milch vorsichtig beträufeln und einweichen. Anchovis und Oliven fein hacken. Die feingehackte Zwiebel und Knoblauchzehen im Olivenöl weich dünsten. Etwas ausgekühlt mit dem Brot, Anchovis, Oliven, Ei und gehackten Kräutern mischen. Mit Salz und Pfeffer abschmecken.
Vom Kaninchen die Rückenfilets und die unterhalb der Knochen sitzenden echten Filets auslösen.
Die Spinat- oder Mangoldblätter sorgfältig entstielen, sekundenlang in kochendes Wasser tauchen, damit sie zusammenfallen, unverzüglich kalt abschrecken. Auf einem Tuch zu einem akkuraten Rechteck auslegen, das etwas länger als die Rückenfilets und viermal so breit sein sollte. Die Fleischstreifen darauf mit etwas Abstand voneinander parallel darauf betten. Etwa die Hälfte der Füllung gleichmäßig darüber verteilen und gut festdrücken. Die restliche Farce in mit Öl ausgestrichene Souffléförmchen drücken. Mit Hilfe des Tuchs die Blätter über Fleisch und Füllung schlagen und zur Rolle wickeln. Die Seiten nach unten einschlagen. Die Rolle vorsichtig in einen passenden Bräter betten. Mit etwas Olivenöl beträufeln und im 180 Grad heißen Ofen etwa 25 Minuten sanft braten. Die Förmchen daneben auf den Rost stellen, damit die Oberfläche nicht eintrocknet, mit Alufolie abdecken. Zum Servieren die Rolle quer in Scheiben schneiden. Mit der kalten Sauce servieren, die aus den angegebenen Zutaten rasch zusammengemixt wird. Die Souffléförmchen stürzen, den kleinen Brotpudding als Beilage servieren.

2
– LAPIN AUX OLIVES –
KANINCHENRAGOUT MIT OLIVEN

Für vier Personen:
1 kleines Kaninchen, 3 EL Olivenöl,
2 Salbei- und 3 Rosmarinstengel,
1 Handvoll geschälte Knoblauchzehen,
Salz, Pfeffer, ¼ l Weißwein,
100 g schwarze Oliven

Das Kaninchen in kleine Portionsstücke schneiden. In einem flachen Schmortopf im heißen Öl kräftig und langsam anbraten, bis alle Stücke rundum goldbraun geröstet sind. Salbei und Rosmarin zufügen, den Knoblauch dazwischen streuen. Salzen, pfeffern, den Wein angießen. Die Oliven erst jetzt zufügen. Zugedeckt etwa 25 Minuten leise schmoren.

3
– PIGEONS AU THYM –
THYMIAN-TÄUBCHEN

Für vier Personen:
4 Täubchen (mit ihren Innereien),
3 Weißbrotscheiben, 2 EL Milch,
1 Zwiebel, 2 Knoblauchzehen, 1 EL
Butter, 1 frische, rote Chilischote,
2 EL gehackte Petersilie,
4–5 Thymianzweige, Salz, Pfeffer,
3–4 EL Olivenöl, 1 Glas Weißwein

Die Täubchen innen und außen mit Küchenpapier sauber auswischen. Die Innereien sehr sorgfältig putzen und schließlich winzig klein schneiden.
Für die Füllung das Brot entrinden, würfeln und mit der Milch beträufeln. Bis es richtig durchgeweicht ist, die feingehackte Zwiebel und Knoblauchzehen in etwas Butter weich dünsten, ohne zu bräunen. Zum Brot geben, die Innereien zufügen, ebenso die winzig gewürfelte Chilischote, die gehackte Petersilie und die von den Stielen gezupften Thymianblättchen. Diese Farce gründlich mischen und mit Salz und Pfeffer abschmecken. In die Täubchen füllen. Sie schließlich mit Küchenzwirn in Form binden.
Nebeneinander in eine feuerfeste Form setzen. Mit Öl beträufeln. In den zunächst 250 bis 275 Grad heißen Ofen schieben. Nach 15 Minuten, wenn die Täubchen bereits brutzeln, mit dem Wein ablöschen und den Ofen abschalten. In der langsam nachlassenden Hitze noch weitere 30 Minuten ziehen lassen.

1 Gefülltes Kaninchen. Zu den Photos links: Blanchierte Spinatblätter auf einem Tuch auslegen (1); die Rückenfilets und die Füllung darauf verteilen (2); zu einer Rolle wickeln; restliche Füllung in Souffléförmchen garen und getrennt dazu servieren (3)

2 Kaninchenragout mit Oliven. Kräftig gewürzt mit dem Duft von wildem Rosmarin, Salbei und zweierlei Olivensorten

3 Thymian-Täubchen. Als Sauce dient der klare, nur leicht entfettete Bratensaft; die chiligeschärfte Füllung aus Weißbrot, Kräutern und den kleingehackten Innereien ersetzt die Beilage

1
– TIAN DE LAIT AUX CERISES –

MILCHAUFLAUF MIT KIRSCHEN

Für vier Personen:
250 g Kirschen, 4 EL Rum, ½ l Milch,
100 g Zucker, 3 Eier

Die Kirschen entsteinen, in einer flachen Auflaufform verteilen und gleichmäßig mit zwei Löffeln Rum beträufeln.
Die Milch aufkochen, den Zucker darin auflösen, den restlichen Rum und die gründlich verquirlten Eier zufügen. Über die Kirschen gießen. Im mäßig heißen Backofen bei 160 Grad etwa 50 Minuten stocken lassen.

2
– GALETTE AUX CERISES –

KIRSCHKUCHEN

Zutaten für vier Personen:
250 g Kirschen, 3 EL Rum, 2 Eier,
60 g Zucker, 100 g Mehl, ⅒ l Milch,
75 g Butter, Salz,
Puderzucker zum Bestäuben

Die Kirschen entsteinen, mit Rum beträufeln und marinieren, bis alles Weitere erledigt ist.
Die Eigelb mit dem Zucker dick und schaumig schlagen, das Mehl und die Milch unterrühren. Die Kirschen mitsamt dem inzwischen entstandenen Saft sowie mit der geschmolzenen Butter (einen Löffel zum Buttern der Form übrigbehalten!) in den Teig rühren. Zum Schluß die beiden mit einer Prise Salz cremig steif geschlagenen Eiweiß unterziehen.
Den Teig in eine mit Butter ausgestrichene Pie- oder Auflaufform verteilen. Bei 160 Grad etwa 35 Minuten bakken. Für die letzten fünf Minuten die Hitze auf 220 Grad hoch- oder den Grill einschalten, damit der Kuchen appetitlich braun wird. Mit Puderzukker bestäuben und sofort servieren.

1

Die Kirschenernte ist eine zeitraubende Sache, und deshalb muß die ganze Familie mithelfen. Abends kommen Bauern und Hausfrauen mit den unterschiedlichsten Partien in die *Cooperative*, vor der sich eine Schlange von Autos bildet. Mal zehn Steigen auf dem Rücksitz, mal fünfzig auf der Pritsche – stets mit erstaunlich ebenmäßigen Früchten, die gleich klassifiziert, gewogen und verpackt werden. Die Sorte heißt *Burlat* und bringt beste Qualitäten – die größeren kommen von jungen Bäumen, die wenig tragen.

In der Cooperative in Beaumes-de-Venise

Tonnenweise werden Kirschen geliefert ...

... und sofort sortiert und verschickt

Die Kirschen von *Beaumes-de-Venise* werden nicht nur innerhalb Frankreichs verschickt, sondern auch in Deutschland sehr geschätzt. Allerdings begnügen sich, sehr zum Erstaunen des Marktleiters, die reichen Deutschen häufig mit der zweiten Qualität; wohingegen die Franzosen mehr für den Genuß auszugeben bereit sind und darauf bestehen, Lebensmittel erster Klasse zu bekommen. Das ist der Unterschied ...

Idylle zwischen Zug und Straße

Man kann wirklich nicht behaupten, daß das kleine Restaurant »La Beaugravière« sehr malerisch gelegen ist: Vorn braust der Verkehr auf der *Route Nationale Nr.7*, und hinter dem Haus donnert pünktlich nach Fahrplan allenthalben die Eisenbahn vorbei. Was früher für die ehemalige Poststation ein Vorteil war, ihre verkehrsgünstige, zentrale Lage zwischen Lyon und Marseille, dünkt uns heute mehr als Plage. Anders in Frankreich, wo Lärm nur selten als störend empfunden wird, und wo man den Duft der weiten Welt durchaus und gern immer noch am Rand der großen Fernstraßen sucht. So war nicht dies der Grund, der den Preis auf jene Summe drückte, die das junge Paar Tina und Guy Jullien vor dreizehn Jahren aufbringen konnten, um das damals ein bißchen heruntergewirtschaftete Gasthaus zu erwerben. Vielmehr hatte die damals neue Rhônetalautobahn den Löwenanteil des Verkehrs abgezogen und die Etappe schließlich überflüssig gemacht.

Wer heute nun im heiteren, kleinen Garten hinterm Haus unter den riesigen, weißen Sonnenschirmen Platz genommen hat, fühlt sich dem Alltag weit entrückt, auch wenn in Sichtweite auf dem Parkplatz die Autos stehen. Madame Jullien empfängt die Gäste, kümmert sich um den Service, kredenzt den Wein, Patron Jullien ist Küchenchef. Seine Küche ist schlicht und unkompliziert; vor allem ist sie sich für die simpleren Genüsse nicht zu gut. Es werden nicht nur die sogenannten edlen Teile, zum Beispiel der Kaninchenrücken, aufgetischt, mit den preiswerten Schultern oder Keulen gibt sich der Chef dieselbe Mühe. Seine große Leidenschaft jedoch gehört den Weinen der Region. Sein Keller ist weithin berühmt, und bietet von allem, was gut und teuer ist, eine schier unglaubliche Vielfalt, selbst große, alte Jahrgänge und sogar in halben Flaschen. Und dies zu unglaublich gastfreundlichen Preisen, so daß man sich umso lieber labt.

1
– TERRINE DE POISSON À LA SAUCE HOMARDINE –

FISCHTERRINE MIT HUMMERSAUCE

Für acht bis zehn Personen:
500 g Fischfilet (Drachenkopf),
350 g Crème fraîche, 10 Eiweiß, Salz,
Pfeffer, 1 Döschen Safran
Hummersauce:
die Karkasse eines Hummers,
1 EL Olivenöl, 1 Zwiebel,
4 Schalotten, 1 Möhre,
1 dünne Lauchstange,
2 EL Cognac, ¼ l Fischfond,
¼ l Weißwein, 200 g Crème fraîche,
Salz, Pfeffer

Für die Terrine das eisgekühlte Fischfleisch mit Crème fraîche und Eiweiß im Mixer pürieren, dabei mit Salz und Pfeffer würzen. Durch ein Sieb streichen. Die Hälfte der Masse mit Safranpulver würzen und gelb färben. Zuerst eine dicke Schicht gelbe Farce in eine Terrinenform geben, die weiße Farce in die Mitte betten und mit der restlichen gelben Farce auffüllen. Mit Folie verschließen und im Wasserbad im 150 Grad heißen Ofen eine Stunde garen. Im Ofen abkühlen lassen. Vor dem Anschneiden mindestens einen Tag lang kalt stellen.

Für die Sauce die Karkasse grob zerhacken, im heißen Öl kräftig anrösten. Das gewürfelte Gemüse zufügen, mit Cognac flambieren, schließlich mit Fond, Wein und Crème fraîche auffüllen. 20 Minuten leise köcheln, dann durch ein Sieb passieren und abschmecken.

Zum Servieren die kalte Terrine in zentimeterdünne Scheiben schneiden, auf einem Spiegel von heißer Hummersauce anrichten. Mit Spargelspitzen und rasch gebratenen Scampischwänzen garnieren.

2
— SALADE AUX ROGNONS D'AGNEAU —

BUNTER SALAT MIT LAMMNIEREN

Zum Braten und für die Marinade nimmt Guy Jullien das besonders aromatische Olivenöl aus Maussanne; es ist noch kräftiger und würziger als die meisten anderen Olivenöle, die man sonst in der Provence kennt.

Für vier Personen:
ein kleiner Friséesalat (nur die gelben Blätter), 1 Kopfsalatherz, 8 Lammnieren, 2 EL Olivenöl, 1 EL Butter, Salz, Pfeffer
Vinaigrette:
2 EL Estragonessig, Salz, Pfeffer, ½ TL Dijonsenf, 3 EL Olivenöl, Petersilie

Die Salatblätter zerzupfen und gründlich waschen. Während sie abtropfen die gehäuteten, geputzten, aber unzerteilten Nieren in Öl und Butter rundum insgesamt etwa sieben Minuten lang braten. Anschließend mindestens fünf Minuten ruhen lassen, bevor sie in dünne Scheiben geschnitten werden. Salatblätter mit der cremig gerührten Marinade anmachen, die Nierenscheiben darauf anrichten. Mit gehackter Petersilie bestreuen.
Guy Jullien garniert den Teller mit grünen Spargelspitzen, Tomaten- und Trüffelstückchen.

Obwohl der Mistral, jener stürmische Wind, der den Himmel über dem Rhônetal blank fegt, hier Blätter über die Terrasse treibt und an den Tischdecken zaust, genießt man es bereits früh im Frühling bei Guy (links oben) und Tina Jullien im jardin zu sitzen

67

1
– LAPIN À LA PURÉE D'OLIVES NOIRES –

KANINCHEN MIT PÜREE VON SCHWARZEN OLIVEN

Für vier Personen:
1 Kaninchen, 3–4 EL Olivenöl,
1 EL Butter, 2 Thymianzweige,
eine kleine Handvoll Knoblauchzehen,
1 Glas Weißwein (am besten Château
Fonsalette), ⅛ l Kalbsfond, Salz,
Pfeffer, 250 g schwarze Oliven
(vorzugsweise die aus Nyons)

Das Kaninchen zerlegen: beide Keulen abtrennen, ebenso die Schultern und den Rücken auslösen. (Aus den Knochen nach Belieben mit Wurzelwerk und Wein einen Fond kochen, den man statt des Kalbsfonds für die Sauce verwenden kann.) Alle Fleischstücke in der Mischung aus heißem Öl und Butter kräftig anbraten, salzen und pfeffern. Die Rückenfilets herausnehmen und warm stellen. Keulen und Schultern noch weitere 20 Minuten schmoren. Dabei die ungeschälten Knoblauchzehen und den Thymian zufügen. Zum Schluß mit Fond und Wein aufgießen. Die garen Fleischstücke (die Schultern eher als die Keulen) herausheben und ebenfalls warm stellen. Schließlich einige Knoblauchzehen als Garnitur beiseite stellen. Die restlichen mit dem Bratensaft noch einige Minuten köcheln, bis die Flüssigkeit sirupartig reduziert ist. Durch ein Sieb streichen und abschmecken.
Die entsteinten Oliven im Mixer pürieren und in etwas heißem Öl nur erwärmen, nicht kochen.
Die Kaninchenstücke wie auf dem Photo mit Bratenjus und Olivenpüree anrichten. Mit geschmorten Knoblauchzehen garnieren.

2
– CÔTE DE BŒUF GRILLÉE À LA SAUCE DE TRÉVALLON –

GEGRILLTES OCHSENSTEAK MIT ROTWEIN-SAUCE

Nicht irgendein Rotwein soll es für diese Sauce sein. Ein Trévallon garantiert allerhöchsten Genuß – schließlich gehört er zum Feinsten, was die Provence zu bieten hat. (Siehe auch die Seiten 222 bis 223.)

Für vier Personen:
1 gut abgehangenes Ochsenkotelett
(Hochrippe), ca. 1 kg, Öl, Salz,
Pfeffer, 1 TL Mehl, 1 Zwiebel,
2 Schalotten, 1 kleine Möhre,
1 Flasche Rotwein,
½ l dunkler Kalbsfond,
1 Gläschen Portwein

Das Ochsenkotelett mit Öl einpinseln und Zimmertemperatur nehmen lassen, bevor es auf dem heißen Grill blutig gebraten wird. Erst anschließend salzen und pfeffern.
Das feingewürfelte Gemüse in 2 EL heißem Öl andünsten, mit Mehl bestäuben und gut durchschwitzen. Wein und Fond angießen, eine Stunde sanft köcheln. Durch ein Sieb passieren und zum in dünne Scheiben geschnittenen Fleisch servieren.

3
– GRATIN DE FRAISES AU MUSCAT DE BEAUMES DE VENISE –

ERDBEERGRATIN MIT SABAYON VON MUSCAT DE BEAUMES DE VENISE

Der natursüße Dessertwein mit seinem blumigen Parfum paßt besonders gut zu aromatischen Erdbeeren. Siehe zu diesem Wein auch die Seiten 58/59.

Für vier Personen:
1 kg Erdbeeren,
¼ l Muscat de Beaumes de Venise,
4 Eigelb, 150 g Zucker, Minze

Die Erdbeeren putzen, halbieren und mit der Hälfte des Weins beträufelt marinieren.
Inzwischen den Sabayon zubereiten: Die Eigelb mit dem Zucker im Wasserbad heiß und dick schlagen, dabei nach und nach den restlichen Muscat zufügen. Die Erdbeeren in tiefen Tellern anrichten, mit dem Sabayon begießen und unter dem glühendheißen Grill acht bis zehn Minuten backen, bis die Oberfläche golden geworden ist. Mit Minzeblättchen schmücken.

Ein Hagestolz und sein großer Wein

Die Weine von Châteauneuf-du-Pape sind berühmt. Einen der besten unter ihnen indes kennt hierzulande kaum einer, dafür weiß man in Amerika, England oder Japan über *Château Rayas* um so besser Bescheid. Man mag diese Weltläufigkeit kaum glauben, wenn man Monsieur Jacques Reynaud begegnet, dem bescheiden wirkenden alten Mann, der am Stock herbeihumpelt und dem man den Schloßherrn nicht gleich ansieht. Sein verschmitztes Lächeln jedoch bemerkt man sofort, und seinen kauzigen Humor entdeckt man nach und nach. Wenn man beispielsweise im Keller auf den Fronten der kleinen Eichenfässer eigentümliche Jahreszahlen feststellt: statt *86* steht dort mit Kreide hingekritzelt *68*. Warum? Er grinst, »bei mir geht's eben ein bißchen anders zu als anderswo«. Sein Vater habe schon guten Wein gemacht, erzählt der Sohn mit listiger Bescheidenheit, allerdings bis vor 15, ja 20 Jahren ohne den entsprechenden Erfolg. Als Ende der 20iger Jahre die Güter der Region *Appellation Châteauneuf-du-Pape* sich zusammentaten und – übrigens als erste im ganzen Lande und daher Vorbild für alle weiteren – sich freiwillig Ertragsbegrenzungen und andere Produktionsbedingungen zur Qualitätsverbesserung auferlegten, war Vater Reynaud natürlich dabei. Und heute erzielt der Sohn im Schnitt gerade mal 15 hl jeweils auf seinen insgesamt 13 Hektar Rebfläche von *Château Rayas*. Klar, daß dies der

Der rote Château Rayas *wird – ungewöhnlich für die Weine der Region – rein aus Grenachetrauben hergestellt*

Stoff für einen besonders üppigen, intensiven Wein ist. Dabei ist er bei allem Reichtum an gewürzigen Düften außergewöhnlich elegant und dicht, geradezu ein Konzentrat, mit dem Parfum von Nelke, Zimt, Wacholder, Pfeffer, von schwarzen Trüffeln, zu denen er tatsächlich blendend paßt. Nur knapp ein Drittel der Gesamtfläche von *Château Rayas* sind Rebgärten – wobei immer wieder Stöcke nachgepflanzt werden, so daß die Trauben ausschließlich von Reben stammen, die zwischen 30 bis 40 Jahre alt sind – der Rest ist Wald, der die Rebflächen schützend umgibt und für ein ideales Mikroklima sorgt. »Deshalb ist es nicht besonders schwer, hier guten Wein zu machen«, behauptet Monsieur Reynaud denn auch kokett, mit der Gelassenheit desjenigen, der weiß, daß er besser ist als andere. Der skurrile Junggeselle, »die Richtige ist noch nicht gekommen«, der mit seiner Schwester, die ihm den Haushalt führt, auf dem schlichten Landsitz lebt, hat schließlich sein ganzes Leben diesem Wein gewidmet.

Der Boden ist hier weniger steinig als sonst in Châteauneuf-du-Pâpe. Untergepflügtes Stroh lockert ihn zusätzlich auf. Den Landsitz Château Rayas, *idyllisch im Schatten alter Platanen gelegen, bewohnt Jacques Reynaud (unten rechts) zusammen mit seiner Schwester, die ihm den Haushalt führt*

Ein zweites Gut, Château de Fonsalette, *besitzt Monsieur Reynaud in der Appellation Côtes-du-Rhône. Auch hier produziert er Weine von außergewöhnlicher Qualität. Bei einem Ertrag von höchstens 15 bis 20 hl pro Hektar ist das verständlich. Nur ein Viertel der Menge ist Weißwein, aus Grenache blanc und Clairette*

Im Keller von Rayas *wird der Rotwein in Barriques, kleinen Eichenfässern, ausgebaut (links); auch auf Flaschen gezogen (ganz links) muß der Wein noch reifen, bevor er ausgeliefert werden kann. Weil mehr Nachfrage herrscht, als das Angebot befriedigen kann, wird zugeteilt. Da entscheidet oft auch Sympathie*

SOMMER

Ferienfreuden, flirrendes Licht. Lavendelfrischer Fisch und viel Gemüse

duft und Sonnenhitze. Würzige Kräuter,

Von der wilden zur zahmen »Durance«

Behäbig liegt die Stadt *Sisteron* unter der trutzigen Zitadelle am stillen Wasser der *Durance*. Ein trügerisches Bild: Die Alpenfestung markierte jahrhundertelang die Grenze zwischen der französischen Dauphiné und der eigenständigen Grafschaft Provence. Und die *Durance* wurde erst durch eine der vielen seit den fünfziger Jahren errichteten Staustufen beruhigt – früher schoß sie hier mit mächtigem Getöse durch die Klause. Nicht umsonst bezeichnete man sie sprichwörtlich als »eine der Geißeln der Provence«: Das starke Gefälle und die gewaltigen Wasser- und Geröllmassen, die sie zur Zeit der Schneeschmelze mit sich führte, verursachten immer wieder katastrophale Überschwemmungen. Während im Winter nur ein Rinnsal die weiten Kieselfelder durchläuft, konnte der Fluß bei Hochwasser bis auf weit mehr als die vierfache Menge der Elbe bei Hamburg anschwellen.

Mit gewaltigem Aufwand, aber auch zu enormem Nutzen, hat man den Fluß gebändigt: Die Talsperre von *Serre-Ponçon* bei Gap reguliert den Zufluß aus den Hochalpen der Dauphiné, hält im Frühjahr das Wasser zurück, um es den Sommer und Herbst hindurch kontinuierlich zur Stromerzeugung, zur Bewässerung und als Trinkwasser für die Räume von Toulon, Aix und Marseille abzugeben. Entlang der Durance werden über einen speziellen Kanal in mehreren Kraftwerksstufen 7 Milliarden kWh pro Jahr erzeugt und fast 2 Mil-

Oben: Sisteron, die Stadt an der Durance, berühmt durch die vorzüglichen Lämmer, die auf trockenen Bergweiden gezogen werden. Rechts: Der Canal de Provence; im Hintergrund Felsformationen bei Mées, nach einer Legende lüsterne, versteinerte Mönche und deshalb »die Büßer« genannt. In der Mitte Kartoffelernte bei Malijai, dem provenzalischen Ort mit indisch klingendem Namen, ganz rechts der alte Canal de Marseille

oder der Widerspenstigen Kanalisierung

lionen Menschen mit Trinkwasser versorgt. Insgesamt besteht ein über 3000 Kilometer langes Netz von Bewässerungskanälen. Bereits im 16. Jahrhundert hatte *Adam de Craponne* einen ersten Kanal gebaut, um die Ebene der Crau fruchtbar zu machen. Diese riesige Steinwüste hatte die Durance in früheren Zeiten selbst durch Ablagerungen geschaffen, als sie noch in einem eigenen Delta dem Mittelmeer zustrebte, ehe sie in vorgeschichtlicher Zeit ihren Lauf nach Nordwesten abänderte, um südlich von Avignon in die Rhône zu münden. Im 19. Jahrhundert baute man den *Canal de Marseille*, um die rapide wachsende Stadt mit frischem Wasser zu versorgen, und den *Canal du Verdon* für das Gebiet um Aix. In den letzten Jahrzehnten folgte schließlich, um dem gewachsenen Bedarf gerecht werden zu können, der *Canal de Provence*, der jedes Jahr etwa 700 Millionen Kubikmeter Wasser zur Verfügung stellt.

Diese ungeheuren Wassermengen, die ungebändigt einst das Land verheerten, gereichen ihm heute zum Segen: Die endlosen Spaliere von Äpfeln und Birnen, die Pfirsich- und Aprikosengärten, die Erdbeer- und Himbeerplantagen, die riesigen Melonenfelder, die Tausende von Salat- und Gemüsebeete hätten ohne die gigantischen Bewässerungskanäle der *Durance* nie entstehen können. Die Provence wäre das arme, ausgedörrte Land von einst, nicht der Garten Eden von heute...

Früchte, die nach Sonne schmecken

Bald nach Sisteron, dort, wo Hügelflanken dem Durancetal auch Schutz vor nördlichen Winden bieten, liegt, noch vor Château Arnoux, das kleine Dörfchen Volonne. Es wäre nicht weiter bemerkenswert, fielen dem Reisenden nicht die üppigen Obstplantagen auf, die auf flachen, steinigen Terrassen das Tal zu beiden Seiten säumen. Obstbäume, so weit das Auge reicht, vor allem Pfirsiche und Aprikosen, die verführerisch wie goldene oder rote Christbaumkugeln im Blattgrün prangen. Die Früchte, die hier gedeihen, sind im ganzen Land begehrt. Michel Richaud, mit 30 Hektar Obstanlagen längst nicht der größte, aber anerkanntermaßen der beste unter den Obstbauern, erklärt auch, warum. Es ist das Klima: der Wechsel zwischen heißen, südlichen Tagen und empfindlich kühlen, von Alpenluft aufgefrischten Nächten, in denen allerdings die Speicherwirkung des steinigen Bodens die Bäume vor zuviel Kälte schützt, bewirkt, daß die Früchte mehr Zucker, zugleich aber auch mehr Säure bilden; so entsteht geradezu zwangsläufig mehr Aroma, entwickelt sich mehr Saft und Kraft, ein intensiverer Duft. Fast die Hälfte seiner Plantage hat Monsieur Richaud mit weißfleischigen Pfirsichen bestückt, die selten geworden sind, weil sie zwar größerer Pflege bedürfen, dafür jedoch weniger Ertrag bringen als die wohlfeileren, gelben Sorten. Aber, sagt er und lacht, sie schmecken besser!

Michel Richaud (Photo links) ist in Volonne im Schatten des Kirchturms geboren und aufgewachsen. Die Farbgestaltung seiner Eingangstür verrät Sinn für Fröhlichkeit. Zur Erntezeit kann er sich auf Helfer aus dem Dorf verlassen. Die rund 15 verschiedenen Pfirsichsorten, die er anbaut, reifen zwischen Juli und Oktober. Er versucht, so wenig gegen Schädlinge zu spritzen, wie nur möglich – was heutzutage dank besserer und ungefährlicherer Mittel einfacher geworden ist. Nur etwa zehn Prozent der Fläche sind mit Aprikosen bepflanzt. Es ist schwierig, sie perfekt in den Handel zu bringen. Ob zu früh geerntet oder zu lange im Kühlhaus gelagert, merkt man sofort: dann sind sie mehlig. Der Zwetschgenbaum (Bild Mitte) wächst wild am Straßenrand

Im Schatten von Platanen: »La Fuste«

Seit die Autobahn Aix–Grenoble so nahe bei Manosque vorbeiführt, kann man sich keine schönere Etappe auf dem Weg in die Ferien vorstellen. (Allerdings sollte man unbedingt eines der nur neun Zimmer rechtzeitig vorbestellen!) Und wenn man schließlich nach einer Tagesreise auf der Terrasse, im Garten der »Hostellerie La Fuste« an einem der festlichen, rosa gedeckten Tische Platz genommen hat, das warme Licht der Abendsonne schräg unter die riesigen, uralten Platanen fällt und dort das Meer von abertausend weißen, roten und pinkfarbenen Fleißigen Lieschen zum Leuchten bringt, dann fühlt man sich in einer anderen Welt, selbst trübste Gedanken sind wie weggeblasen!

Es ist ein sympathisches Haus, ein Familienbetrieb, wie man ihn nicht mehr häufig findet. Als Daniel Jourdan ihn vor knapp 25 Jahren gründete, konnte er wahrlich nicht ahnen, daß sich seine damals winzige Tochter einmal in einen ebenso leidenschaftlichen Koch verlieben würde, wie er einer war, der sich obendrein auch noch gern an seiner Seite in die Küche stellt.

Heute wird das Haus von beiden Generationen in harmonischer Übereinstimmung geführt, und auch für die dritte ist natürlich längst gesorgt. Wenngleich sich das Zwillingspärchen vorläufig noch verständlicherweise lieber beim Versteckspiel im weitläufigen Garten vergnügt.

Der wichtigste, auch der schönste und imposanteste Raum im ganzen Haus ist die Küche. (Siehe die nächste Seite.) Die raumhohe Fensterfront läßt die Sonne herein, die das prächtige, auf Hochglanz polierte Kupfer- und Silbergerät zum Strahlen bringt, und gibt den Blick zum Gemüsegarten frei. Dort gedeihen nicht nur Gemüse, wie man sie frischer nicht kaufen kann, sondern auch all die vielen Kräuter, die hier in ungewöhnlicher Üppigkeit Verwendung finden. Und so kann man hier auch, wenn man mag, ein Menü bestellen, das ausschließlich aus gartenfrischem Gemüse besteht.

1
– SALADE DE TRUITE SAUMONÉE MARINÉE A L'HUILE D'OLIVE –

SALAT VON LACHSFORELLE MIT OLIVENÖL

Die Forellen stammen übrigens tatsächlich aus der Region, aus dem nahen Allemagne en Provence (siehe auch die Seiten 86/87).

Für vier bis sechs Personen:
1 schöne Lachsforelle (ca. 800 g),
Salz, Pfeffer,
1 Portweinglas bestes Olivenöl,
150 g zarte, junge Möhren,
150 g feinste grüne Böhnchen,
150 g rote Bete,
1 mittelgroßer Zucchino,
6 gelbe Cocktailtomaten,
6 Wachteleier, 12 Flußkrebse,
Saft einer Zitrone, Schnittlauch

Den Fisch sorgfältig filieren. Mit einer Pinzette die Gräten herauszupfen, die Filets schließlich schräg in zweifingerbreite Streifen schneiden. Sie auf einen tiefen Teller betten, salzen, pfeffern und mit dem Olivenöl übergießen. Mit Klarsichtfolie zugedeckt über Nacht im Kühlschrank marinieren. Zum Anrichten die verschiedenen Gemüse putzen und wie auf dem Photo zuschnitzen oder einfach in schmale Streifen, beziehungsweise Scheiben schneiden. Jeweils in Salzwasser knackig gar kochen. Die gelben Tomaten halbieren, nach Belieben schälen. Die Wachteleier wachsweich kochen, abschrecken und pellen. Die Krebse kopfüber in kochendes Salzwasser werfen, um sie zu töten, dann im neben dem Herd langsam abkühlenden Sud gar ziehen lassen. Den Schwanz schälen, jedoch am Körper lassen. Fischmarinade, Zitronensaft, Salz, Pfeffer und Schnittlauchröllchen cremig quirlen, alle vorbereiteten Zutaten darin wenden und hübsch auf Vorspeisentellern anrichten. Die marinierten Filetstreifen dekorativ dazwischen legen.

Lydia Bucaille, Tochter des Hauses und Ehefrau des Juniorchefs, kümmert sich zusammen mit Sommelier Michel Milesi (Bild Mitte) um den Service

2
– SAUMON DANS LE POTAGER –

LACHS IM GEMÜSEGARTEN

*Für vier Personen:
4 schöne Lachsschnitten, Pfeffer,
2 EL Olivenöl, Salz
Sauce Piperade:
1 weiße Zwiebel, 3 Knoblauchzehen,
2 rote Paprikaschoten, 2 Tomaten,
2 EL Olivenöl, Salz, Pfeffer
Außerdem:
ca. 800 g bunt gemischtes, sorgfältig geputztes Gemüse der Saison, zum Beispiel: Petersilienwurzel, Frühlingszwiebel, rote Bete, grüne Böhnchen, Erbsen, Dicke-Bohnen-Kerne, frische Kräuter, wie Minze, Kerbel, Dill, Schnittlauch*

Die Lachsschnitten pfeffern, mit Olivenöl einreiben und marinieren. Erst unmittelbar vor dem Servieren behutsam dämpfen und salzen.
Zuvor jedoch die Zutaten für die Sauce zerkleinern, mit Salz und Pfeffer in einen Topf füllen und sehr langsam und lange sanft weich köcheln, geradezu schmelzen. Im Mixer pürieren, durch ein Sieb streichen und mit Salz und Pfeffer abschmecken.
Die Gemüse hübsch zuschneiden, im Salzwasser knackig gar kochen und schließlich in etwas Olivenöl schwenken. Den Fisch auf einem Klecks Piperade anrichten, das Gemüse darum verteilen und schließlich großzügig frische Kräuter darüber streuen.

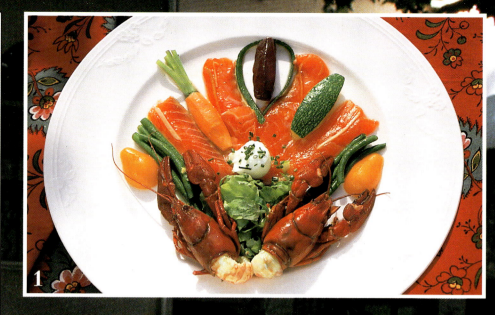

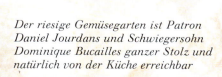

Der riesige Gemüsegarten ist Patron Daniel Jourdans und Schwiegersohn Dominique Bucailles ganzer Stolz und natürlich von der Küche erreichbar

81

1
– LES PETITS FARCIS I –
GEFÜLLTE GEMÜSE I

Daniel Jourdan und Dominique Bucaille servieren natürlich eine eigene, besonders feine und elegante Version des typisch provenzalischen Sommergerichts (siehe auch die Seiten 94 und 98). Hier bekommt jedes Gemüse seine spezielle Farce: Die Zucchini werden mit weißen Zwiebeln gefüllt, die mit Tomaten so lange sanft gedünstet sind, daß beides miteinander zu verschmelzen scheint. In den Tomaten steckt Pistou (siehe auch Seite 190), außerdem bleiben sie roh, werden nicht geschmort oder gedämpft, wie zum Beispiel die Zucchiniblüten, deren Füllung aus fein püriertem Hühnerfleisch und viel Basilikum besteht. Und die kleinen Auberginen sind mit einer Farce aus Lammfleisch, Knoblauch und Thymian gefüllt. Besonders interessant ist die leuchtendgrüne

Petersiliensauce:
Für vier Personen:
2 Bund Petersilie, 2 Schalotten,
1 Knoblauchzehe, 2 EL Olivenöl,
¼ l Geflügelbrühe, Salz, Pfeffer,
75 g Butter

Petersilienblätter, gehackte Schalotten und Knoblauch im Öl andünsten. Mit Brühe etwa 20 Minuten unbedeckt köcheln. Salzen und pfeffern. Im Mixer fein pürieren, durch ein Sieb streichen und schließlich mit der eiskalten Butter erneut aufmixen.

2
– NOISETTES DE LAPEREAU À LA TOMATE –
KANINCHENMEDAILLONS AUF TOMATENSAUCE

Für vier Personen:
Der Rücken eines fetten Kaninchens mitsamt den Nieren, Salz, Pfeffer, Thymian, 2 EL Olivenöl
Tomatensauce:
3 Tomaten, 1 Zwiebel,
3 Knoblauchzehen, 3 EL Olivenöl,
Basilikum, Salz, Pfeffer
Gefüllte Kartoffeln:
4 gleich große, mehlige Kartoffeln,
4 EL Olivenöl, Salz, Pfeffer,
Thymian, Basilikum,
100 g Mettwurstbrät, geriebener Käse,
Butterflöckchen

Den Rücken vollkommen entbeinen, dabei darauf achten, daß der Bauchlappen erhalten bleibt. Auf einem Tuch ausbreiten, die Innenseite salzen, pfeffern, mit etwas zerriebenem Thymian bestreuen. Die Nieren säubern, häuten und nebeneinander in die Mitte betten, den Bauchlappen so darüberschlagen, daß eine geschlossene Rolle entsteht. Im heißen Öl rundum kräftig anbraten, schließlich zugedeckt auf milder Hitze etwa 20 Minuten ziehen lassen, bis die Rolle durch und durch zart und saftig ist. Für die Sauce alle Zutaten grob zerkleinert eine halbe Stunde sanft köcheln, mixen, durch ein Sieb streichen und abschmecken.

Die Kartoffeln kann man gut bereits am Morgen vorbereiten, dann braucht man sie kurz vor Gebrauch nur noch rechtzeitig in den Ofen zu schieben: Die Kartoffeln in der Schale im Ofen backen, bis sie weich sind. Oben quer eine Kappe abschneiden, mit einem Löffel aushöhlen, so daß rundum nur noch ein Rand von einem halben Zentimeter stehen bleibt. Das Innere mit der geschälten Kappe zerdrücken, mit dem Öl glattkneten. Salzen, pfeffern, mit Thymian, gehacktem Basilikum und Wurstbrät mischen. In die Kartoffeln füllen, mit Käse bestreuen und mit Butterflöckchen besetzen. Zehn Minuten bei 180 Grad überbacken.

3
– POIRES AU VIN ROUGE –
BIRNEN IN ROTWEIN

Für vier Personen:
4 reife, aber noch feste Birnen,
½ l Rotwein, ½ Zimtstange,
1 Vanillestange, 1 Lorbeerblatt,
1 Stück Orangenschale, 1 Nelke,
einige schwarze Pfefferkörner,
100 g Zucker
Himbeersauce:
150 g Himbeeren, 3 EL Zucker
Außerdem:
⅛ l Sahne, Himbeeren zum Garnieren

Die Birnen schälen, jedoch den Stiel dranlassen. Aus den restlichen Zutaten einen duftenden Sud kochen. Die Birnen darin sanft 10 bis 15 Minuten ziehen lassen. Im Sud abkühlen. Für die Sauce die Himbeeren mit dem Zucker nur eben erhitzen, bis sich der Zucker aufgelöst hat. Durch ein Haarsieb streichen, das alle Körnchen auffängt. Zum Servieren die Birnen mit der kalten Himbeersauce überziehen. In ein Schälchen setzen, dessen Boden von flüssiger Sahne bedeckt ist. Mit Himbeeren dekorieren.

4
– SOUPE DE PÊCHE –
PFIRSICHSUPPE

Für vier Personen:
4–6 reife, duftende Pfirsiche,
ca. ¼ l Champagner, Minzeblätter

Die geschälten Pfirsiche in Spalten schneiden, in vier Dessertschälchen verteilen und mit gut gekühltem Champagner begießen. Mit Minzeblättern dekorieren.

83

Schnurgerade und lila bis zum Horizont: Lavendelfelder

Man muß es einmal gesehen haben, um zu wissen, was *lila* bedeutet. Es ist eine Farbe, die schwindlig macht: Wenn die Sonne Lavendelblüten an ihren langen Halmen durchleuchtet und ihr Violett in Kontrast gegen das beißende Blau des mistralgeklärten Himmels setzt, über den flirrende, weiße Wolkenschleier ziehen, daneben, scharf abgegrenzt, das strohige, fahle Gelb abgemähter Kornfelder – das ist eine Farbkomposition, die einem mit ihrer Kühnheit den Atem nimmt. Oder, immer öfter zu sehen, seit die Preise für Raps gestiegen sind, der just dann in giftgelber Blüte steht, wenn nebenan der Lavendel lila blüht, dazu vielleicht noch, am Sraßenrand wie hingetupft, knallroter Klatschmohn – dann ist das eine Farbgebung von geradezu schrillem Mut.

Lavendel gehört zur Provence wie zur Schweiz die Berge. Die schnurgeraden Linien der im Winter und Frühjahr trotz ihrer igelgleichen Stacheln rund wie Kissenpolster wirkenden Pflanzen sind für den gesamten Hochplateaugürtel typisch, der sich von den Südalpen bis zum *Mont Ventoux* hinzieht. Hauptzentren sind das *Plateau de Valensole* und die Gegend um *Sault* am Osthang des hier sanft ansteigenden Bergriesen.

Lavendel schätzten bereits die Römer als Heilmittel gegen allerlei Zipperlein von Ohrenschmerzen bis zu Rheuma. Mehr noch und bis heute ist Lavendel jedoch wichtig für die in Grasse beheimatete Parfumindustrie.

Anbau und Pflege sind mühsam, die Ernte noch mehr. Die Blüten werden abgeschnitten, wegen der Hitze in der kurzen Erntezeit auch nachts. Denn es muß geerntet sein, bevor die wertvollen ätherischen Öle, die in den Blüten stecken, sich verflüchtigen können. Schließlich werden die Blüten in eine der vielen kleinen Destillen gebracht, deren Schornsteine hier überall in der Landschaft stehen. Die angetrockneten Blüten werden mit Wasser angesetzt und destilliert, wobei man einen duftenden, öligen Extrakt gewinnt. Vom echten Lavendel bringt ein Liter *extrait de lavande* zwischen 75 und 90 Euro. Aber der gedeiht nicht unterhalb 1000 Meter und muß mühsam gesammelt werden. Auf den Feldern wächst ausschließlich die blütenreichere Kulturform *Lavandin*, für dessen Extrakt man pro Liter nur 10 bis 12 Euro erzielen kann. Aus einer Tonne Blüten läßt sich etwa fünf bis sechs Liter Extrakt gewinnen. Trotzdem: ein Lavendelfeld (wie man der Einfachheit halber sagt) lohnt immer noch mehr als ein Kartoffelacker.

Die getrockneten Blüten, in kleine Säckchen eingenäht, verströmen noch lange im Wäscheschrank ihren frischen, sauberen Duft. Herrlich auch der Lavendelblütenhonig, der neben seiner Süße tatsächlich das herbe, fast bittere Aroma in sich birgt. Man kann ihn überall in den Lavendelregionen kaufen. Man muß nur auf das Schild *Vente de Miel* achten, das vielerorts ausgehängt ist.

1
– GLACE AU MIEL AUX FLEURS DE LAVANDE –

LAVENDELHONIG-EIS

Für vier Personen:
5 Eigelb, 200 g Lavendelhonig,
¼ l Milch, ¼ l Sahne

Die Eigelb mit der Küchenmaschine dick und hell schlagen, dabei nach und nach den dickflüssigen Honig hinzufließen lassen. Mindestens 15 Minuten schlagen, bis eine fast weiße, ganz dicke Creme entstanden ist. Milch und Sahne in einem Topf aufkochen, heiß zur Eiercreme gießen. Indessen ebenfalls die Rührmaschine laufen lassen. (Sollte der Honig bereits fest geworden sein, ihn in der heißen Sahnemilch auflösen – die Eier alleine dick rühren.)
Alles zurück in den Topf schütten. Auf mittlerem Feuer unter ständigem Rühren mit einem Spatel oder Rührlöffel heiß werden und eben einmal aufwallen lassen, damit die Eigelb binden. Jedoch auf keinen Fall richtig ins Kochen geraten lassen, damit die Eigelb nicht gerinnen und ausflocken. Abkühlen lassen und in der Eismaschine cremig fest werden lassen. Mit Lavendelblüten bestreut servieren.

Echter Lavendel ist selten. Die Wildpflanze, die niedrig bleibt, besonders intensiv duftet und sich selbst aussät, gedeiht nur oberhalb 1000 Meter. Unterhalb dieser Grenze wächst nur Lavandin, eine weiterentwickelte Hybride, die durch Stecklinge, auf dem Photo rechts zu sehen, vermehrt wird. Die vorgezogenen Pflanzen setzt man im zweiten Jahr in wie mit dem Lineal gezogene Reihen. Im Juli werden die lila Blüten geerntet

85

En Allemagne – Feiertag in der Provence

Wer von Aix-en-Provence zum *Grand Canyon du Verdon* gelangen will, nimmt am besten die Straße D 952, die ihn über *Riez* und *Moustiers-Ste-Marie* geleitet. Es ist eine schmale, gemütliche Straße, die außerhalb der Hauptsaison nicht allzu verkehrsreich ist, sich deshalb für eine beschauliche Spazierfahrt bestens eignet. Sie ist nicht spektakulär, zeigt nirgends aufregende Sehenswürdigkeiten. Sie führt durch eine einfache, ruhige, fast unberührt wirkende Gegend, die genauso aussieht, wie man sich eine provenzalische Landschaft erträumt: bestellte Felder, umsäumt von Hecken, dann wieder Eichenwälder, Obstbäume, Kartoffeläcker, Weizenfelder, Lavendelreihen, hier und da ein pittoresk abgeblättertes Bauernhaus, ein paar Rebstöcke, ab und zu ein Stück Platanenallee ... Bilderbuchprovence, abseits der Touristenwege.

Im Verdontal, wo der längst besänftigte Fluß sich sammelt, bevor er sich bald darauf der Durance hinzugesellt, gelangt man in den kleinen, hübschen Badeort *Gréoux-le-Bains* mit seinen Thermen, den putzigen Häuschen und prächtigen Villen, die davon zeugen, daß schon um die Jahrhundertwende die feine Welt hier ihre Bäder nahm.

Dem Weiterreisenden bietet sich auch die Tallandschaft entlang dem kleinen Flüßchen *Colostre* in friedlicher Idylle. Kleine Örtchen, Weiler nur, ein größe-

1
– AÏOLI –
DIE GROSSE AÏOLI

Das traditionelle Freitagsessen in der Provence: Fisch (meistens pochierter Stockfisch) mit Gemüsen der Saison und ein Schüsselchen mit jener steifen, gelben Sauce, von der das ganze Gericht seinen Namen hat. Ursprünglich wurde diese Sauce aus Knoblauch und viel Olivenöl mit enormem Kraftaufwand im steinernen Mörser hergestellt. Ein Stückchen altbackenes, in Milch eingeweichtes, mitgestoßenes Brot machte die Sauce leichter, ließ sie allerdings auch schneller wieder zusammenfallen. Erst mit steigendem Wohlstand wurde auch etwas Eigelb eingearbeitet. Inzwischen gibt es unzählige Aïoli-Rezepte, jede Hausfrau schwört auf eine andere Zusammensetzung. In den feinen Restaurants, vor allem an der Küste, wo viel für Touristen gekocht wird, verzichtet man häufig auf einen Großteil des Knoblauchs, blanchiert ihn gar, um ihn seines Duftes zu berauben, oder nimmt gleich eine fertige Mayonnaise ... Für den wahren Aïoli-Fan natürlich undenkbar! Ein delikates Aïoli-Rezept steht auf Seite 24. Hier eine Variante:

Für vier bis sechs Personen:
1 Eigelb, 5–6 Knoblauchzehen,
¼ l Olivenöl, Salz, Pfeffer,
Zitronensaft, Worcestershiresauce,
Senf
Außerdem:
800 g Kabeljaufilet, Salz,
1 TL Senfsaat, 1 TL Pfefferkörner,
ein Petersilien-, Thymian- und
Basilikumstengel,
Gemüse der Saison: Blumenkohl,
grüne Bohnen, Möhren, Kartoffeln,
hartgekochte Eier

Für die Sauce Eigelb und Knoblauch im Mixer pürieren, langsam das Öl hinzufließen lassen. So lange mixen, bis die Sauce angenehm dick und standhaft ist. Darauf achten, daß alle Zutaten die gleiche Temperatur haben, weil sonst die Sauce leicht gerinnt. Mit Salz, Pfeffer, einigen Tropfen Zitronensaft, Worcestershiresauce und Senf würzen.
Zum Servieren den Fisch in einem Sud aus Salzwasser, das mit Senf, Pfeffer und Kräuterstengeln zehn Minuten hat kochen können, sanft gar ziehen lassen. Mit heißem, frisch gekochtem Gemüse und den halbierten Eiern hübsch auf einer Platte anrichten und zu Tisch bringen.

rer Marktflecken, ein Schloß mit bunten Ziegeln auf dem Dach und einem sorgfältig gepflegten, üppigen Gemüsegarten davor. Und schließlich ein Ortsschild, das verblüfft: *Allemagne en Provence*. Der Name kommt von *ara magna* (großer Altar). Ein Schelm, der dabei an Deutschland denkt.

Vor dem stattlichen Schloß, das rundum zugerammelt, teilweise mit Wellblech abgedeckt und, wie ein verwittertes Schild am Tor verrät, *a vendre* ist, wird auf dem kleinen Platz unter den Platanen *pétanque* gespielt – so heißt das Boulespiel, wenn man die Kugeln nur über eine kurze Strecke wirft. Weil Feiertag ist, laufen gleich mehrere Wettbewerbe nebeneinander. Zum Ansporn ist auf einem Tisch am Straßenrand die zu erringende Trophäe aufgestellt, ein messingglänzender Boule-Werfer mit weit ausgreifendem Arm, fürs Vertiko. In der kleinen Bar, auf dem Markisensaum weltläufig als *Pizzeria* ausgewiesen, herrscht Hochbetrieb. Am Tresen im verwegen ausgestatteten Gastraum lehnen fünf aufgebrachte Mitspieler und gestikulieren wild, jeder ein Glas *Pastis* in der Hand, dessen Farbe zeigt, daß keine zwei dieselbe Marke trinken. Patronesse Magaly Mirecli lächelt mit geduldiger Nachsicht, »spätestens, wenn ich das zweite Mal nachschenken muß, schmeckt keiner mehr den Unterschied, auch wenn sie's behaupten ...«

Beim Wettbewerb geht's um die Ehre, die Gruppe dieser Fünf ist bereits ausgeschieden, jetzt muß der Schuldige gesucht werden. Noch vor dem Essen steht schließlich die Siegergruppe fest. Und spätestens beim großen *Aïoli*, dem traditionellen Freitagsessen, und den dazu nötigen Gläsern Rosé glätten sich die Wogen wieder.

Fayencen, Badelust und Abenteuer

Mit der Schlucht des *Grand Canyon du Verdon*, dem *Lac de Ste-Croix* und den Fayence-Manufakturen von *Moustiers-Ste-Marie* zieht der östliche Teil der Provence die unterschiedlichsten Besucher an. Aus einem der abgelegensten und am dünnsten besiedelten Gebiete der Provence entstand daher in den letzten Jahrzehnten ein Touristenzentrum mit allen positiven und negativen Begleiterscheinungen.

Die Schluchten des Verdon hießen, in gut französischer Präzision, jahrhundertelang *Gorges du Verdon*. Im Zeitalter des Tourismus wird plakativer gemalt: Dem von *Alphonse Daudet* so liebevoll verspotteten Hang der Provenzalen zur Prahlerei entsprechend heißt es nun *Grand Canyon* – um in Anlehnung an das amerikanische Vorbild die Großartigkeit auch dem wenig informierten Reisenden sofort sinnfällig zu machen. Immerhin ist der Canyon du Verdon die größte Flußschlucht Europas: Bis zu 1000 Meter tief mit 700 Meter hohen Steilwänden, oben 200 bis 1500 Meter breit, unten dagegen 100 bis lediglich sechs Meter schmal – kaum genug Platz, um die stetig weiter aushöhlenden Wassermassen des Verdon passieren zu lassen. Erst 1905 gelang die erste Durchquerung, 1928 wurde ein Pfad angelegt, auf dem man auch heute noch die Schlucht entlangwandern kann.

Die meisten Touristen werden mit der Besichtigung des Naturwunders von einer der beiden Straßen aus vorliebnehmen: Im Süden führt die *Corniche Sublime* zu den schönsten Punkten, im Norden die *Route des Crêtes*. Die Ausblicke von hier sind einzigartig, allerdings überfordern die gigantischen Dimensionen auch das menschliche

Wo der Grand Canyon du Verdon *in den Stausee von Ste-Croix übergeht, badet es sich am spektakulärsten. Sein Wasser dient der Stromerzeugung, Bewässerung und Trinkwasserversorgung. Kleine Bilder: Blick in die Schlucht vom Cirque de Vaumale, Corniche Sublime und das Schloß von Aiguines hoch über dem See*

88

Auge: Winzig und armselig scheint sich der Verdon durch die Felsmassen zu schlängeln. Die *Corniche Sublime* vermittelt intensivere Eindrücke, vor allem von den *Balcons de la Mescla* zu Beginn des Durchbruchs mit Blick auf die Mündung des *Artuby* in den Verdon, an der *Falaise des Cavaliers* und von der *Source de Vaumale* und dem *Col d'Illoire*, von wo man weit in die Schlucht, über den See und das *Plateau de Valensole* hinweg auf *Lubéron* und *Mont Ventoux* sehen kann, wenn es die Sicht erlaubt. Dann leuchtet zur Zeit der Lavendelblüte Mitte bis Ende Juli zwischen hellgoldenen Weizenflecken das irrsinnige Violett der Lavendelfelder bis hier herauf...

Unten lockt blau und lächelnd der See zum erfrischenden Bade. Eine ganze Freizeitlandschaft ist entstanden, mit Camping-Plätzen, Bootsverleih, Imbißständen und Liegestränden. Der aufgestaute *Lac de Ste-Croix* ist überdies ein Paradies für Surfer, denn die Schlucht des Verdon wirkt wie ein Kamin, durch den die Winde fegen.

Über dem Städtchen *Moustiers-Ste-Marie* schwebt ein guter Stern – im wahrsten Sinne des Wortes: Schon im 13. Jahrhundert soll der goldene Stern an einer eisernen Kette von einem dankbaren Kreuzritter quer über der Schlucht aufgehängt worden sein. Moustiers entwickelte sich zu Füßen eines Klosters, das bereits im 5. Jahrhundert gegründet wurde, erlebte seine Blütezeit aber erst im 17. und 18. Jahrhundert, nachdem die Kunst der *Fayencen* aus Italien eingeführt worden war. Getöpfert wurde hier schon immer, aber erst als angeblich ein

Moustiers-Ste-Marie: Am Brunnen mit köstlichem Wasser ist immer Betrieb

Der romanische Kirchturm von Moustiers erinnert an lombardische Vorbilder

Mönch aus *Faënza* das Geheimnis der Glasur verraten hatte, erlangten die Erzeugnisse von Moustiers überregionales Interesse. Über 3000 Menschen lebten im 18. Jahrhundert hier, und jedes Jahr zogen ganze Maultierkarawanen zur damals bedeutenden Handelsmesse nach *Beaucaire* an der unteren Rhône.

Doch mit dem 19. Jahrhundert begann mit dem billigeren und haltbareren Industrie-Porzellan der Niedergang, und 1873 schloß die letzte Manufaktur. Moustiers entvölkerte sich, schien dem Verfall geweiht. Doch es kam anders: Nachdem bereits 1925 erste Versuche unternommen worden waren, das alte Handwerk wieder zu beleben, schuf der Tourismus – der ja stets Andenken sucht – neuen Bedarf.

Heute kann man alle Arten von Moustiers-Fayencen kaufen, von den kitschigsten Ausführungen bis zu wirklich guten Kopien der alten Muster, letztere vor allem von *Féret* und *Fontaine*. Nur wenige Künstler bieten allerdings mehr als Nachempfundenes – originäre Stücke in anspruchsvoller Ausführung, zum Beispiel das »*Atelier de Ségriès*« von Tonia Peyrot.

Immerhin: Die neue Blüte der Fayencerien hat Moustiers das Überleben gesichert, heute zählt es wieder 800 Einwohner. Es herrscht ein touristischer Rummel, aber alle Menschen sind nett und freundlich, nicht mehr so verschlossen wie die einstigen Einwohner in diesen rauhen Gegenden, die unaufhörlich am unteren Rande der Existenzmöglichkeit lebten. Erst wer genug zum Essen hat, kann auch fröhlich sein!

Die augentäuschende Reklametafel für einen Laden mit Produkten der Provence

Fayencen von Moustiers: Klassisches Dekor auf den traditionellen Formen

Die Düfte der Provence

Der Lavendel scheint die Provence zu beherrschen – aber vor 30 Jahren durchzogen eher Jasmin-, Nelken-, Rosen- und Orangendüfte die Straßen von Grasse oberhalb der Côte d'Azur. Die an den Hang gebettete Stadt ist weiterhin Weltkapitale des Parfums – obwohl hier, weil zu teuer geworden, kaum mehr produziert wird: Die aus aller Welt importierten Produkte werden hier zu Parfums komponiert.

Ein paar Kilometer von Grasse entfernt, nahe seinem Heimatort St-Cézaire-sur-Siagne, hat Georges Armond sein Unternehmen angesiedelt: Ein blitzblanker, aus drei Gebäuden bestehender Komplex, in dem die Duftstoffe unter präzisen, nach ganz bestimmten Anforderungen ausgerichteten Bedingungen gelagert und verarbeitet werden können. Georges Armond ist Parfum-Kompositeur, das heißt, er entwickelt im Auftrage von Parfumfirmen, auch für Seifen- und Putzmittelhersteller, immer neue Düfte. Er arbeitet mit etwa fünfhundert Grundprodukten, die rund tausend wichtigsten Kompositionen unserer Zeit erkennt er beim ersten Hinriechen und weiß genau, aus welchen einzelnen Elementen sie zusammengesetzt sind.

Man unterscheidet zwischen tierischen – etwa Ambra und Moschus –, pflanzlichen – Rose, Lavendel – und synthetischen Produkten, aus Erdöl gewonnen oder über chemische Verfahren auch aus Pflanzen.

Die verschiedenen Ausgangsprodukte seiner Kompositionen, die *Essences* und *Absolues*, deren Herstellung ungemein aufwendig ist, kauft er fertig in aller Welt und lagert sie unter sorgfältiger Vermeidung gegenseitiger Beeinflussung. Das Zusammenstellen eines neuen Parfums verlangt viel Erfahrung und eine gute Nase, denn die Balance zwischen Grundnoten und Herznoten, die grundsätzlich von *Absolues* bestimmt werden, und der Kopfnote, für die eher die flüchtigeren *Essences* zuständig sind, ist höchst fragil. Genaueste Dosierung ist nötig, denn das Öl ist nicht nur konzentriert, sondern auch teuer – für 1 kg Jasminöl braucht man etwa 8 Millionen Blüten!

Georges Armond wirkt jugendlich, hat aber 20 Jahre Berufserfahrung. Seine Frau Denise hilft ebenso wie Tochter Sabine in den Ferien bei der Verwaltung des 1983 gegründeten eigenen Unternehmens. Onkel Armond, »Tonton« genannt (provenzialische Koseform für Onkel), wurde 1899 geboren und kennt noch gut die Armut der alten Provence: Als man den ganzen Tag arbeiten mußte, von Sonnenauf- bis -untergang, und es doch nichts anderes gab als Linsen, Bohnen und ein paar Kartoffeln. Kaum Fleisch, selten Salat oder frisches Gemüse (weil Wasser für den Anbau fehlte), nur Brot, Zwiebeln, Knoblauch, Olivenöl, Oliven und Anchovis ... und ein Gläschen Wein!

1
– VIN D'ORANGE –
ORANGENWEIN

Davon stellt Denise Armond jedes Jahr Ende Januar, Anfang Februar große Mengen her, damit immer ein Aperitif im Haus ist. Die Oliven, die sie dazu serviert, legt sie natürlich ebenfalls selber ein.

Für ca. 20 Flaschen:
10 Bitterorangen (Pomeranzen),
1 kg Zucker, 10 l Roséwein,
½ l reiner Alkohol (50%),
2–3 Zimtstangen, 2 Zitronen

Die ungespritzten Orangen mitsamt ihrer Schale in feine Scheiben schneiden. Mit den übrigen Zutaten mischen. 40 Tage lang bei Zimmertemperatur ziehen lassen. Durch ein Tuch filtern und in Flaschen füllen.

2
– OLIVES MAISON –
SELBST EINGELEGTE OLIVEN

Für 4 Vorratsgläser à 500 g:
1750 g reife, also schwarze, aber noch nicht verschrumpelte Oliven (am besten die kleinen aus Nizza oder die größeren aus Nyons), 1 l Wasser, 100 g Salz, ca. 8–10 Knoblauchzehen, Thymianzweige, Lorbeerblätter, Rosmarin

Die Oliven zwei bis drei Tage lang in immer wieder frischem Wasser entbittern. Erst dann in Vorratsgläser schichten. Aus den übrigen Zutaten einen Sud kochen, abgekühlt darübergießen. Vier Wochen, oder besser noch zwei Monate ziehen lassen, bis alle Bitterstoffe entzogen sind. So lange kühl und dunkel, am besten im Keller, aufbewahren.

1
– LES PETITS FARCIS II –
GEFÜLLTE GEMÜSE II

Ein richtiges Familien-, ein Hausfrauenrezept, das sich jeweils danach richtet, welche Reste im Kühlschrank zu finden sind. Der Fleischanteil zum Beispiel kann ein Rest vom Schmorfleisch (Daube) sein, übriggebliebenes gekochtes Rindfleisch (Pot-au-feu) oder ein Rest vom Sonntagsbraten. Wer keine Reste zur Verfügung hat, nimmt folgende Zutaten:

Für vier Personen:
Füllung:
250 g gepökelter, aber ungeräucherter Schweinebauch, 250 g Brät für grobe Bratwurst, 250 g gekochter Reis,
1 Bund Petersilie, 2 Schalotten,
4–6 Knoblauchzehen, 4 EL Öl,
Salz, Pfeffer, 1 Ei,
3 EL Semmelbrösel
Außerdem:
Gemüse zum Füllen: 4 Tomaten,
1 dicker Zucchino, 4 Zwiebeln,
4 Champignonköpfe

Den Schweinebauch durch den Fleischwolf drehen, mit dem Brät und dem Reis mischen. Feingehackte Petersilie, Schalotten und Knoblauch in einem Eßlöffel Öl andünsten. Etwas ausgekühlt mit dem Ei und den Gewürzen unter den Fleischteig arbeiten. Sehr würzig abschmecken.
Die Tomaten, den quer in vier gleich große Stücke geschnittenen Zucchino und die geschälten Zwiebeln aushöhlen. Zucchini- und Zwiebelfleisch fein gehackt unter die Farce mischen. Die Masse in die Gemüse verteilen, diese in eine feuerfeste Form setzen. Mit Semmelbröseln bestreuen und mit Öl beträufeln. Etwa 40 Minuten bei 200 Grad schmoren, bis alles brutzelt und gar geworden ist.

2
– CANNELONI MAISON –
GEFÜLLTE TEIGBLÄTTER

Canneloni, ursprünglich natürlich eine italienisch geprägte Spezialität und nur in Nizza heimisch, sind längst völlig selbstverständlich in den provenzalischen Rezepteschatz eingegangen. Nach demselben Rezept bereitet Denise übrigens auch Ravioli zu.

Für vier Personen:
Nudelteig:
250 g Mehl, 2 Eier, 1 Eigelb, Salz
Füllung:
250 g Braten- oder Schmorfleischreste
(von der Daube),
250 g Mangold- oder Spinatblätter,
2 Schalotten, 4 Knoblauchzehen,
1 Bund Petersilie, 1 Ei, Salz,
Pfeffer, Butterflöckchen,
150 g Reibkäse
Tomatensauce:
1 Zwiebel, 2 Knoblauchzehen,
2 EL Öl,
500 g Tomaten, Salz, Pfeffer,
2 EL provenzalische
Kräutermischung,
3 EL frisches Olivenöl

Die Zutaten für den Teig rasch zusammenkneten. Eine halbe Stunde ruhen lassen, bevor er hauchdünn ausgerollt und in Quadrate von ca. 10 Zentimetern geschnitten wird. Die Teigblätter jeweils kurz in kochendes Salzwasser geben und mit kaltem Wasser abschrecken. Für die Füllung Fleisch, blanchierten Mangold, Schalotten und Knoblauch sowie Petersilie durch den Wolf drehen. Mit dem Ei mischen und kräftig abschmecken. Jeweils zwei Eßlöffel dieser Farce auf einem Teigblatt verteilen, aufrollen und dicht nebeneinander in eine gebutterte, flache, feuerfeste Form setzen. Mit Käse und Butterflöckchen bestreuen. Im 200 Grad heißen Ofen etwa 35 bis 40 Minuten backen, bis alles brodelt. Für die Sauce gehackte Zwiebeln und Knoblauch im Öl andünsten. Die grob zerschnittenen Tomaten, Salz, Pfeffer und die Kräutermischung zufügen, eine halbe Stunde köcheln. Durch ein Sieb streichen und mit Olivenöl aufmixen.

3
– LA DAUBE –

PROVENZALISCHES SCHMORFLEISCH

Das Parade-Hausfrauen-Gericht aus mit Sehnen gleichmäßig durchzogenem Beinfleisch, das garantiert, daß die Würfel nicht nur eine sämige, kräftige Sauce spenden, sondern selbst noch ein saftiger Genuß sind. Außerdem gehören noch unabänderlich hinein: große Würfel vom *petit salé*, das ist der gepökelte, gleichmäßig durchwachsene, frische, also ungeräucherte Schweinebauch, sowie die dazugehörige Schwarte, die natürlich gleichermaßen ungeräuchert bleiben muß. Diese drei verschiedenen Sorten Fleisch sind typisch, alle anderen Zutaten dürfen nach Gusto und Laune variiert werden. Der Name leitet sich im übrigen vom Schmortopf ab – ursprünglich ein irdener, den man in den mit Holz befeuerten Ofen stellen und über Nacht drin stehenlassen konnte. Am andern Morgen war das Essen gerade richtig. Heute bereitet man die Daube besser in einem gußeisernen Schmortopf zu, der im Elektroofen die Hitze gleichmäßiger aufnehmen und wieder abgeben kann.

Für vier bis sechs Personen:
1 kg Beinfleisch (Rinderwade, Hesse),
250 g gepökelter Schweinebauch,
250 g frische Schwarte, Salz, Pfeffer
1 EL Schweineschmalz, 1 l Rotwein,
5 Lorbeerblätter, 1 Thymianstrauß,
1 Stück Orangenschale

Das Fleisch und den Schweinebauch in Würfel von gut vier Zentimetern Kantenlänge, die Schwarte in etwas kleinere Flecken schneiden. Im Schweineschmalz rundum kräftig anbraten, salzen und pfeffern. Mit dem Wein ablöschen. Aufkochen, die Gewürze zufügen. Nunmehr zugedeckt auf ganz kleinem Feuer oder im mäßig warmen Backofen bei etwa 150 Grad mindestens vier Stunden, ruhig sogar noch länger, sanft schmoren lassen.
Dank der Sehnen und Schwarten, die sich beim langsamen Schmoren geradezu auflösen, wird die Sauce dick, intensiv würzig und verströmt unerhört kräftigen Duft.

Grasse, Maître Boscq und seine Familienküche

In den Bergen hinter Cannes liegt Grasse, hingeschmiegt an den steilen Hang. Um die Jahrhundertwende galt es als einer der elegantesten Luftkurorte der Côte d'Azur, heute kennt man es als Zentrum der Parfumindustrie. Im berühmt milden Klima gedeihen Blumen, die für die Herstellung von Duftessenzen nötig sind, wenn auch leider meist hinter den weißgekalkten Gläsern der Treibhäuser versteckt. Die Altstadt von Grasse ist mit ihren engen Sträßchen, hübschen Plätzen und den zahllosen Treppen immer noch entzückend. In einem der schmalen Gäßchen residiert Maître Boscq. In seinem nur handtuchgroßen Restaurant haben erstaunlicherweise ein Tresen und an sieben Tischen 23 Personen Platz. Wenn auch die Gäste, die neben der Tür sitzen, aufstehen müssen, wollte jemand hinaus oder herein. Wer will, kann auf der »Terrasse« speisen: Sie besteht aus einem Zweier-Tisch, auf der gegenüberliegenden Straßenseite; damit er waagrecht steht, gleicht ein Keil die Steigung aus. Sehr praktisch!

Maître Boscq: Wirt, Unikum und Alleinunterhalter – und kochen kann er auch. Kostproben seiner Fähigkeiten serviert er jedoch nur, wenn ihm die Gäste passen. Deswegen hat telephonisches Anmelden nur Sinn, wenn man einen Draht bereits über Draht zu ihm findet. Macht es ihm Spaß,

---

1
– AMUSE-BOUCHE –
APPETITHAPPEN

Jedem Gast stellt Maître Boscq zuerst einmal einen Korb mit hauchdünnen, gerösteten Weißbrotscheiben und einen Teller mit drei Schälchen hin. Darin befinden sich dreierlei würzige Pürees und Pasten, die man sich Bissen für Bissen aufs Brot streicht, was – den ärgsten Hunger schon mal besänftigend – die Wartezeit aufs angenehmste verkürzt. Die Pasten kann man übrigens immer im Kühlschrank parat haben – falls plötzlich Gäste ins Haus schneien...

Anchoïade:
150 g Sardellen, 100 g Kapern,
3 EL Olivenöl, Salz, Pfeffer
Tapenade:
200 g schwarze Oliven, 100 g Kapern,
50 g Sardellen, 4 Knoblauchzehen,
3–4 EL Olivenöl, Salz, Pfeffer
Bagnarot:
1 große, rote Paprikaschote,
100 g Sardellen, ⅛ l Olivenöl,
Salz, Pfeffer

Die Zutaten für die einzelnen Saucen jeweils im Mixer zu einer glatten Paste pürieren. Die Sardellen hierfür entgräten. Die Oliven entsteinen – manche Knoblauchpressen verfügen über eine spezielle Einrichtung dafür, die nach dem selben Prinzip wie ein Kirschentsteiner funktioniert.
Die Paprikaschote auf einem Stück Alufolie im 220 Grad heißen Ofen so lange rösten, bis ihre Haut dunkle Blasen wirft. Die Haut schließlich abziehen, die Kerne entfernen. Das Paprikafleisch mit den restlichen Zutaten mixen. Die Pasten halten sich zugedeckt im Kühlschrank gut eine Woche.

2
– SARDINES À LA SAUCE TOMATE –
SARDINEN MIT TOMATENSAUCE

Eine wunderbare Vorspeise, die man bequem vorbereiten kann. Je länger die Sardinen in der Tomatensauce ziehen, desto besser.

Für vier Personen:
12 Sardinen, Salz, Pfeffer, Mehl,
ein paar Basilikumblätter,
reichlich Olivenöl zum Braten
Tomatensauce:
4 reife Fleischtomaten,
1 weiße Zwiebel, 3–4 Knoblauchzehen,
6 EL Olivenöl, Salz, Pfeffer,
1 Zitrone, 1 Thymianzweig, Basilikum

Die Sardinen ausnehmen, dabei den Kopf entfernen. Die Fische innen salzen und pfeffern. Jeweils ein Basilikumblättchen in den Bauch stecken. Die Fische in Mehl wenden und im heißen Olivenöl fast schwimmend braten. Auf einer Platte beiseite stellen. Für die Sauce Tomaten, Zwiebel und Knoblauch grob zerkleinert in 3 Eßlöffeln Öl andünsten. Salzen, pfeffern, mit dem Saft einer ganzen Zitrone würzen, Thymian und Basilikum zufügen. Zugedeckt auf mildem Feuer fast eine halbe Stunde köcheln. Durch ein Sieb streichen. Mit dem Pürierstab aufschlagen, dabei das restliche Öl zufügen. Über die Sardinen gießen.

3
– FRITURE DE FLEURS DE COURGETTES –
GEBACKENE ZUCCHINIBLÜTEN

Für vier Personen:
150 g Mehl, 2 Eier, Salz, knapp
¼ l Wasser, 2 EL Olivenöl,
12 bis 15 Zucchiniblüten,
Öl zum Ausbacken

Aus Mehl, Eiern, Salz, Wasser und Öl einen glatten Teig quirlen, der etwa eine Stunde quellen sollte. Erst dann die gründlich ausgeschüttelten Blüten hineintauchen, gut abtropfen und schwimmend im heißen Öl golden ausbacken. Auf Küchenkrepp abtropfen und heiß verspeisen.

Maître Boscq mit der Spezialität Fassum. Im Hintergrund nicht Grasse, sondern Tourette-sur-Loup, wie viele Dörfer der Voralpen kühn auf den Felsen thronend

dann steht im Handumdrehn ein kleines Amuse gueule und der Apéritif auf dem Tisch. Dem ausländischen Gast überreicht er weltmännisch und augenzwinkernd seine internationale Visitenkarte, mit der er sich über seinen englischen Wortschatz (»tries hard to speak English«) lustig macht. Er ist Bordelaiser von Geburt, aber Provenzale aus Neigung. Und seine Küche ist, das kann man ihm getrost glauben, authentisch. Hausmannskost, wie man sie normalerweise in Restaurants nicht findet. Die Rezepte seiner bodenständigen Küche hat er bei alteingesessenen Grassoiser Familien kennen- und liebengelernt. Man kann bei ihm herrliche Schmorgerichte probieren, Gemüse aus dem Ofen, den berühmten *Fassum* (siehe nächste Seite), *die* Spezialität von Grasse, aber in keinem Restaurant der Gegend mehr zu finden. Leider ist es ja überhaupt schwierig geworden, die wahre Küche einer Region in Restaurants zu erforschen. Die Speisekarten landauf, landab gleichen sich immer mehr, weil man es allen recht machen und den Aufwand möglichst klein halten will. Das ist bei Familienrezepten jedoch nicht möglich. Sie sind von Armut bestimmt, was die Zutaten angeht, verlangen aber Überfluß, was Arbeitskraft betrifft. Seit es keine Omas und Tanten im Familienverband gibt, die langwierige Küchendienste gerne übernehmen, gilt: Kochen darf kosten, was es will, nur keine Zeit.

1
– LES PETITS FARCIS III –
GEFÜLLTE GEMÜSE III

Für vier bis sechs Personen:
6 Tomaten, 6 kleine, runde Zucchini,
1 große Zwiebel, 4 Knoblauchzehen,
6 EL Olivenöl, 1 Bund Petersilie,
1 Bund Basilikum, Salz, Pfeffer,
500 g Rinderhackfleisch,
1 Ei, 75 g Semmelbrösel,
3–4 EL Milch, Cayennepfeffer

Tomaten und Zucchini aushöhlen. Für die Füllung feingehackte Zwiebel mit den durchgepreßten Knoblauchzehen in zwei Eßlöffeln Öl weich dünsten, die gehackte Petersilie untermischen und abkühlen lassen. Erst dann mit den feingeschnittenen Basilikumblättern unter das Hackfleisch mischen. Ei, mit Milch angefeuchtete Semmelbrösel und Gewürze zufügen. Alles gründlich vermengen.
Die Hälfte dieser Farce in die ausgehöhlten Tomaten füllen. Den zuvor am Blütenansatz quer abgeschnittenen Deckel wieder aufsetzen. Unter die andere Hälfte das feingehackte Fleisch der Zucchini mischen. Die Zucchini damit füllen, auch hier wieder den Deckel aufsetzen.
Die gefüllten Gemüse nebeneinander in eine feuerfeste Form setzen. Mit dem restlichen Öl beträufeln. Im 250 Grad heißen Ofen etwa 30 bis 40 Minuten schmoren. Sobald der Bodensatz zu sehr bräunt, mit einem Schuß Brühe oder Wasser ablöschen.

2
– FLEURS DE COURGETTES FARCIES –
GEFÜLLTE ZUCCHINIBLÜTEN

Für vier Personen:
12 bis 16 Zucchiniblüten
Füllung:
300 g Champignons, 2 Schalotten,
2 EL Butter, Thymian, Salz, Pfeffer,
einige Petersilienstengel,
300 g Hühnerbrust, 1 Eiweiß,
200 g Crème fraîche, Cayennepfeffer
Ratatouille:
je 1 grüne, rote und gelbe Paprika,
1 große Aubergine, 2 weiße Zwiebeln,
4–5 Knoblauchzehen,
2 kleine Zucchini, 4 EL Olivenöl,
Salz, Pfeffer, Basilikum

Die Zucchiniblüten ausschütteln, den wattigen Stempel im Innern herauslösen. Für die Füllung die grobgehackten Pilze und Schalotten in der Butter mit Thymian weich dünsten, salzen und pfeffern. Die gehackte Petersilie zufügen und alles abkühlen lassen.
Das kühlschrankkalte Hühnerfleisch grob würfeln, mit Eiweiß und eiskalter Crème fraîche im Mixer fein pürieren. Die Pilze zufügen und so lange mixen, bis die Pilze zerkleinert, jedoch nicht zermust sind. Die Farce mit Salz, Pfeffer und Cayennepfeffer abschmecken. Mit einem Spritzbeutel in die Zucchiniblüten füllen. Die Blüten, Öffnung nach unten, auf eine Platte setzen. Über Dampf etwa 10 Minuten sanft garen.
Für die Ratatouille die Gemüse gut zentimetergroß würfeln – die Paprikahaut zuvor mit einem Gurkenschäler abschneiden. Die Gemüse nacheinander in Olivenöl langsam, aber gründlich anbraten: zunächst die Auberginen, dann die Zucchini und Zwiebeln, erst zum Schluß den Knoblauch und die Paprika zufügen. Salzen, pfeffern, einige Minuten miteinander schmoren lassen. Mit Basilikum garnieren.

3
– FASSUM –
GEFÜLLTER WIRSING

Der Name leitet sich vom Lateinischen ab, *farsire* = füllen, stopfen, das Wort, das auch dem Begriff *Farce* zugrunde liegt. Fassum ist *die* Spezialität von Grasse, ein Gericht aus der Familienküche, das man eigentlich nie in Restaurants aufgetischt bekommt. Jede Hausfrau hat dafür, versteht sich, ihr ureigenes Rezept. In die Farce gehören Reste vom Pot-au-feu, Kartoffeln mit Wurstbrät, gepökelter Schweinebauch, Hammel – die Mischung bestimmt der Vorrat oder der eigene Gusto. Die Kohlblätter werden durch ein Netz zusammengehalten, das sogenannte *fassumier,* das man in den Haushaltsgeschäften von Grasse kaufen kann – natürlich tut ein Tuch dieselben Dienste ...

Für vier bis sechs Personen:
1 Wirsingkopf, Salz,
1 große Zwiebel, 3–4 Knoblauchzehen,
2 EL Olivenöl, 350 g gepökelter,
frischer Schweinebauch mitsamt der Schwarte, ca. 300 g Reste vom Pot-au-feu (gekochtes Rind, Hammel und/oder Huhn) oder Daube (Schmorfleisch),
500 g Mangoldblätter,
50 g Reiskörner,
1 Ei, 150 g Erbsen (tiefgekühlt),
Salz, Pfeffer, Thymian, Basilikum, Petersilie, 1 Sardellenfilet

Den Wirsing in Blätter zerteilen, die größeren in Salzwasser blanchieren, die kleinen aus der Mitte in Streifen schneiden. Zwiebel und Knoblauch im Olivenöl weich dünsten. Alle Fleischsorten, die gedünstete Zwiebel, die inneren Wirsing- und Mangoldblätter durch den Wolf drehen. Reis, Ei, Erbsen und Gewürze zufügen. Mit den Händen zu einer geschmeidigen Farce mischen und sehr kräftig abschmekken. Das Fassumier beziehungsweise ein Tuch in ein Salatsieb breiten, die äußeren Blätter darauf auslegen. Die Farce darauf betten, die Blätter darüber zusammenschlagen, so daß der Kohlkopf wieder seine ursprüngliche Form hat. Das Netz oder Tuch darüber zubinden. In Brühe sanft drei Stunden lang pochieren. Dazu schmeckt eine Tomatensauce, wie im Rezept zu den Sardinen beschrieben.

Bergland hinter Cannes und Cagnes

Das Hinterland zwischen Cannes und Nizza, am Fuß der Meeralpen, deren Ausläufer mit ihren grün überzogenen Hügeln den elegant drapierten Falten eines samtenen Tuches gleichen, wirkt besonders lieblich; als hätte Fragonard sie hingetupft – der berühmte Rokokomaler aus Grasse, den das silbrige Licht der Gegend zu seinen duftigen Tönen inspirierte. Maler und Künstler hat es immer schon hierher gezogen. Die pittoresken Dörfer, mal hingekuschelt in den Faltenwurf, mal stolz auf der Höhe angesiedelt, boten Motive genug. Zunächst bildeten nur ein paar Sammler und wohlhabende Mäzene das Gefolge. Doch bald zog es auch all jene hierher, die mit Kunst nicht unbedingt viel im Sinn hatten, nichts als die schöne Landschaft und das milde Klima genießen wollten. Und das brachte dann eine Welle des Tourismus ins Rollen, deren Wirbel der idyllischen Ruhe schließlich ein Ende setzte. Trotzdem haben die kleinen Orte bis heute ihren Reiz nicht verloren. Man muß vielleicht manchmal ein wenig suchen.

Viele Paradiese sind, längst in privater Hand, hinter hohen Mauern versteckt. Wie zum Beispiel das entzückende Landhaus von Mischa Lentz, Schriftstellerin, Kochbuchautorin, Malerin, Lebenskünstlerin und überzeugte Wahlprovenzalin aus München. Das kleine Schild am schwarzen Tor »La Ferme« übersieht man nur zu leicht. Das ist auch gut so, denn hierher kommt nur, wer sich auch angemeldet hat. Das frühere Bauernhaus ist heute ein urgemütlicher Besitz mit Komfort. Im Garten reifen Aprikosen und Passionsfrüchte; ein kleines Gästehaus ermöglicht Unabhängigkeit und Diskretion; Swimmingpool, Boulebahn, die herrliche überdachte Terrasse, um deren Steintisch in der Mitte sich's wohl sein läßt, machen es angenehm, Gast zu sein. Gedient ist so allen Seiten: Die Gäste fühlen sich wie bei Freunden zu Haus, und Mischa Lentz kann dank des Obolus, den sie entrichten, das Anwesen erhalten.

Seit Mougins (großes Bild), wie viele der kleinen Orte im Hinterland zwischen Cannes und Nizza, für den Autoverkehr gesperrt ist, hat es trotz Touristeninvasionen wieder seinen Reiz. Mischa Lentz (unten links) lebt in Vence und führt dort ein gastfreies Haus mit »table d'hôte«

1
– GRATIN DE COURGETTES –
ZUCCHINIAUFLAUF

Für vier Personen:
800 g Zucchini,
100 g Speck in dünnen Scheiben,
1 EL Butter, 3 EL Olivenöl,
1 weiße Zwiebel, Salz, Pfeffer,
Basilikum, 200 g Reis, ca. 1 l Brühe,
50 g Semmelbrösel

Die Zucchini zentimetergroß würfeln. Den Speck fein schneiden, in Butter und 1 EL Öl sanft auslassen. Die Zwiebel zufügen und andünsten. Erst jetzt die Zucchini zugeben und mitdünsten. Salzen, pfeffern, reichlich feingeschnittene Basilikumblätter unterrühren. Schließlich den Reis untermischen und mit Brühe auffüllen – sie soll die Oberfläche gerade eben erreichen. Aufkochen, die Form schließlich in den 180 Grad heißen Ofen stellen. Nach einer halben Stunde die Oberfläche mit Semmelbrösel bestreuen und mit Öl beträufeln. Den Auflauf nunmehr mit Oberhitze bräunen.

2
– CAILLES FARCIES –
GEFÜLLTE WACHTELN

Für vier Personen:
8 Wachteln, 8 Backpflaumen,
5–6 Knoblauchzehen,
1 Bund Petersilie, Salz, Pfeffer,
150 g Speck in dünnen Scheiben,
1 großes Glas Madeira, Zimt

In jede Wachtel eine Backpflaume stecken, den durch die Presse gedrückten Knoblauch mit der feingehackten Petersilie mischen und ebenfalls die Wachtelbäuche verteilen. Die Vögel salzen und pfeffern.
Den Speck in feine Scheiben schneiden und ohne weiteres Fett in einem Schmortopf auslassen. Darin die Wachteln rundum schön braun anbraten. Schließlich mit Madeira ablöschen und in den 170 Grad heißen Ofen stellen. Nach etwa 20 bis 30 Minuten sind die Wachteln gar – dann müßten sich die Beinchen leicht herauslösen lassen.
Den Schmorsaft etwas einkochen, mit Salz, Pfeffer und einer Spur Zimt abschmecken. Mitsamt den Speckstreifen über die Wachteln gießen und sofort servieren.

1

2

Antibes und das Landhaus der Familie Ott

Die Griechen waren hier, die Römer natürlich auch, später fielen die Germanen ein, heute kommen eher friedliche Touristen aus aller Welt – Antibes' strategisch günstige, landschaftlich exponierte und reizvolle Lage ist sein Schicksal: Zu jeder Zeit wurde von den unterschiedlichsten Seiten versucht, den Ort für eigene Zwecke zu vereinnahmen. Weil er einfach zu schön, zu nützlich, zu einzigartig ist, als daß man ihn widerspruchslos anderen überlassen wollte. Der grandiose Blick, zum Beispiel, den man von hier genießt, quer über die sanft geschwungene Engelsbucht, die Côte entlang und hinauf zu den Nizzaer Alpen, an guten Tagen sogar bis weit nach Italien. Die Altstadt mit ihren winkligen Gassen, die sich, hinter dem Hafen ansteigend, eng verschachtelt; die trutzige, bastionsartige Stadtbefestigung; die mittelalterliche Grimaldiburg mit dem einzigartigen Picassomuseum in der Mitte; das strenge Fort im Osten – Anziehungspunkte genug. Und schließlich das vorgelagerte Cap, die wilden Formationen schroffer Küste, oberhalb derer in weitläufigen Parks prächtige Villen, luxuriöse Hotels und elegante Refugien angesiedelt sind. Zwar wälzt sich während der Saison täglich eine nie endende Autoschlange die Uferstraße mit ihren hübschen Ausblicken entlang, für deren knapp zehn Kilometer bis Juan-les-Pins man durchaus ein, zwei Stunden benötigen kann. Die Reichen in ihren Palästen, fernab der Straße, läßt dies jedoch eher unbehelligt. Und dem Reisenden mag's zur Unterhaltung dienen. Hier sind die schönsten Strände, genießt man atemberaubende Sonnenuntergänge.

Antibes mit Hafen, darüber die Altstadt mit der Grimaldiburg. Die achtzig Meter lange Markthalle im Zentrum ist wahrlich sehenswert. Jeden Morgen herrscht Hochbetrieb. Viktualien und, vor allem, Blumen. Man bummelt, kauft, mit und ohne Schwätzchen. Kinder vertreiben sich die Zeit indes im nostalgischen Karussell

Das städtische Leben in Antibes und Juan-les-Pins bietet den Charme der Überschaubarkeit. Ob auf dem quirligen Markt in der gewaltigen Halle, in den eleganten Boutiquen, im Café: Man spürt die vergnügte Heiterkeit der Menschen und fühlt sich wohl.
Nicht weit vom Zentrum und, trotz scheußlicher Wohnblocks in Sichtweite, wie in einer anderen Welt steht der *Mas de la Pagane*. Es ist ein Landhaus wie aus dem provenzalischen Bilderbuch mit seiner gradlinigen Form, dem ockerfarbenen, abgeblätterten Anstrich und sonnenverblichenen grünen Fensterläden, von Bougainvilleas und Glyzinien umrankt, mit dem steinernen Brunnen in der kleinen, französisch geordneten Gartenanlage, wo der Lavendel duftend blüht. Schöne Menschen fröhlich auf der Terrasse, denn das kleine, familiäre Landhotel mit nur zehn gemütlichen Zimmern wird gern von Models, Film- und Fernsehleuten frequentiert. Seit ihrer Scheidung führt Anne Ott, unterstützt von Mr. Richard, den früheren Sitz der Familie als Hotel. Weil sie nicht nur leidenschaftlich gern, sondern auch vorzüglich kocht, sind das Restaurant und ihre Kochkurse sehr begehrt, auch Festivitäten und

1
– PISSALADIÈRE –
SARDELLENKUCHEN

Unter *pissalà* versteht man eine Paste aus im Mörser zerkleinerten Anchovis (fügt man ihr Kapern zu, wird daraus eine *Anchoïade*). Die Pissaladière ist also eine Art salziger Kuchen, aus Hefe- oder Brotteig, mit zerstoßenen Sardellen als Belag. Längst wird dieses einfache Grundrezept, wie man das auch von der Pizza kennt, vielfältig abgewandelt und »verfeinert«.

Für ein Backblech:
Hefeteig:
250 g Mehl, 20 g Hefe, 1 TL Zucker, gut ⅛ l lauwarmes Wasser, 4–5 EL Olivenöl, ½ TL Salz
Belag:
200 g Sardellen, 100 g schwarze Oliven (die kleinen aus Nizza!), 4 große Zwiebeln, 4 EL Olivenöl

Einen Eßlöffel Mehl, Zucker, Wasser und Hefe miteinander verquirlen. Zugedeckt an einem warmen Ort eine halbe Stunde gehen lassen. Schließlich zum übrigen Mehl geben, 3 EL Öl und Salz zufügen und in der Küchenmaschine zu einem geschmeidigen, glatten Teig rühren, der Blasen werfen sollte. Erneut eine halbe Stunde gehen lassen. Den inzwischen auf doppeltes Volumen aufgegangenen Teig auf bemehlter Arbeitsfläche auswellen, ein gefettetes Blech damit auslegen. Mit einer Gabel mehrmals einstechen, damit der Teig sich nicht hochwölbt. Für den Belag die entgräteten Sardellen im Mixer pürieren. Diese Paste auf dem Teig verstreichen. Die Oliven und die in feine Ringe gehobelten Zwiebeln gleichmäßig darauf verteilen. Alles mit Olivenöl beträufeln. Im 220 Grad heißen Ofen etwa 45 Minuten knusprig backen.

Bankette für hunderte von Gästen organisiert sie perfekt. Erfahrung dafür hat sie schon während ihrer Ehe mit Olivier Ott gesammelt, als sie für die Gastlichkeiten der *Domaines Ott* verantwortlich war.

Die Weine der Güter der Familie Ott gehören zu den bekanntesten der Provence. Ursprünglich im Elsaß angestammt, zog die Winzerfamilie Ende des letzten Jahrhunderts in den Süden Frankreichs, weil sie der »Preußisierung« entgehen wollte. Im gesegneten Klima der Provence stellte sich sehr bald schon ein bis heute anhaltender Erfolg ein. Die Verdienste der Familie Ott um die Qualität und das Renommee der provenzalischen Weine sind eindrucksvoll und, nach anfänglichem Neid, heute allgemein anerkannt. Die typische, überall in der Welt sofort als provenzalisch erkannte, keulenförmige Flasche hat ein Ott erfunden, freiwillige Ertragsbegrenzungen (durchschnittlich 35 hl pro Hektar), strenge Traubenselektion und sorgfältiger Ausbau wurden für andere Winzer zum Vorbild und setzten Maßstäbe.

Ehemalige Orangerie: Mas de la Pagane

Maître Richard (links) und Olivier Ott

1
– TOURTE PROVENÇALE –
PROVENZALISCHER GEMÜSEKUCHEN

Für eine Form (26 cm Ø):
Mürbteig:
200 g Mehl, 100 g Butter,
3 EL Wasser, Salz
Belag:
je 200 g Möhren, Sellerieknolle, Lauch
und Zucchini, 1 weiße Zwiebel,
3–4 Knoblauchzehen, 3 EL Olivenöl,
Salz, Pfeffer, 3 Eier,
200 g Crème fraîche,
150 g geriebener Käse (z. B. Comté)

Für den Teig die Zutaten rasch zusammenkneten. In Folie gepackt eine halbe Stunde ruhen lassen.
Inzwischen die Gemüse, auch Zwiebel und Knoblauch, putzen, fein raspeln und im heißen Öl sanft andünsten, dabei salzen und pfeffern. Abkühlen lassen. Die Eier mit der Crème fraîche verquirlen, die Gemüseraspel untermischen, nochmals mit Salz und Pfeffer würzen. Eine Backform mit dem Teig ausschlagen, den Belag darauf verteilen und mit dem Käse bestreuen. Im 250 Grad heißen Ofen etwa 35 bis 40 Minuten backen, bis der Boden knusprig und der Belag braun ist.

2
– CANETTE AUX PÊCHES –
WILDENTE MIT PFIRSICHEN

Für vier bis sechs Personen:
2 Wildenten, Salz, Pfeffer, Thymian,
3 EL Olivenöl, ⅛ l Rotwein,
⅛ l Wild- oder Geflügelfond,
500 g weißfleischige Pfirsiche

Die Enten innen und außen sauberwischen, salzen und pfeffern. Je einen Thymianzweig in den Bauch stecken. Die Enten nebeneinander in eine Bratenform setzen, mit Öl begießen und in den 250 Grad heißen Ofen schieben. Nach 20 Minuten auf 150 Grad herunterschalten, mit Rotwein und Fond ablöschen, die ungeschälten, geviertelten Pfirsiche in die Bratenform legen. Die Enten weitere 35 Minuten in der nun nachlassenden Hitze ziehen lassen. Schließlich den Ofen ausschalten, den Bratenfond durch ein Sieb in einen Topf füllen und um die Hälfte einkochen. Die Enten vierteln, mit den Pfirsichen auf einer Platte anrichten, die Sauce getrennt dazu reichen.

3
– FILETS DE TRUITES AUX PIGNONS –
FORELLENFILETS MIT PINIENKERNEN

Für vier Personen:
Füllung:
100 g altbackenes Weißbrot,
Milch, 1 Zwiebel, 2 Knoblauchzehen,
1 EL Butter, 100 g Mangoldstiele,
Salz, Pfeffer, frisches Basilikum,
50 g Pinienkerne
Außerdem:
8 schöne Forellenfilets,
4 EL Fischfond, 2 EL Crème fraîche,
4 EL Olivenöl

Das Brot entrinden, die Krume zerpflücken, mit einigen Tropfen Milch anfeuchten und einweichen lassen. Inzwischen Zwiebel und Knoblauch andünsten. Die in schmale Streifen geschnittenen Mangoldstiele zufügen und mitdünsten. Salzen und pfeffern. Abgekühlt mit dem Brot, den nur grob zerzupften Basilikumblättern und der Hälfte der Pinienkerne mischen.
Auf die Forellenfilets verteilen. Diese aufrollen und so nebeneinander auf eine Dämpfplatte setzen, daß die Röllchen geschlossen bleiben. Über Dampf fünf Minuten garen.
Für die Sauce den Fischfond mit den restlichen Pinienkernen und der Crème fraîche aufkochen. Dann im Mixer pürieren, dabei das Öl langsam hinzufließen lassen, bis die Sauce schön dicklich wird. Salzen und pfeffern, als Spiegel auf Tellern verteilen. Die Forellenröllchen darauf anrichten.

4
– FIGUES AU ROSÉ –
FEIGEN IN ROSÉ

Für vier Personen:
8 gleich große Feigen, ⅜ l Roséwein,
4 gehäufte TL Zucker

Die Feigen am Stiel stutzen, sie in einen eben aufkochenden Sirup aus Wein und Zucker legen, etwa fünf Minuten pochieren und im Sud abkühlen lassen. Eisgekühlt servieren. Gut schmeckt dazu Vanille-Eis oder ein dicker Klecks Crème fraîche.

Die Mittagsschlacht ist geschlagen, wie die Tische auf der Terrasse zeigen. Madame Anne Ott richtet derweil den Speisesaal fürs Diner

St-Maximin: Menschen und Markt

Behäbig wie eine Glucke scheint die Basilika von St-Maximin-la-Ste-Baume mit ihrem mächtigen Strebewerk über den Dächern des Städtchens zu thronen. Es ist der einzige bedeutende gotische Bau in der Provence, dem allerdings eine der provenzalischen Romanik verhaftete Gedrungenheit und Reinheit der Linien einen erdhaften Charakter verleiht.

Die Ruhe und Gelassenheit, die sie ausstrahlt, findet sich im hiesigen Leben wieder. Seit die Autobahn den größten Teil des Durchgangsverkehrs von der sich durch die Stadt windenden *Route Nationale 7* abgezogen hat, atmen die Menschen wieder freier, schlafen ruhiger, flanieren friedlicher unter den schattenspendenden Platanen. Und freuen sich, wenn Markttag ist: Plätze und Straßen voller Stände, wo man kaufen kann, was das Herz begehrt: pelzgefütterte Wintermäntel wie durchsichtige Blusen, zarte Dessous wie festes Schuhwerk; in allen Farben prangender Hausrat in billigem Plastik wie alterprobtes Werkzeug in schwerem Metall; alltägliche Gartenpflanzen wie exotische Vögel; Süßigkeiten, Obst, Gemüse, Fisch, Fleisch, Würste, Käse und lebendiges Geflügel...

Da steht dann auch der Pizza-Wagen, eine inzwischen provenzalische Institution: Köstlich knusprig, aus besten Zutaten gebacken, kommt die Pizza aus dem Ofen – ja, aus einem richtigen Holzofen, über den jeder ambulante Pizzabäcker verfügen muß, will er etwas verkaufen...

Markt ist hier nicht etwas Besonderes, das nur ab und zu stattfindet, sondern Basis des Lebens. Hier findet man die Dinge des alltäglichen Bedarfs. Hier kauft man ein, was in den Kochtopf kommt. Hier kann man Preise und Qualitäten vergleichen, kann handeln, sich an Menschen reiben und erfreuen. Hier tauscht man Neuigkeiten aus, klatscht und nimmt am Leben der Nachbarn, der ganzen Gemeinde teil.

Wie fast überall in der Provence, haben auch hier viele Algerien-Franzo-

Knoblauch, das Gewürz der Provence: Er gedeiht am besten auf durchlässigem, im Frühjahr feuchtem, im Sommer trockenem Boden. Die Sonne sorgt für das Aroma

sen eine neue Heimat gefunden, als sie das Land nach Erlangung der Selbständigkeit verlassen mußten. Viele von ihnen sind in die Landwirtschaft gegangen, haben, gefördert vom Staat, aufgegebene Höfe und Ländereien wieder in Betrieb genommen. Da hauptsächlich auf Obst- und Gemüsekulturen gesetzt wurde, stürzte das logischerweise entstehende Überangebot viele von ihnen bald in neue Not. Heute sind sie auf dem Land fast vollkommen integriert und beleben den Markt mit ihren Gewürzen, Tees und vielerlei Olivenzubereitungen.

Markt für Händler und Bauern: Der eine hat köstliche Kartoffeln, der andere Tomaten, Paprika und Zucchini. Ein Stand mit lauter verschiedenen Honigsorten aus den Alpen der Hochprovence: von Lavendel, Thymian, Bergbohnenkraut und Salbei, von Akazien, Sonnenblumen oder Eßkastanien. Es riecht nach Seife und Salmiak, nach Hammel und *Harissa*, dem arabischen Püree aus Pfefferschoten, Knoblauch und Kreuzkümmel, duftet nach Pfirsichen und Melonen, nach Wicken und Levkojen. Hier hat einer riesige Bündel von frischem Rosmarin, Lorbeer und Basilikum, da gibt es weiße und rote Zwiebeln – wunderbar die lanzettförmigen, überaus saftigen, nur roh als Gewürz geeigneten Zwiebeln aus Simiane. Und dort dreierlei Knoblauchsorten: die weißen Knollen, deren Zehen ebenfalls eine weiße Haut haben, die besonders zart duften, aber noch im selben Jahr gegessen werden müssen; die außen und innen violetten, die bis März gut sind; und schließlich die begehrtesten, die violetten Zehen mit weißer Haut, geradezu zärtlich *Moulinin* genannt, die bis zum Juli des folgenden Jahres halten ... Niemand in der Provence kauft einfach »Knoblauch«!

1
– PAN BAGNA –
ANCHOVISBROT MIT TOMATEN

Ein ebenso einfacher wie köstlicher Imbiß, gut für den kleinen Hunger zwischendurch. Wie bei allen einfachen Genüssen sind beste Zutaten besonders wichtig. Übersetzt heißt es übrigens »gebadetes Brot« – gemeint ist natürlich ein Bad in erstklassigem, möglichst jungem Olivenöl ...

Pro Person:
1 Bauernbrotscheibe, 2–3 EL Olivenöl,
3–5 Anchovis,
1 reife, duftende Fleischtomate,
1 EL Kapern

Die Brotscheibe mit Olivenöl beträufeln. Die gut gewässerten Anchovis darauf verteilen. Mit Tomatenscheiben belegen (nach Belieben geschält oder ungeschält) und mit Kapern bestreuen. Natürlich läßt sich hier auch zusätzlich mit zerdrücktem oder gehacktem Knoblauch, mit Basilikum oder Petersilie würzen. Wer mag, röstet das Brot, bevor er es dick belegt.

2
– AIL AU FOUR –
GEBACKENER KNOBLAUCH

Der erste junge Knoblauch im Sommer ist einfach unwiderstehlich zart, duftet ganz und gar nicht aufdringlich und wird, im Ofen gebacken, zum köstlichen Gemüse. Entweder als Beilage zu gebratenem oder gegrilltem Fleisch oder pur, einfach auf einem Stück gerösteten Brot, ein herrlicher Genuß!

Pro Person:
1 ganze Knoblauchknolle,
1 EL Olivenöl, Salz, Pfeffer

Den Stiel der Knoblauchknolle direkt über den Zehen abschneiden. Die Häute so weit ablösen, daß sie die Zehen unten noch umschließen, von oben jedoch die Hitze ungehindert eindringen kann. Nebeneinander in eine feuerfeste Form setzen, mit Öl beträufeln, salzen und pfeffern. Für etwa 40 bis 45 Minuten in den 180 Grad heißen Backofen stellen.

Frieden genießen bei Roland Paix

Eigentlich hätte er Hirte werden sollen, wie sein Großvater, der ursprünglich Schäfer war. Und wenn man sich Roland Paix so betrachtet, dann hätte dieser Beruf auch gut zu ihm gepaßt. Er ist einer, der seinem Namen alle Ehre macht: Ruhe strahlt er aus, Gelassenheit, als ob er im reinen mit sich und der Welt sei, im Frieden eben. Er ist wie der Großvater, den die Zeitläufte zwangen, umzusatteln, und wie der Vater Koch geworden und führt nun als dessen Nachfolger das Restaurant »Chez Nous« in *St-Maximin-la-Ste-Baume*, einer provenzalischen Kleinstadt, wie sie Pagnol beschrieben haben könnte.

Daß es sich um das erste Haus am Platze handelt, verkünden schon die mächtigen, weißen Markisen, die den breiten Bürgersteig überwölben und die Terrasse bilden, auf der an bistroartig aufgereihten Tischen man mehr gemütlich als allzu elegant sitzt. Daß es sich jedoch um eines der selten gewordenen Häuser handelt, wo sich der Wirt mit Leidenschaft und Hingabe seiner Arbeit widmet, dem die Zufriedenheit der Gäste wichtiger ist als die Anerkennung der gastronomischen Presse, das läßt sich nur bei einem Besuch feststellen. Schon die Speisekarte zeigt, daß hier tatsächlich provenzalisch gekocht wird. Roland Paix kocht all die Spezialitäten, die man sonst nirgendwo mehr findet, weil sie viel Arbeit machen oder lange Garzeiten nötig haben. Und zwar, das ist das Besondere daran, aus besten Zutaten, mit Präzision und Sorgfalt, nicht mit familiärer Nonchalance. Daß die einschlägigen Gastronomieführer dies nicht würdigen und den verdienten Stern bislang versagen, beweist Ignoranz: Nur wenn luxuriöse Standardgerichte die Speisekarte zieren, halten sie ein Haus für bemerkenswert.

Seit sechs Generationen lebt die Familie Paix in dieser Gegend; Roland empfindet sich daher zuallererst als Provenzale, und zwar mit Leib und Seele, erst in zweiter Linie versteht er sich

Fortsetzung Seite 116

110

1
– FILETS DE LOUP DE MER AVEC SAUCE VIGNELAURE –

SEEWOLFFILET MIT ROTWEINSAUCE

Für vier Personen:
8 Filetstücke vom Seewolf à ca. 100 g, Salz, Pfeffer, 2 EL Olivenöl
Rotweinsauce:
je 100 g Möhren, Lauchstange, Zwiebel, Sellerieknolle,
2 Knoblauchzehen,
2 EL Olivenöl, 1 Flasche Vignelaure (vorzüglicher Rotwein aus der Appellation Coteaux d'Aix),
je ½ TL Pfeffer- und Pimentkörner,
1 bouquet garni (siehe Seite 111),
¼ l erstklassiger Fischfond,
75 g Butter

Die Fischstücke salzen, pfeffern, beidseitig mit Olivenöl einpinseln und behutsam im Dampf garen.
Für die Sauce das Gemüse klein würfeln und im heißen Öl anschwitzen. Mit dem Wein auffüllen, Gewürze und Fischfond zufügen. Auf mildem Feuer unbedeckt eine Stunde köcheln, bis kaum mehr die Hälfte vorhanden ist. Durch ein Sieb passieren und mit kalter Butter aufmixen. Die Sauce muß jetzt glänzen und aromatisch duften.

2
– TIAN DE MORUE –

STOCKFISCHAUFLAUF

Für vier Personen:
1 kg Spinat, Salz, 1,5 kg Tomaten,
5 EL Olivenöl, Thymian, Basilikum,
800 g küchenfertiger Stockfisch
(Seite 42), Mehl, Pfeffer

Den Spinat in Salzwasser zusammenfallen lassen, abschrecken und ausdrücken. Die Tomaten häuten, entkernen, im heißen Öl mit Thymian und Basilikum langsam eine halbe Stunde köcheln, dabei salzen und pfeffern.
Die Hälfte des Spinats in vier flache, mit Öl ausgepinselte Förmchen verteilen und mit jeweils einem guten Klecks der eingekochten Tomaten bedecken. Den Stockfisch darauf setzen, wieder einen Klecks Tomaten anbringen und schließlich mit Spinat zudecken. Etwa 15 Minuten bei 200 Grad backen. Die restlichen Tomaten im Mixer pürieren. Zum Anrichten Nokken davon abstechen und auf Tellern verteilen. Die Aufläufe stürzen und daneben setzen.

Roland Paix: Einmal mit Krebsen. Und als Golfer auf der Wand des Speisesaals, die ein Freund bemalt hat

3
– JOUES DE PORC BRAISÉES –

GESCHMORTE SCHWEINEBÄCKCHEN

Die rundlichen, schmal zulaufenden fleischigen Stücke aus der Schweinebacke bestehen aus kernigem Fleisch, umhüllt von Gallerte, die das Fleisch besonders saftig hält. Ähnlich wie zum Beispiel das Fleisch vom Ochsenschwanz oder aus der Hesse – allerdings haben die Bäckchen die ebenmäßigere Form und ergeben deshalb das schönere Schmorfleisch. Leider rückt sie bei uns der Metzger nicht gern heraus, er braucht das hochwertige, aber billige Fleisch für seine Würste.

Für vier bis sechs Personen:
1 kg Schweinebacke,
2 EL Sonnenblumenöl, Salz, Pfeffer,
2 Möhren, 1 Zwiebel,
1 bouquet garni (siehe Anmerkung),
ca. 1 l Kalbsfond, 800 g Kartoffeln

Die Schweinebäckchen von ihrem Fett befreien und im heißen Öl rundum anbraten, dabei salzen und pfeffern. Die grobgehackten Möhren, Zwiebeln und das *bouquet garni* zufügen. Wenn alles schön angedünstet ist, mit Kalbsfond gerade eben bedecken. Sehr langsam auf ganz milder Hitze zwei Stunden schmoren.
Die Bäckchen zugedeckt beiseite stellen. Die Gemüse mit der Schaumkelle oder einem Sieb herausfischen, mixen, durch ein Sieb streichen und mit so viel Schmorfond verdünnen, bis eine angenehme Saucenkonsistenz entstanden ist. Die Sauce abschmecken, die Bäckchen darin erwärmen.
In der restlichen Schmorflüssigkeit die geschälten Kartoffeln gar kochen. Die Bäckchen mit den Kartoffeln hübsch, zum Beispiel wie auf dem Photo, anrichten.
Anmerkung: Ein *bouquet garni*, ein klassisches Kräutersträußchen, darf in keinem französischen Schmorgericht fehlen. Man bindet dafür eine dünne Lauchstange, ein Sträußchen Thymian, einige Petersilienstengel und ein bis zwei Lorbeerblätter zusammen – so läßt sich das Sträußchen vor dem Servieren bequem wieder herausfischen und entfernen.

1
– BOHÉMIENNE DE LÉGUMES –
PROVENZALISCHES GEMÜSE

Bohémienne ist ein neuer Ausdruck in der französischen Küchensprache. Man versteht darunter eine Art Ratatouille aus gebratenen Gemüsewürfeln, die viel kleiner als üblich geschnitten, in Olivenöl gebraten, dann in einer runden Form gepreßt auf den Teller gestürzt werden. Ursprünglich gehörten nur Auberginen, Zwiebeln und Tomaten hinein – längst mischt man auch Zucchini und Paprika hinzu.

Für vier Personen:
1 Ratatouille-Rezept von Seite 163
Frisches Tomatenpüree:
500 g reife Tomaten, Thymian, Basilikum, 3 EL Olivenöl

Die Ratatouille wie auf Seite 163 beschrieben zubereiten, in Form pressen und abkühlen lassen.
Für die Tomatensauce die gehäuteten, entkernten Tomaten mit den abgezupften Kräuterblättchen im Öl langsam eine halbe Stunde köcheln, bis sie geradezu schmelzen. Salzen, pfeffern und im Mixer pürieren.
Die *Bohémienne* stürzen, mit etwas frischem Olivenöl überglänzen. Die Tomatensauce daneben anrichten.

2
– CÔTES D'AGNEAU AU FLAN D'AIL –
LAMMKOTELETTS MIT KNOBLAUCH-FLAN

Für vier Personen:
8 schöne Lammkoteletts, Pfeffer,
3 EL Olivenöl, Salz, ⅛ l Lammfond,
⅛ l Rotwein, 50 g Butter
Knoblauch-Flan:
100 g Knoblauch, ⅛ l Milch, Salz,
Pfeffer, 3 Eier, Muskat, Olivenöl

Für den Flan die geschälten Knoblauchzehen in der Milch weich kochen, durch ein Sieb streichen, salzen, pfeffern und mit den Eiern verquirlen. In mit Öl ausgepinselte Souffléförmchen im Wasserbad stocken lassen.
Die Koteletts pfeffern, in heißem Olivenöl kroß anbraten, salzen, neben dem Feuer fünf Minuten nachziehen lassen. Für die Sauce den Bratensatz mit Lammfond und Rotwein ablöschen, um die Hälfte einkochen und mit der Butter aufmixen.

3
– PIEDS ET PAQUETS À LA PROVENÇALE –
LAMMFÜSSCHEN UND -PÄCKCHEN

Ein Lieblingsessen für viele Provenzalen, an dem sich die Geister der Touristen meist scheiden, die ja häufig mit Füßchen und Innereien nicht viel anfangen können. Die Päckchen bestehen nämlich aus Lammkutteln, die mit gepökeltem Schweinebauch gefüllt sind. Ein Familiengericht, das viel Zeit braucht, damit die richtige, schmelzend zarte Konsistenz erreicht wird. Früher, erzählt Roland Paix, packte man die Päckchen und Füßchen in eine *daubière*, jenen irdenen, typisch provenzalischen Schmortopf, der der *Daube* (siehe Seite 95) ihren Namen gegeben hat, und ließ sie im nur glimmenden Holzfeuer im Ofen eine Nacht lang ziehen. Dann schmolz das Fleisch auf der Zunge und war ein göttliches Vergnügen …

Für vier bis sechs Personen:
800 g gereinigte, vorgekochte Kutteln vom Lamm (notfalls vom Schwein),
1 Knoblauchknolle, 2 Bund Petersilie,
250 g gepökelter, frischer Schweinebauch, 3 EL Olivenöl,
4–6 Lammfüßchen, 3 Tomaten,
2 Zwiebeln, ¼ l Weißwein, Wasser

Aus den Kutteln Quadrate von etwa zehn Zentimetern Kantenlänge und halbzentimeterschmale Streifen zum Zuschnüren der Päckchen schneiden. Für die Füllung etwa 6 Knoblauchzehen fein hacken, mit der ebenfalls gehackten Petersilie und dem feingewürfelten Schweinebauch mischen. Jeweils einen Löffel davon auf ein Kuttelfleckchen setzen, das Quadrat an den Seiten einschlagen, damit nichts herausquellen kann, und schließlich aufrollen. Mit einem Kuttelstreifen hübsch verschnüren.
Die Päckchen nebeneinander in einer feuerfesten Form für zehn Minuten in den 250 Grad heißen Ofen schieben. Das läßt ihr Eiweiß fest werden und garantiert, daß die Päckchen ihre Form behalten. Erst jetzt das Öl angießen und die Päckchen anbraten, auch die Lammfüßchen rundum bräunen. Die gehäuteten, entkernten Tomaten, die in Ringe gehobelten Zwiebeln und den restlichen gehackten Knoblauch zufügen. Mit Wein ablöschen und so viel Wasser auffüllen, daß alles eben bedeckt ist. Vier bis fünf Stunden zugedeckt sanft schmoren lassen.

1

Ehefrau Frédérique kümmert sich um den Service. Wenn jedoch die beiden Söhne aus der Schule kommen, wird im Restaurant gegessen. Am liebsten nagen die beiden Lammkoteletts

2

3

113

Typisch für die Provence, die unzähligen »poteries«. Ein Besuch ist fast immer lohnend. Eindrucksvoll, wie unter dem sanften Fingerdruck des Töpfers aus einem Klumpen Lehm auf der Töpferscheibe eine Schale von so ebenmäßiger Form entsteht, daß man es kaum glauben mag. Am schönsten sind schlichte Geschirrteile, die mit weißer oder erdfarbener Glasur gebrannt worden sind. Zwischen reichlich Touristenkitsch ist die Suche mühsam, aber mit etwas Hartnäckigkeit lassen sich eigentlich immer auch ein paar geschmackvolle Stücke finden

Echte Santons *sind aus Ton modelliert, wie diese beiden Lämmchen. Ursprünglich handelte es sich um Krippenfiguren, heute ist das Repertoire durch viele Personen und Tiere, die im provenzalischen Leben wichtig sind, erweitert*

Wichtigster Fleischlieferant sind Lämmer. Die genügsamen Tiere sind mit der kargen Trockenheit zufrieden. Die Kräuter und Gräser, die sie zwischen den Steinen finden, machen ihr Fleisch besonders aromatisch und würzig

Würz- oder Heilkräuter – die Fülle ist verschwenderisch. Hier eine Auswahl: (von oben) Olivenblätter (gut gegen Bluthochdruck), Bergbohnenkraut, Fenchel, Thymian, Lavendel, Rosmarin, Zitronenkraut (Verveine) als Tee

Ohne Brot ist die provenzalische Küche nicht denkbar. Deshalb spielt der Getreideanbau eine wichtige Rolle. Die Arbeit in flirrender Sommerhitze ist hart. Deshalb versucht man für die Ernte die hellen Abendstunden auszunutzen

als Franzose. Seine Kinder sprechen neben Französisch das immer mehr in Vergessenheit geratende Provenzalisch, vor allem mit dem alten Großpapa, mit seinen fast neunzig Jahren wie aus einer anderen Zeit. Die Verbundenheit zu seiner Heimat, sein Stolz auf ihre Geschichte, Schönheiten und Kultur machten Roland Paix zu unserem ebenso kenntnisreichen wie mitreißenden *Cicerone*. Er zeigte uns, wie man erkennt, wo Trüffel wachsen (die Flächen unter Eichenbäumen, die nur ein geschultes Auge findet) und wie man die kostbaren Knollen auch ohne Suchhund aufspürt (mit Blätterbüscheln vorsichtig die Fläche freifegen; an Stellen, auf die der eigene Schatten fällt, beobachten, wo Insekten auffliegen, weil er ihnen die Sonne nimmt, graben ... meist lohnt es sich). Er wußte wie kein anderer provenzalische Rezepte und Küchengeheimnisse zu erklären. Er führte uns zum Töpfer, der noch gute, alte Formen weiß, zum kunsthandwerklichen Santons-Produzenten, der seine Krippenfiguren noch von Grund auf selber macht. (Er modelliert die tönernen Körper und Köpfe, brennt und bemalt sie, und seine Frau zieht sie schließlich mit selbstgenähten Kleidern an.) Er stellte uns den Kräutergärtner vor, der in seinen *herbes de provence* den Duft des Südens einfängt, den Schäfer, dessen Herde mitsamt den Lämmern manchmal bis zu 700 Schafe zählt, den Getreidebauern, der im Abendlicht das Korn heimholt. Er zeigte uns die Schätze seiner Heimat und steckte uns mit seiner Freude an. Und führte uns schließlich zum, wie er begeistert schwärmt, schönsten Weinkeller der Region: *Château Coussin*. Die Ökonomiegebäude, die Umfriedungsmauern, die Keller und das Wohnhaus ergeben ein einmaliges, mit viel Geld, Geschmack und Sinn für Proportionen

ausgestattetes Ensemble. Einen Teil der Etiketten, sogar die Kartons für den Versand, hat der provenzalische Künstler César gestaltet. Der Kontakt zu ihm entstand, weil dessen Vater, wie Elie Sumeire selbst, Weinhändler in Marseille war und man einander schätzte. Seit mehr als hundert Jahren befindet sich Château Coussin neben anderen Gütern in Familienbesitz, aber erst seit kurzer Zeit wird der Wein tatsächlich hier ausgebaut und abgefüllt. Seit sich die Söhne Gabriel und Jean-Pierre um das Gut kümmern, bemüht, das Lesegut mit bestmöglicher Sorgfalt auszubauen.

Elie Sumaire (unten links) ließ sich das Erscheinungsbild von Château Coussin was kosten. Die Weinkartons von César, der Kamin im Haus, die Küche mit dem Emailgeschirr der Großmama, die Fassade, der mit provenzalischen Stoffen ausgestattete Salon, der Weinkeller – alles zeugt von Anspruch und Geschmack

Aix: Charme und Eleganz

Es ist wie ein Untertauchen, von der flirrenden Helligkeit der Landschaft in die sanfte, dämmrige Kühle der Stadt. Der die Straße in seiner gesamten Breite überspannende Schirm der gewaltigen Platanen, die in Doppelreihen den *Cours Mirabeau* umsäumen, filtert das gleißende Sommerlicht, macht es weich und milde, das Gold der Sonne bekommt einen zarten, lindgrünen Schimmer. Und trotz allen lebendigen Treibens hier, mit all den Menschen, die flanieren, schwatzen, Kaffee trinken, wirkt das Bild geradezu geruhsam und beschaulich. Aix, Hauptstadt der Provence, Universität, Bischofssitz, heitere Festspielstätte, eleganter Kurbetrieb: Die warmen Quellen, deretwegen die Römer einst die Stadt gegründet hatten, werden heute noch genutzt. Wichtig für die Entwicklung der Stadt war die Gründung der Universität um 1400 durch Ludwig II., vor allem aber dessen Sohn, der ebenso kunstsinnige wie weise, vom Volk geliebte *König René*, durchaus zu Recht *der Gute* genannt, weil er nicht nur die Künste, sondern weitblickend auch wirtschaftliche Belange förderte. Er führte Maulbeerbäume und die Seidenraupenzucht ein und öffnete damit neue Verdienstmöglichkeiten für das Volk. In seinem Weingut auf dem Gebiet des heutigen Anbaugebiets *Palette* entwickelte er die Keltertechnik des Rosé und experimentierte mit neuen Traubensorten.
Ungeliebt hingegen *Paul Cézanne*, der in seiner Heimatstadt Aix keine Anerkennung finden konnte. Selbst sein einstiger Schulfreund *Émile Zola* schilderte ihn schließlich, kaum verschlüsselt, in seinem Roman »Das Werk« als halbverrückten, erfolglosen Künstler. Als Trost blieb ihm, dem Einsamen, Ausgegrenzten, die Natur, die Landschaft, die er so liebte, vor allem sein Hausberg *Montagne Sainte-Victoire*, den er immer wieder und in unzähligen Stimmungen malte.
Auf Spazier- und Wanderwegen in der Umgebung kann man auch heute noch auf seinen Spuren wandeln.

Schmale Straßen, sandsteinfarbene Fassaden, das Plätschern immer sprudelnder Brunnen, prächtige Stadtpaläste, der noble Cours Mirabeau *mit seinen Buchläden*

und Cafés – Aix ist eine elegante, heitere Stadt. Studenten bringen Farbe, Touristen Wirbel, Boutiquen großstädtisches Flair. Wer zufällig zu Boden blickt, findet auffallend vielfältige Kanalisationsdeckel mit graphischem Muster. Calissons, ein Konfekt aus orangengewürztem Marzipan: süße Spezialität. In aller Welt berühmt: die bildschönen Stoffe von Les Olivades, mit traditionellen Ornamenten

Vom Reiz der Gegensätze

Anne Carbonel hat es nie bereut, den weißen Laborkittel einer medizinisch-technischen Assistentin mit der Jacke der Küchenchefin getauscht zu haben. Dafür kocht sie aber mit einer geradezu chirurgischen Genauigkeit

Nördlich von Aix, Richtung Durance, zeigt die Provence ihre harten Züge: In den Tälern, wo die Bewässerung durch den *Canal du Verdon* das Land fruchtbar gemacht hat, breiten sich Äcker und Gemüsefelder aus. Gegen den Mistral von Pappeln oder Schilf umsäumt, wirken sie wie hinter Gittern. Fährt man aber nur ein paar Meter die welligen Hügelketten hinauf, wird der Boden karg und trocken, übermannshohe *Macchia* mit Stein- und buschigen Kermeseichen, Ginster, Myrten und Mastix übernimmt das Regiment. Auf den welligen Absätzen

1
– MOSAIQUE DES LÉGUMES AU BASILIC –
GEMÜSE-MOSAIK MIT BASILIKUM

Für acht bis zehn Personen:
ca. 600 g schlanke, junge Möhren,
300 g feinste grüne Böhnchen,
2–4 rote Paprikaschoten, Salz
Farce:
300 g ausgelöste Hähnchenbrust,
1 Schalotte, 1 Handvoll Basilikumblätter, 4 EL Olivenöl, 2 Eiweiß,
Salz, Pfeffer
Sauce:
500 g Spargel, 250 g Crème fraîche,
⅛ l Kalbsfond

Die Gemüse putzen, Möhren ganz lassen, höchstens längs halbieren, falls sie nicht schlank genug sind. Bohnen fädeln, Paprika mit dem Gurkenschälmesser schälen und in Streifen schneiden. Alle Gemüse in Salzwasser blanchieren.
Die Zutaten für die Farce im Mixer pürieren, darauf achten, daß sie sich dabei nicht erwärmen – am besten mit eiskalten, fast angefrorenen Zutaten arbeiten. Die Farce sehr würzig abschmecken. Den Boden einer mit hitzebeständiger Folie ausgeschlagenen, rechteckigen Form mit einer Schicht Farce bedecken, die Gemüse dekorativ darauf betten, wieder Farce, dann Gemüse einschichten usw., bis alles aufgebraucht ist. Die Form verschließen, die Terrine im Wasserbad bei 180 Grad im vorgeheizten Ofen 30 Minuten garen. Abkühlen lassen, erst am nächsten Tag anschneiden.
Für die Sauce den Spargel sehr weich kochen, pürieren, durch ein Sieb streichen, mit Crème fraîche und Kalbsfond aufkochen, abschmecken und kalt zur Gemüseterrine servieren.

2
– RILLETTES DE TRUITE ET FLÉTAN FUMÉ –
PASTE VON GERÄUCHERTER FORELLE UND HEILBUTT

Für sechs bis acht Personen:
350 g frisches Forellenfilet,
⅛ l Fischfond
100 g geräuchertes Forellenfilet,
100 g geräuchertes Störfilet,
170 g Butter, 1 Eigelb,
1 EL Olivenöl, 3 EL Zitronensaft,
Salz, Pfeffer

Das frische Forellenfilet im Fond sanft pochieren und abkühlen lassen. Schließlich fein hacken und mit den ebenfalls feingehackten, geräucherten Filets sowie den übrigen Zutaten gründlich mischen. Kräftig mit Zitrone, Salz und Pfeffer würzen. In eine kleine Kastenform füllen und mindestens 24 Stunden kalt stellen, bevor angeschnitten und serviert wird.

in der Natur – und in der Küche: »Puyfond«

der Hänge höhere Eichenwälder mit teilweise dichtem Unterholz aus Erdbeerbäumen, Wacholdersträuchern, Zistrosen, Rosmarin und Lavendel. Auf den Felsen dann die niedrige, intensiv riechende *Garigue* mit dornigen Disteln und Ginster, hier krüppeligen Kermeseichen und Heide, Buchs, Thymian, Rosmarin, Salbei und Lavendel, Hyazinthen und allen möglichen Liliengewächsen.

In den Tälern hübsche Anwesen, teils größere Höfe, teils kleinere Schlösser, an Quellen gelegen inmitten von Gärten und Parks mit mächtigen Bäumen.

Auf den Hügeln verfallende Schäferhütten und vor sich hindämmernde Dörfer, die nur mühsam von Liebhabern der Einsamkeit und spärlichem Tourismus zu neuem Leben erweckt werden können.

Auf der Suche nach dem Restaurant *Puyfond* empfindet man sich mehr als einmal auf dem falschen Weg. Weil man nicht glauben kann, daß solche Feldsträßchen tatsächlich irgendwann zu einem Ziel führen. Doch plötzlich ist man angelangt: Gewaltige Kastanienbäume spenden kühlen Schatten, so daß man auch an heißen Tagen auf

der weitläufigen Terrasse in angenehmer Frische sitzt. Die Tische stehen in lockerer Ordnung, man fühlt sich nie vom Nachbartisch bedrängt. Das Haus bietet mit seinem neuen Anbau, der sich harmonisch an das vorhandene Gebäude schließt, genügend Platz für einen Restaurant- und einen größeren Bankettsaal.

Was alteingesessen wirkt, ist gerade mal zehn Jahre alt: Als die heutige Patronesse und Küchenchefin Anne Carbonel ihren eigentlichen, medizinisch-technischen Beruf aus gesundheitlichen Gründen aufgeben mußte,

1
– CHARLOTTE DES COURGETTES ET DINDONNEAU –
CHARLOTTE VON ZUCCHINI UND BABYPUTE

Für vier Personen:
Farce:
80 g Brotkrume, 2–3 EL Milch,
300 g Putenfleisch, 60 cl Sahne,
Salz, Pfeffer, eine Spur Cayenne
Füllung:
300 g Möhren, 300 g Zwiebeln,
30 g Sellerieknolle, 2 EL Olivenöl,
20 g Mehl, 15 cl Weißwein,
1 l Geflügelbrühe, 300 g Tomaten,
6 Knoblauchzehen, 8 schwarze Oliven,
1 kg Putenfleisch, Salz, Pfeffer,
3–4 mittelgroße Zucchini,
100 g Butter, 1 Bund Basilikum

Die Brotkrumen mit Milch anfeuchten, dann mit dem Putenfleisch und der Sahne mixen, mit Salz, Pfeffer und Cayenne abschmecken.
Für die Füllung die in winzig kleine Würfel geschnittenen Gemüse im Öl andünsten, mit Mehl bestäuben und anschwitzen, mit Wein und Brühe ablöschen. Gehäutete, entkernte Tomaten, gehackten Knoblauch und entkernte Oliven, schließlich auch das kleingewürfelte Fleisch zufügen. Salzen, pfeffern und zugedeckt sanft etwa 40 Minuten köcheln lassen. Durch ein Sieb abgießen. Den Sud auffangen.
Die Zucchini längs, am besten mit einem Gurkenhobel, in dünne Scheiben schneiden. Portionsförmchen so damit auslegen, daß die Streifen weit über den Rand herausragen. Jeweils etwas Farce am Boden verstreichen, darauf Füllung betten und wieder mit Farce abschließen. Die überstehenden Zucchinistreifen über der Füllung zusammenschlagen. Im 200 Grad heißen Ofen zehn Minuten garen.
Für die Sauce den aufgefangenen Sud um ein Drittel einkochen, mit der eiskalten Butter und reichlich Basilikumblättern aufmixen.

2
– DAUBE DE BŒUF –
PROVENZALISCHER SCHMORTOPF

Für sechs bis acht Personen:
1 Knoblauchknolle, 3 Schalotten,
5 EL Erdnußöl, 6 Wacholderbeeren,
2 Lorbeerblätter, 1 EL Pfefferkörner,
1 dl Cognac
50 g getrocknete Steinpilze,
¼ l Wasser,
2 kg Rinderbacke oder -wade (Hesse),
2 EL Thymianblüten, 2 l Rotwein
Grießschnitten:
1 l Milch, 150 g Weichweizengrieß,
25 g Butter, Salz, Pfeffer, 1 Eigelb

Gehackten Knoblauch und Schalotten in zwei Eßlöffeln Öl andünsten. Die Gewürze zufügen und mit Cognac ablöschen. Steinpilze und Wasser in den Topf füllen. 40 Minuten zu einem konzentrierten Würzsud kochen.
Im restlichen Öl in einem großen Schmortopf das in große Würfel geschnittene Fleisch anbraten, dabei salzen, pfeffern und die Thymianblüten dazwischen streuen. Mit Wein aufgießen, den durchgefilterten Würzsud zufügen. Zugedeckt auf kleinem Feuer mindestens vier Stunden schmoren.
Für die Grießschnitten die Milch aufkochen, die übrigen Zutaten hineinrühren. In eine tiefe Platte gießen und abkühlen lassen. In Würfel oder Längsstreifen schneiden, im Ofen oder in der Mikrowelle erwärmen.

3
– FROMAGE BLANC AU SUCRE BRUN –
WEISSKÄSE MIT BRAUNEM ZUCKER

In Frankreich ist er gerade groß in Mode, der ganz frische Quark, hergestellt aus roher, unbehandelter Milch. Hierzulande muß man sich mit Schichtkäse behelfen.

Für vier Personen:
250 g Schichtkäse, brauner Zucker,
¼ l süße Sahne

Den Käse in vier runde Förmchen mit Löchern oder in Siebe verteilen, in denen er abtropfen und Form annehmen kann. Auf Dessertteller anrichten, dick mit Zucker bestreuen und mit flüssiger Sahne übergießen. Mit frischen Früchten (hier Himbeeren) und Minzeblättchen dekorieren.

4
– GÂTEAU AU CHOCOLAT –
SCHOKOLADENBISKUIT

Für sechs bis acht Personen:
Schoko-Biskuit:
6 Eier, 175 g Zucker, 100 g Butter,
150 g Kuvertüre, 150 g Mehl
Scholadencreme
(Mousse au chocolat):
7 Eigelb, 200 g Puderzucker,
300 g dunkle Kuvertüre, 200 g Butter,
½ l Sahne

Für den Biskuit die Eigelb mit dem Zucker zu einer dicken weißen Creme schlagen, die flüssige Butter und geschmolzene Schokolade unterrühren. Zum Schluß das Mehl darüber sieben und rasch untermischen und das steifgeschlagene Eiweiß unterziehen. Diese Masse auf ein mit Backpapier belegtes Blech streichen. Im 180 Grad heißen Ofen etwa 30 bis 35 Minuten backen. Auf eine eckige Platte stürzen, das Papier abziehen, den Teigboden auskühlen lassen.
Für die Füllung Eigelb mit dem Puderzucker dick und cremig schlagen. Die geschmolzene Schokolade und die weiche Butter unterrühren. Zum Schluß die steifgeschlagene Sahne unterziehen. Auf dem Teigboden verteilen und einen Tag kalt stellen.
Zum Servieren den Schokoladenbiskuit in Quadrate geschnitten auf Vanillesauce anrichten, die mit frischem Himbeermark verziert ist.

122

brauchte sie nicht lange darüber nachzudenken, was sie in Zukunft tun könnte. Sie hatte immer schon am Kochen Spaß gehabt, und ihr Elternhaus vor den Toren von Aix war nicht nur idyllisch genug gelegen, um die Gäste für eine kleine Fahrt zu entschädigen, sondern auch groß genug für ein kleines Restaurant. Zusammen mit ihrem Mann, der sich um Service, Haus und Einkauf kümmerte, fing sie ganz klein und bescheiden an. Mehrere kurze Gastspiele in verschiedenen Restaurants lehrten sie, wie sie es nicht machen wollte, und so erweiterte sie lieber durch Bücher, Reisen und regelmäßiges Probieren bei Kollegen ihr persönliches Repertoire. Klar, daß sie vorzugsweise Produkte der Region entsprechend ihrer Saison verarbeitet und Gerichte kocht, die mit ihrem Duft hierher gehören. Mit Kräutern und mit viel Gemüse. Der Reiz ihrer Küche liegt dabei in der Natürlichkeit, mit der sie hausfrauliches Kochen und die Anforderungen einer Restaurantküche verbindet, wie sie manch simples Bauerngericht durch ungewöhnliche Kombinationen und Zutaten zum Erlebnis werden läßt. Eine Küche, die in Gegensätzen lebt, genau wie die Landschaft, der sie entspringt...

Cavaillon: Mandeln und Melonen

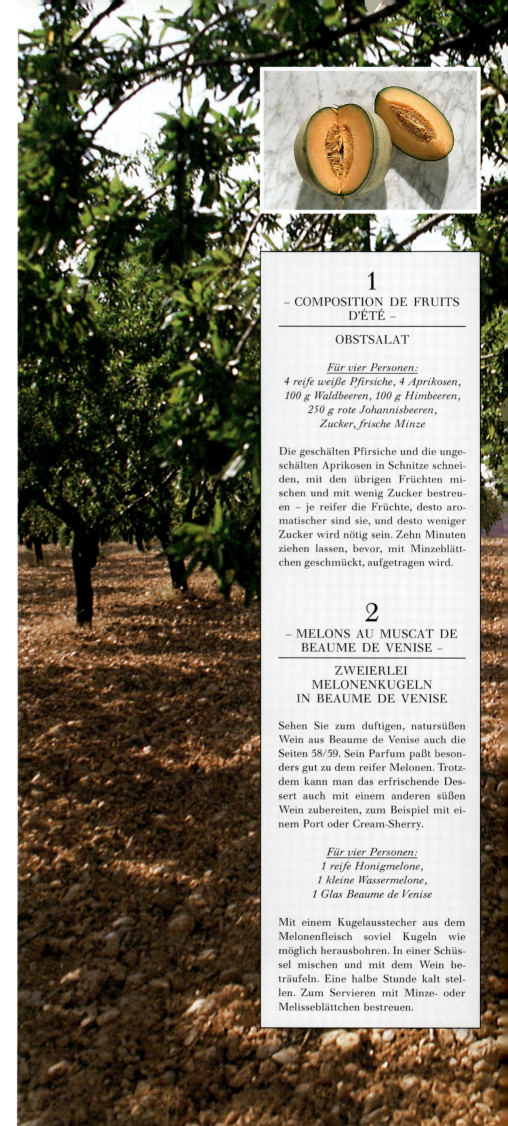

Östlich von Avignon, zwischen Carpentras im Norden und Cavaillon im Süden, erstreckt sich das ehemalige *Comtat Venaissin*, Besitz der Päpste von 1274 bis 1791. Sie hatten es vom König Frankreichs als Belohnung für die Unterstützung des grausamen Krieges gegen die ketzerischen Albigenser bekommen; trotz der engen Bindung an die katholische Kirche entwickelten sich aber bedeutende Judengemeinden – in Carpentras und Cavaillon zeugen Synagogen davon.

Schon im Mittelalter durch Bewässerungskanäle fruchtbar gemacht, ist das Venaissin heute ein bedeutendes Obst- und Gemüseanbaugebiet: Birnen, Äpfel, Kirschen, Aprikosen und Pfirsiche, Paprika, Auberginen, Zucchini, Tomaten, Kürbisse und Melonen. Aus den Bergregionen kommen Wein- und Tafeltrauben, Lavendel und in neuester Zeit wieder erstklassige Mandeln, deren Anbau, weil unrentabel, fast aufgegeben worden war, sich heute aber wieder zu lohnen beginnt.

Cavaillon ist das Zentrum des Melonenanbaus – die ersten, in Gewächshäusern kultiviert, sind bereits im Mai reif, Juni/Juli folgen die unter Folientunnel herangezogenen, und von August bis Oktober Melonen aus dem Freiland. Es gibt verschiedene Sorten, die wichtigste ist die örtliche Züchtung aus der »Cantaloupe«, stolz einfach *Cavaillon* genannt. Die außen unscheinbar gelblich-graugrünen, leicht gerippten, wie mit einem Netz überzogenen, stark duftenden Cavaillon-Melonen haben ein orangefarbenes, aromatisches, aber nicht zu süßes Fruchtfleisch und können als Dessert oder Vorspeise gegessen werden.

Früher sah man in der Stadt und auf dem Großmarkt von Cavaillon Berge von Melonen – heute werden sie gleich auf dem Feld in Kisten verpackt, man kann sie nur noch überall riechen ...

Großes Bild: Neue Mandelplantage im Vaucluse. Kleine Bilder: Cavaillon-Melone, aufgeschnitten und auf dem Feld; Bauer mit Kürbis; frisch gepflückte Mandeln

1
– COMPOSITION DE FRUITS D'ÉTÉ –

OBSTSALAT

Für vier Personen:
4 reife weiße Pfirsiche, 4 Aprikosen,
100 g Waldbeeren, 100 g Himbeeren,
250 g rote Johannisbeeren,
Zucker, frische Minze

Die geschälten Pfirsiche und die ungeschälten Aprikosen in Schnitze schneiden, mit den übrigen Früchten mischen und mit wenig Zucker bestreuen – je reifer die Früchte, desto aromatischer sind sie, und desto weniger Zucker wird nötig sein. Zehn Minuten ziehen lassen, bevor, mit Minzeblättchen geschmückt, aufgetragen wird.

2
– MELONS AU MUSCAT DE BEAUME DE VENISE –

ZWEIERLEI MELONENKUGELN IN BEAUME DE VENISE

Sehen Sie zum duftigen, natursüßen Wein aus Beaume de Venise auch die Seiten 58/59. Sein Parfum paßt besonders gut zu dem reifer Melonen. Trotzdem kann man das erfrischende Dessert auch mit einem anderen süßen Wein zubereiten, zum Beispiel mit einem Port oder Cream-Sherry.

Für vier Personen:
1 reife Honigmelone,
1 kleine Wassermelone,
1 Glas Beaume de Venise

Mit einem Kugelausstecher aus dem Melonenfleisch soviel Kugeln wie möglich herausbohren. In einer Schüssel mischen und mit dem Wein beträufeln. Eine halbe Stunde kalt stellen. Zum Servieren mit Minze- oder Melisseblättchen bestreuen.

In Cavaillon geblieben: aus Liebe

Er sollte nur für zwei Tage nach Cavaillon, ins Zentrum des Obst- und Gemüsemarkts, um für das elterliche Restaurant in der Normandie auch wirklich die besten Melonen auszuwählen. Das ist jetzt 12 Jahre her, und Jean-Jacques Prévot ist immer noch da. Längst sucht er nicht mehr nur für seine Eltern, sondern auch für sein eigenes Haus die aromatischsten Früchte aus. In der Melonenstadt Cavaillon wirklich kein Problem!
Cherchez la femme, natürlich, der Grund für sein Bleiben ist blond und war sehr bald schon seine Frau. Aber – Sylviane Prévot lächelt fein, wenn sie daran erinnert, daß bei diesem Entschluß auch die schnell entdeckte Liebe zum Süden eine Rolle gespielt hat. Die Sonne, die hier einfach mehr Kraft hat, die Düfte, die Kräuter, die Intensität der Aromen. Was die Zutaten angeht, so ist die Provence doch für jeden Koch ein Paradies! Tatsächlich ist aus dem Nordfranzosen Prévot sehr schnell ein richtiger Provenzale geworden. Auch, und vor allem, was seine Küche betrifft. Zu Beginn hatte er sein Restaurant noch »*Assiette au beurre*« genannt. Weil er sich gar nicht vorstellen konnte, anders als mit Butter zu kochen. Schließlich heißt es in der großen französischen Küche (außerhalb des Südens) ja überall: »*du beurre, du beurre, du beurre*«. Längst hat er hier jedoch gelernt, daß das Parfum eines aromatischen Olivenöls einfach besser zu den kräftigen Geschmäckern des Südens paßt, die Gewürze besser unterstützt und obendrein auch viel bekömmlicher wirkt als Butter und Crème fraîche. Und daß sich mit Olivenöl eine Sauce ganz genauso cremig binden und zu einer stabilen Emulsion aufschlagen läßt wie mit Butter. Natürlich fließen dann und wann auch kulinarische Hinweise auf seine Heimat ein. So ist in seinem Käseangebot der Camembert und Brie von vorbildlicher Qualität, bei den Desserts schwelgt er schon mal in dicker Sahne. Aber wer wollte ihm das verübeln?

126

restaurant de tradition

1
– FILETS DE ROUGET AU FLAN D'AUBERGINES –
ROUGETFILETS MIT AUBERGINEN-FLAN

Für vier Personen:
*4 schöne Rotbarben (Rougets), Salz,
Pfeffer, 1 Möhre,
1 Zucchino, 4 EL Olivenöl,
1 Tomate, Basilikumblätter,
1 ungespritzte Zitrone,
1 Stück Orangenschale, Dill
Auberginen-Flan:
400 g Auberginen,
1 ausgelöste Hähnchenbrust,
200 g Crème fraîche, ⅒ l Olivenöl,
2 Knoblauchzehen, Salz, Pfeffer,
6 Eiweiß*

Die Rotbarben sorgfältig filieren, dabei die schöne Haut dranlassen. Innen salzen und pfeffern.

Das Gemüse in Julienne (feine Streifen) schneiden, in zwei Löffeln Olivenöl andünsten, die gehäuteten, entkernten und gewürfelten Tomaten sowie die Basilikumblätter zufügen, salzen und pfeffern. Einige Zitronen- und Orangenzesten (sehr feine Streifen der äußersten Hautschicht) zufügen. Mit dem Saft einer ganzen Zitrone ablöschen und mit einigen Tropfen Wasser auffüllen. Die Rotbarbenfilets auf einem Teller oder Dämpfsieb darüber setzen und zwei bis drei Minuten dämpfen.

Die Gemüsejulienne auf vier Teller verteilen und die Barbenfilets darauf anrichten. Den Sud nochmals aufkochen, das restliche Olivenöl zufügen und über die Fischfilets gießen. Den Auberginen-Flan jeweils daneben setzen. Mit Dill garnieren.

Für den Auberginen-Flan die Früchte hauchdünn schälen, längs halbieren, in Klarsichtfolie wickeln und in der Mikrowelle 15 Minuten garen. Abgekühlt mit dem eiskalten Hähnchenfleisch, Crème fraîche, Olivenöl, Knoblauch, Eiweiß, Salz und Pfeffer im Mixer fein pürieren. In mit der Auberginenschale (die lila Seite nach unten) ausgelegte Soufflétörmchen verteilen. In der Mikrowelle (stärkste Stufe) 10 Minuten garen.

Jean-Jacques und Sylviane Prévot und ihr kleines Restaurant mit stattlicher weißer Markise. Genau gegenüber ist der beste Melonenhändler der ganzen Stadt

2
– TERRINE DE LANGUES DE MORUE –
TERRINE VON KABELJAUZUNGEN

Das klingt ein bißchen nach verrücktem Luxus, seltener Delikatesse. Dabei sind die fleischigen Zungen vom Kabeljau eine eher billige Sache, die loszuwerden der Fischhändler froh ist. Zumindest ist das in Frankreich so ... Statt Kabeljauzungen kann man für die Terrine auch einfach Streifen von Fischfilet (zum Beispiel vom Kabeljau oder Rotbarsch) verwenden.

Für sechs bis acht Personen:
*600 g Zungen vom Kabeljau (oder Filet), ¼ l kräftiger Fischfond,
150 g Sardellen, 75 g Kapern,
je 1 Bund Schnittlauch und Petersilie,
3 Knoblauchzehen, 3 EL Olivenöl,
Anchovispaste*

Die Kabeljauzungen oder Filets im Fischfond sanft pochieren. (Die Zungen sind erheblich gelatinöser als das Fischfilet, die Terrine bedarf in diesem Fall keines weiteren Halts; verwendet man Fischfilet, sollte man jetzt zwei Blatt eingeweichte Gelatine im Sud auflösen.) Die entgräteten Sardellen, Kapern, Schnittlauch, Petersilie und Knoblauch mixen, mit so viel Sud auffüllen, daß eine dickflüssige Paste entsteht.

Die Kabeljauzungen (oder Filetstreifen) in eine Terrinenform schichten, jeweils mit etwas Anchovispaste bestreichen. Sie wird nach dem Abkühlen die Terrine zusammenhalten und festigen. Zum Schluß die Oberfläche mit Anchovispaste glattstreichen. Zugedeckt mindestens 12 Stunden kalt stellen. In fast zweifingerdicke Scheiben schneiden – am besten mit einem elektrischen Messer, damit die Scheiben nicht auseinanderfallen.

Auf einer *Zwiebelrose* anrichten. Dafür aus 100 g Zucker, je ⅛ l Wasser, Essig und Rote-Bete-Saft einen Sud kochen. Darin die ganzen Schalen von weißen Zwiebeln, die fächerförmig eingeschnitten sind, pochieren und auskühlen lassen.

1

– TRESSE DE TRUITE
SAUMONÉE SUR JULIENNE
D'ARTICHAUTS –

LACHSFORELLENZOPF AUF ARTISCHOCKENRAGOUT

Für vier Personen:
4 schöne Lachsforellenfilets, Salz,
Pfeffer, 2 EL Butter, 2 Schalotten,
⅛ l Weißwein
Artischockenragout:
6 Artischocken, Salz, 1 EL Butter,
1 EL Olivenöl, 2 Schalotten,
je ⅛ l Fischfond und Weißwein,
1 Handvoll Sauerampfer,
200 g Crème fraîche

Für das Ragout die Artischocken bis aufs Herz entblättern. Die Blätter in Salzwasser so weich kochen, daß sich das Fleisch am unteren Ende herausschaben läßt. Die Artischockenherzen in feine Streifen schneiden, in Butter und Öl knackig dünsten.
Die gehackten Schalotten in Fischfond und Wein mit dem Sauerampfer so lange köcheln, bis die Flüssigkeit um die Hälfte reduziert ist. Die Crème fraîche zufügen und weitere 15 Minuten köcheln. Schließlich das ausgekratzte Artischockenfleisch zufügen und alles im Mixer pürieren. Die Sauce durch ein Sieb streichen, die gedünstete Artischockenjulienne darin erwärmen.
Die Forellenfilets in Längsstreifen von zwei Zentimetern schneiden, salzen und pfeffern. Jeweils drei davon zu Zöpfen flechten.
In einer flachen Form, in die diese Zöpfe hineinpassen sollten, die Butter erhitzen, die feingehackten Schalotten darin andünsten. Mit Weißwein auffüllen, aufkochen, die Fischzöpfe hineinsetzen und drei Minuten im 170 Grad heißen Ofen pochieren.

2

– AGNEAU EN MILLE –
FEUILLES DE COURGETTES –

LAMM ZWISCHEN ZUCCHINIBLÄTTERN

In Anlehnung an die in der klassischen Küche beliebten Schnitten aus Blätterteig, zwischen denen nicht nur süße Sachen, sondern auch salzige Ragouts serviert werden, hier also Schichten aus Zucchinischeiben. Sie werden abwechselnd mit ebenso dünnen Scheiben vom Lammbraten aufeinandergestapelt, angefeuchtet mit einer konzentrierten, würzigen Tomatensauce und mit geriebenem Käse überbacken. Ein Gericht, mit dem ein Restaurant glänzen kann, das für zu Hause allerdings ein bißchen allzu aufwendig und kompliziert wirkt.

Für vier Personen:
4 gleichmäßig schlank geformte
Zucchini, 500 g Lammbraten (Keule),
100 g geriebener Käse (Comté)
Tomatensauce:
500 g reife Tomaten, 2 Schalotten,
1 kleine Fenchelknolle,
3 EL Olivenöl, 2 Thymianzweige,
1 Bergbohnenkrautzweig, Salz, Pfeffer
Thymiansauce:
¼ l Lammfond, 2 große Zwiebeln,
1 Bund Thymian

Die Zucchini längs in gleich starke Scheiben schneiden. Den Lammbraten auf die gleiche Größe zuschneiden.
Für die Tomatensauce die gehäuteten, entkernten Früchte mit gehackten Schalotten und Fenchel im heißen Öl langsam weich kochen, dabei die Kräuter mitziehen lassen, salzen und pfeffern. Die Sauce soll dick einkochen. Die Kräuter herausfischen, die gut abgeschmeckte Sauce zwischen die Zucchini- und Lammscheiben streichen. Die Zucchini in ihre ursprüngliche Form zusammensetzen, in eine feuerfeste Form betten und im 200 Grad heißen Ofen etwa 30 Minuten backen.
Für die Thymiansauce alle Zutaten eine Stunde zugedeckt auskochen, den Bratensatz der Zucchini damit ablöschen. Die Zucchini mit geriebenem Käse bestreuen und unter dem Grill sanft bräunen. Mit der passierten Thymiansauce servieren. Bei Jean-Jacques Prévot gibt es dazu eine kleine Charlotte aus Zucchini und Möhren, die mit Wirsing gefüllt ist, und Kartoffelscheiben, die mit Anchoïade bestrichen zu einem Türmchen aufeinandergestapelt sind. Jedes für sich im Grunde ein eigenständiges Gemüsegericht.

3

– MELON DE CAVAILLON –

CAVAILLON-MELONE

Pro Person:
1 reife, duftende Cavaillon-Melone,
Früchte der Saison

Mit einem spitzen Messer vier möglichst gleich große Bögen in die Melone schneiden und so die obere Hälfte abtrennen. Aus beiden Hälften mit einem Kugelausstecher oder einem scharfkantigen Löffel Häppchen ausstechen, wieder in die ausgehöhlte untere Hälfte füllen. Nach Belieben Früchte der Saison dazwischen mischen. Wenn die Frucht sonnenreif ist und duftet, sind Gewürze, Zucker oder Alkohol überflüssig – die Frucht selbst ist aromatisch und süß genug.

Die Quelle von Vaucluse

Sie ist eines der beliebtesten Naturdenkmäler von ganz Frankreich. Für Touristen hat die *Fontaine-de-Vaucluse* zu jeder Jahreszeit Saison. Dabei bietet sie immer wieder ein völlig anderes Bild. Im Frühjahr, wenn das Wasser brausend aus dem Quelltopf stürzt, herrscht in der schmalen Schlucht ein ohrenbetäubendes Getöse, ein Rauschen von durchdringender Gewalt. Im Sommer hingegen, in trockenen Jahren zumal, gähnt ein fürchterliches, erschreckend tiefes, schwarzes Loch unter dem Felsen, der sonst die Wasseroberfläche küßt. Man hört allenfalls die Rufe der Mutigen, die bis zum tiefgesunkenen Wasserspiegel hinabgeklettert sind. Das wenige Wasser, das aus noch tiefer gelegenen Quellen trotzdem ins Tal hinunterplätschert, verursacht nicht mehr sehr viel Lärm. Dennoch versiegt die Sorgue, die hier entspringt, nie ganz, dafür sorgen schon auf dem Weg ins Tal noch weitere Quellen. Um die Forellen, die in diesem kristallklaren, felsenkühlen Wasser leben, (und zwar Bachforellen, jene mit den hübschen roten Pünktchen!) braucht man also nicht zu bangen. Gespeist wird diese artesische Karstquelle, das hat man nach aufwendigen Untersuchungen herausgefunden, aus einem gewaltigen Felsenbecken, welches das Sickerwasser des Vauclusegebietes, des Plateau d'Albion und der Südhänge des Lubéron auffängt. Berühmt geworden ist der trotz Touristenrummels immer noch beschauliche, in die Talmulde am Fuß des Vauclusegebirges geschmiegte Ort durch Petrarca, den großen Renaissancedichter, der den Päpsten im nahen Avignon diente, hier immer wieder, von seiner Laura träumend, Ruhe fand.

1
– TRUITES GRILLÉS –
GEGRILLTE FORELLEN

Am besten schmecken sie natürlich direkt vom Holzkohlenrost, draußen, auf der Terrasse oder im Garten.

Für vier Personen:
4 Forellen, Salz, Pfeffer, Olivenöl, Petersilie
Gemüsebeilage:
250 g Spargel,
250 g junge weiße Rübchen (navets),
2 EL Olivenöl, Salz, Pfeffer, Petersilie

Die ausgenommen, ausgewaschenen und wieder gründlich abgetrockneten Forellen innen und außen salzen und pfeffern. Mit Öl einpinseln und über glühender Holzkohle oder auf dem elektrischen Grill auf beiden Seiten höchstens jeweils 5 Minuten garen.
Das Gemüse putzen, in Stücke schneiden und in einer großen Pfanne im heißen Öl nur wenige Minuten mehr braten als dünsten. Dabei salzen und pfeffern und darauf achten, daß die Gemüse nicht zu weich werden. Zum Schluß gehackte Petersilie oder Kerbel darüber streuen.

Eine Reise in die Einsamkeit: von Gordes

Gordes, ein vor dreißig Jahren fast verlassenes, in Terrassen auf einem Bergsporn am Rande des *Plateau de Vaucluse* gelegenes Nest, wurde von Pariser Künstlern und Malern bereits in den 60er Jahren entdeckt: Dort sollen Lage und Licht besonders schön, die Ruhe groß, die alten, vor sich hin verfallenden Häuser noch billiger als anderswo sein. Bald war's damit vorbei! Die prachtvolle Lage zog die Touristen an, immer mehr Kunsthandwerk installierte sich, der Marktplatz von Gordes wurde zum Omnibusbahnhof der Reiseunternehmen. Dann, 1970, restaurierte *Victor Vasa-*

ins Zisterzienserkloster von Sénanque

rely, der aus Ungarn stammende, längst in Frankreich heimisch gewordene Künstler der Op-Art, das Renaissanceschloß, pachtete es auf 33 Jahre für einen symbolischen Franc pro Jahr und richtete ein Museum darin ein. Schöne Hotels und gute Restaurants zogen nach, Gordes wurde zum exklusiven Mittelpunkt der Region.

Op-Art und Provence – was hat das miteinander zu tun? Viel, wie Vasarely sagt: »Die Häuser Südfrankreichs haben mir eine in sich widerspruchsvolle Perspektive aufgezeigt. Niemals gelingt es dort dem Auge, Schatten und festes Mauerwerk klar zu unterscheiden. Flächen und Räume, Formen und Hintergründe vermischen sich, wechseln einander ab, werden zu Abstraktionen und beginnen ihr eigenständiges Leben...«

Nicht weit von Gordes entfernt kann man das an einem der harmonischsten, in seiner Schlichtheit großartigsten Bauwerke der Provence überprüfen: Im abgelegenen, früher nur über Saumpfade erreichbaren, unfruchtbaren und abweisenden, von Geröllhalden und Felsen gerahmten, schmalen, trockenen Tal der *Sénancole,* was sich vom lateinischen *sine aqua* (ohne Wasser) ableitet, liegt in schlichter Großartigkeit das ehemalige Zisterzienserkloster *Sénanque.* In absoluter Harmonie taucht es hinter einem Lavendelfeld auf – und zeigt klar und schön, was der Mensch auch an kargen, menschenfeindlichen Orten erreichen kann. Alles konzentriert sich auf den einzigen Willen der Zisterzienser: fern von der Welt in einem einfachen, weltlichen Eitelkeiten fernen Leben und ständiger Zwiesprache mit Gott ihm nahe zu sein. Daß sie dabei wüste oder sumpfige Gebiete urbar gemacht und so der Menschheit unschätzbare Dienste erwiesen haben, hat bleibenden Wert.

HERBST
Leuchtende Farben, warmes Licht. Reifes Obst

pralles Gemüse und neuer Wein. Zeit für Feste

Würzig: Schinken, Würste und Wein *Vom Leben gebeugt* *Turm von Uzès* *Beim Ballspiel*

Provenzalische Quelle: Perrier *Nach Art der Fischer: Bouillabaisse* *Trester: Was nach dem Keltern bleibt*

Bunte Mischung: Salade Niçoise

Die Ockerbrüche von Roussillon und

Grün und üppig breitet sich das Land in die Talsenke des *Coulon*, auch *Calavon* genannt, der durch *Apt* nach Westen zur Rhône fließt. Eine Gegend, die kaum spektakuläre Anziehungspunkte aufweist, aber von einzigartigem Charakter ist – mit hier weiten, sanft schwingenden Hügelketten, dort schroffen Höhen und tiefen Abgründen, vor allem aber mit pittoresken Dörfern.

Mancherorts, vor allem um Gordes herum und im Lubéron, findet man die charakteristischen *Bories*, urtümliche Häuser aus aufgeschichteten Steinen, den apulischen *Trulli* verwandt (Bild unten links). Inzwischen teilweise zu komfortablen, originellen Wohnhäusern umfunktioniert.
Apt selbst, das wirtschaftliche Zentrum der Region, hat wenig zu bieten – örtliche Spezialitäten sind allerdings Konfitüren, Marmeladen und kandierte Früchte.
Nördlich davon jedoch eine erstaunliche Landschaft, deren Färbung sich ständig verändert von Hellgelb bis Rostrot: Ockererde – 16 Farbnuancen unterscheidet man! Das Städtchen *Roussillon – nomen est omen* - liegt nordwestlich, der *Colorado de Rustrel* im Nordosten. Fast 2000 Tonnen Ocker pro Jahr werden hier nach alter

136

die stolzen Bergdörfer des Lubéron

Art aus dem Sand geschwemmt, getrocknet, teilweise gebrannt, zermahlen und zu Farben verarbeitet. Die Schönheit der Landschaft mit roter Erde unter grünen Bäumen spiegelt sich im Erscheinungsbild von Roussillon – einfache provenzalische Architektur, hier aber reizvoll rot!
Im Süden von Apt, auf einem Felssporn des *Grand Lubéron*, leuchtet das Bergdorf *Saignon* dagegen weißlich-gelb ins Tal. Fährt man weiter, gelangt man, nach kurzem Fußweg, zum Gipfel des 1125 Meter hohen *Mourre Nègre*, dem höchsten Gipfel des Lubéron mit herrlichem Ausblick. Auf der Südseite hinunterfahrend erreicht man das malerisch-herbe *Cucuron*, schließlich das sanft-üppige *Lourmarin*, in dessen Schloß die *Académie des Beaux Arts* der Provence residiert.
Ein Abstecher auf die andere Seite der Durance führt ins stille *Silvacane*, dem ehemaligen Zisterzienserkloster, Schwester von *Sénanque* (Seite 133) und *Le Thoronet* im Var.
Von Lourmarin zurück in den Lubéron, durchschlängelt die Straße ein wildes Tal, die *Combe de Lourmarin*, um durch die wie Adlernester auf Felsen thronenden Dörfer des *Petit Lubéron* zu führen: *Bonnieux, Lacoste, Ménerbes* und *Oppède-le-Vieux*.

137

Das abseits der Straße gelegene Kloster von Silvacane (lat. silva cannarum = Rohrwald) ist angenehm zurückhaltend restauriert und bietet tiefen Einblick in die strengen Regeln der Zisterzienser.
Im Schatten des Kreuzganges kann man sich bilden und läßt sich gut ruhen . . .

Oben: Gedenkstein neben der Kirche von Bonnieux, von der aus man einen herrlichen Blick durch Zedernbäume ins Land genießt. Anpreisung der Spezialität von Lourmarin – süßes Hefegebäck mit Olivenöl! Unten: Über dem Kirchberg von Bonnieux zieht ein Gewitter auf

In den gigantischen Steinbrüchen hinter den Ruinen des Schlosses von Lacoste, *Schauplatz der Ausschweifungen des* Marquis de Sade, *arbeiten heute wieder Bildhauer*

Endivie mit Hut und gelbem Herz

Prächtige »Köpfe« von krauser Endivie, Frisée *genannt, bleichen unter den speziell konstruierten Plastikhauben*

Seit fast überall in der Provence ausreichend Wasser zur Verfügung steht, hat sich die Kultur von Obst und Gemüse auch in Gegenden ausgebreitet, in der früher nur Schafe auf trockenen Wiesen weideten, bestenfalls ein spärlicher Weizen wuchs. Dadurch konnten auch in diesen ärmlichen, durch die Abwanderung der Menschen ziemlich leer gewordenen Gegenden jetzt vollkommen neue, gewinnbringende Produkte erzeugt werden. Den verbliebenen Bauern entstand eine einigermaßen sichere Einnahmequelle, Aussteiger aus der Industriegesellschaft kauften verlassene Höfe. Ihnen kommen die lange Zeit unberührten, gesunden, mineralstoffreichen Böden besonders entgegen, erlauben sie doch den Anbau nach alternativen Methoden, da sie weder ausgelaugt noch durch intensive Bewirtschaftung überversorgt oder gar vergiftet sind.

Im Hinterland der Provence findet man allenthalben Bauernhöfe, die sich spezialisiert haben. Hier zieht einer Wachteln, Rebhühner und Fasane in riesigen Volieren, die einen ganzen Berghang überspannen. Dort baut ein anderer Erd- und Himbeeren für köstliche Marmeladen an. Ein dritter kultiviert Endiviensalat: Riesige Felder mit kräftigen Pflanzen, über die zwei Wochen vor der Ernte Hüte aus Plastik gestülpt werden – den Herzen der Salatpflanzen wird das Licht entzogen, die Blätter bleichen aus und entwickeln sich besonders schnell und zart, weil sie dem nicht vorhandenen Licht entgegenwachsen wollen. Früher band man jeden Kopf einzeln zusammen, was viel Arbeit bedeutete und auch den Nachteil hatte, daß die Herzen zu faulen begannen, wenn es hineinregnete. Mit den neuen Plastikhauben kann nichts passieren: Das Wasser wird nach außen abgeleitet, aber ein kleines Loch in dem nach oben gezogenen Teil wirkt wie ein Kamin, so daß kein Schwitzwasser entstehen kann und der Salat gesund und knackig bleibt.

Rechts: Eine Spezialität mit dem schönen, an die Belle Epoque und die alte Provence erinnernden Namen Rinquinquin, *ein Apéritif auf Pfirsichbasis mit Vanille und Karamel – er wird in* Forcalquier *auch heute noch nach alter Art hergestellt*

Ganz rechts: Während wir Endiviensalat, sei es breitblättriger (escarole) oder krauser (frisée), *in der kälteren Hälfte des Jahres essen, gehört er in der Provence zum Repertoire des Sommers – statt Kopfsalat, der dann schießt und zähe Blätter bekommt. Frisée wird gründlich trocken geschleudert und mit einer Sauce aus viel Salz, Pfeffer, meistens Senf, immer zerdrücktem Knoblauch, selten Zwiebeln, wenig Essig und viel Olivenöl angemacht*

Ein Dorfgasthaus in Mane

Forcalquier, ein Städtchen, dem man seine einstige Bedeutung schon lange nicht mehr ansieht, ist der größte Ort auf den kargen Höhen zwischen *Banon* (woher der gleichnamige Käse kommt) und Manosque. Im Mittelalter war es Sitz der damals mächtigen Grafen von Forcalquier, deren gewaltige Burg auf dem von trutzigen Mauern befestigten Berg schon während der Religionskriege gelitten hatte, im Verlauf der Revolution dann schließlich geschleift wurde. Die statt dessen im 19. Jahrhundert errichtete Wallfahrtskapelle *Notre-Dame-de-Provence* ist kulturhistorisch von eher mäßigem Reiz, bietet aber einen schönen Blick über die *Haute-Provence*, die hier besonders verschlafen wirkt.

Nicht weit davon *Mane*, ein winziges Dorf, oberhalb einer kleinen römischen Brücke über die *Laye* gelegen. »La manne céleste« (*Himmlisches Manna*) – ein naheliegendes Wortspiel für ein Restaurant in *Mane*. Was vor ein paar Jahren noch ein *Bistro* gewesen wäre, heißt heute zeitgeistgemäß *Pizzeria*. Tatsächlich lodert an der Rückwand des fensterbreiten Raumes ein Holzfeuer im Steinbackofen. Man kann unter verschiedenen Belagmöglichkeiten wählen, von *Arménienne* (mit Hackfleisch und Paprika) bis *pêcheur* (mit Anchovis), letztere hätte früher, gut provenzalisch, *Pissaladière* geheißen. Sobald eine Pizza bestellt wird, faßt Michel Doerenkamp in die bauchige Teigschüssel, holt sich mit sicherem Griff die nötige Portion heraus, klatscht den elastischen Klumpen auf das mit Mehl bestäubte Arbeitsbrett, drückt ihn flach und wirft ihn schließlich virtuos über seinem gekrümmten Handrücken immer wieder so lange in die Luft, bis ein gleichmäßig dünner, runder Teigfladen entstanden ist. Der wird rasch mit den entsprechenden Zutaten belegt, auf der Backschaufel in den heißen Ofen geschoben – und fünf Minuten später steht die Pizza auf dem Tisch: knusprig, duftend, delikat! Auch alles andere, was man hier essen kann, ist so schlicht wie gut: Ein Vorspeisenteller mit Linsensalat und Rohkost, Beilage zum Kotelett in duftigen Teig gebackene Zucchinischeiben und zum Zitronenhähnchen *pommes frites*, die, versteht sich, von Hand geschnitten und nicht der Tiefkühlpackung entnommen sind. Man schmeckt, daß hier für die Mitbürger gekocht wird und nicht für jene durchreisenden Touristen, die alles essen, wenn es nur billig ist.

1
– PIZZA –

Die Provenzalen sind größere Pizza-Liebhaber als die Neapolitaner – es herrscht jedenfalls eine größere Kultur. Pizza muß aus dem Holzofen stammen, selbst wenn sie am Straßenrand aus den kleinen Lieferwagen heraus verkauft wird: Kaum zu glauben, aber drinnen ist ein Ofen eingebaut, in dem tatsächlich die Flammen lodern, und die Schamottesteine werden durch richtige Glut erhitzt. Vermutlich würde der deutsche TÜV so etwas niemals erlauben ... (siehe das Photo auf Seite 107) Die klassische provenzalische Pizza, die Pissaladière (siehe auch das Rezept Seite 103), hat natürlich inzwischen längst eine Annäherung an die italienische gefunden. Der Hefeteig wird nicht mehr nur mit Zwiebeln, Anchovis und Oliven belegt, sondern mit eingekochtem, frischem Tomatenpüree, Käse und Origano.

2
– ASSIETTE DE CRUDITÉS –
VORSPEISENTELLER

So einfach wie köstlich: ein bißchen Möhrenrohkost, einige rohe Blumenkohlröschen, etwas Salat von (selbstverständlich frisch gekochter) roter Bete und ein Häufchen Linsensalat. Zubereitet mit den wunderbaren kleinen braunen Linsen aus Le Puy, einer kargen Gegend in Zentralfrankreich. Weil in der Schale am meisten Aromastoffe stecken, schmecken diese stecknadelkopfgroßen Linsen viel intensiver, eben »linsiger« als die bei uns üblichen Tellerlinsen. Auch sind sie erheblich schneller gar. Man braucht sie nicht einzuweichen, und trotzdem kann man sie bereits nach 20 Minuten Kochzeit zum Salat verarbeiten. Zum Beispiel so mit einer Vinaigrette und in feine Ringe gehobelten Zwiebeln.

3
– CÔTELETTE DE PORC ET BEIGNETS DE COURGETTES –

SCHWEINEKOTELETT MIT GEBACKENEN ZUCCHINISCHEIBEN

Das Kotelett ist schlicht gebraten, die Zucchinischeiben dazu sind ganz besonders köstlich:

Für vier Personen:
110 g Mehl, 2 Eier, 1 Prise Salz,
4 EL Olivenöl, ca. ⅛ l Weißwein,
3–4 mittelgroße Zucchini,
Pfeffer, Öl zum Fritieren

Mehl, Eigelb, Salz, Öl und Weißwein miteinander glattquirlen. Eine halbe Stunde ruhen und quellen lassen. Erst dann das steifgeschlagene Eiweiß behutsam unterziehen.
Die Zucchini in Scheiben schneiden, salzen und pfeffern. Nacheinander durch den Ausbackteig ziehen und schwimmend im heißen Fett golden ausbacken. Auf Küchenpapier gründlich abtropfen und zum Schweinekotelett servieren.

4
– POULET AU CITRON –

ZITRONENHÄHNCHEN

Für vier Personen:
1 Poularde, 3 EL Olivenöl, Salz,
Pfeffer, 2 Knoblauchzehen,
2–3 unbehandelte Zitronen,
ca. ⅛ l Brühe, 1 Kräuterstrauß
(Thymian, Lorbeer, Petersilie)

Das Huhn in acht Portionsstücke schneiden. In einem flachen Schmortopf, der sie alle nebeneinander aufnehmen kann, im heißen Öl rundum schön knusprig anbraten. Salzen, pfeffern, den Knoblauch durch die Presse hinzudrücken.
Mit dem Saft einer Zitrone ablöschen, die andere Zitrone in Scheiben geschnitten rund um die Hähnchenteile legen. Brühe angießen und den Kräuterstrauß zufügen. Im 220 Grad heißen Ofen etwa 30 bis 60 Minuten schmoren – je nach Alter und Qualität des Hähnchens. Falls zuviel Flüssigkeit verkocht, den Topf mit einem Deckel verschließen. Dazu schmecken knusprige Pommes frites, die aus den richtigen, mehligen Kartoffeln geschnitten und perfekt zweimal fritiert eine Delikatesse sind!

Wirt und Pizzabäcker Michel Doerenkamp spricht trotz des flämisch-deutschen Namens ausschließlich französisch. Denn er ist in Paris geboren und aufgewachsen. Allerdings: Die Eltern stammen, wie er sagt, aus Aix-la-Chapelle, hierzulande als Aachen bekannt...

143

Ferienort Sault:
kleine Idylle am Fuße des großen Berges

Im Herbst, wenn die Nächte schon empfindlich kalt werden und ein eisiger Nordwind, der *Mistral,* über die Dächer fegt und durch die Gassen heult, die Sonne aber noch mit klarer Kraft Wärme in geschützte Winkel trägt, ist es in Sault am schönsten: Dann versiegt der Touristenstrom, und die Stadt gehört wieder den Einheimischen. Dann legt sich alle Hektik, es gibt keine drängelnden, eiligen Fremden mehr, die mit immer neuen Wünschen für Unruhe sorgen. Dann kehrt bescheidene Zufriedenheit ein, hat der Kaufmann wieder Zeit für ein Schwätzchen. Frau Bäckerin gibt den von gestern übriggebliebenen Kuchen gratis mit, Frau Metzgerin erklärt ausführlich die Vorzüge ihrer Würste, im Souvenirladen strickt eine junge Frau hinter der Eingangstür, im letzten Sonnenstrahl sitzend, an einem Pullover und rückt leise lächelnd zur Seite, wenn man ein Glas Lavendelhonig, ein mit Lavendelblüten gefülltes Kissen oder von den ebenso köstlichen wie gesunden Kräutertees kaufen will. Der Hersteller des *Nougat de Sault* allerdings ist seinerseits in Ferien.

Auf einer behäbigen Bank der idyllischen Terrassenanlage über den Schluchten der Nesque sitzt einsam, wie vergessen, in seinen Mantel gehüllt ein alter Mann, auf einer anderen küßt sich ein junges Liebespaar und hat keinen Blick für den *Mont Ventoux,* der sich majestätisch und gelassen ihnen gegenüber erhebt. Die untergehende Sonne taucht die Kirche in ihr warmes Licht und läßt den Stein noch goldener erscheinen, als er von Natur aus ist.

In den Bars treffen sich am Abend die Männer wie eh und je und trinken ihren *Pastis* oder ein Glas Wein. In der Dunkelheit draußen schwanken die Lichter im Sturm. Die alten Frauen verschwinden in der Kirche. Fenster werden mit Läden verrammelt, an denen der Mistral nervös, aber vergeblich rüttelt. Dafür treibt er in heftigen Stößen raschelnde Kastanienblätter vor sich her.

Bald wird der Winter kommen, nicht sehr gemütlich hier oben auf fast 800 Metern. Aber trotzdem: Auch in dieser Höhe wächst Wein, gibt's Mandeln, Thymian und vor allem den echten Lavendel, *Lavande,* nicht nur die billigere Hybride, den *Lavandin* (siehe Seite 84/85). Wenn der im Juli/August blüht, hier, wo die von Carpentras heraufführende Lavendelstraße erst eigentlich beginnt, ehe sie über Manosque, Gréoux, Moustiers-Ste-Marie, Castellane und Grasse `nach Nizza führt, dann kommen die Fremden wieder und können sich nicht satt sehen am leuchtenden Violett. Dann erfreuen sich die Bewohner der Ebene an der guten, frischen Luft hier oben. Dann wird Sault für zwei Monate zum Ferienort für Naturfreunde, sportliche Radfahrer und Wandersleute, verbringen Kinder ihre Ferien hier. Sault, Ausgangspunkt für die Fahrt auf den großen Berg, den *Mont Ventoux.*

144

Schinken und Würste: Von den in kleinen Bauernhöfen gezogenen Schweinen, die wie früher Eicheln und Kastanien zu fressen bekommen, eine leider seltene, kernigwürzige Delikatesse. Daneben: Granatäpfel und Rotwein vom Ventoux

Nougat von Sault: Wie der berühmtere von Montélimar eine süße Leckerei! Aus Zucker, Stärke, Honig und Eiweiß gekocht, mit Vanille oder Orangenwasser parfümiert, vermischt mit Mandeln oder Nüssen und kandierten Früchten

Wahrzeichen der Provence, Berg der

Er ist allgegenwärtig in der zentralen Provence, der *Mont Ventoux* – auch im Sommer weiß unter dem blauen Himmel schimmernd, eher wie ein Buckel denn als fast 2000 Meter hoher Berg wirkend. Eigentlich hat er nichts Spektakuläres an sich. Mit der Zeit gewinnt man jedoch ein eigenartiges Verhältnis zu ihm: Immer selbstverständlicher gehört er dazu; wenn Wolken ihn umhüllen, fehlt etwas.
Und: Je unberührter und unnahbarer er wirkt, desto mehr zieht er an. Man beginnt *Petrarca* zu verstehen, der ihn im April 1336 mit seinem Bruder als erster bestiegen haben soll.
Das freilich ist falsch: Seine teilweise sanft ansteigenden Flanken waren nie ein Hindernis für Hirten, Kräutersammler und schließlich Holzfäller. Petrarca selbst erzählt von einem Hirten, der ihm riet, umzukehren. Aus dessen Sicht verständlich: Was soll ein Hirte in einer Steinwüste? Denn nichts anderes ist der Gipfel – weiße, verwitternde Kalksteine, durch heftige Regenfälle und die Schneeschmelze von den feineren Teilen, Splittern und Sand befreit. Petrarca indes, vom Wissensdurst und Erfahrungsdrang des Renaissancemenschen getrieben, ließ sich nicht zur Umkehr bewegen. Und dann stand er, »durch einen ungewohnten Hauch der Luft und einen gänzlich freien Rundblick bewegt, einem Betäubten gleich.«
Jeder, der bei gutem Wetter auf den Gipfel des Ventoux kommt, erlebt das ebenso... Man überschaut tatsächlich die gesamte Provence, von den Meeralpen Nizzas bis in die Camargue, unmittelbar zu Füßen das Tal der Rhône,

146

Poeten und der Winde: »Mont Ventoux«

im Osten die gleißenden Gipfel der Alpen. Bei bester Sicht erkennt man sogar Korsika und die Pyrenäen.
Nur bei wirklich schönem Wetter also lohnt es sich – am eindrucksvollsten von Malaucène her – hinaufzufahren; die Abfahrt wiederum ist nach Süden hin, in die Sonnenwärme, das größere Erlebnis. Am besten morgens (der Sonnenaufgang soll besonders schön sein), noch ehe sich der übliche Dunst bildet. Der *Mistral* garantiert ein großartiges Erlebnis, kann aber so stark blasen, daß man buchstäblich keine Luft bekommt. *Mont Ventoux* – zu Recht trägt er seinen Namen: *Ventoso*, der Windige. Außerdem liegen die Temperaturen auf dem Gipfel um durchschnittlich 11 Grad unter denen am Fuße. Entsprechend unterschiedlich ist natürlich die Vegetation, die aus dem mediterranen Raum bis in polare Klimazonen reicht. Man kann leuchtendgrüne Buchen- und bizarre Zedern-, silbrige Weißtannen- und fast schwarze Latschenwälder bewundern – allerdings mußte man diese ab 1860 unter größten Mühen wieder neu anlegen, nachdem man jahrhundertelang den Berg kahlgeschlagen hatte, um in Toulon Schiffe für die Flotte zu bauen. Auf dem Gipfel, wie könnte es anders sein, hat sich das Militär installiert. Im Winter herrscht reger Skibetrieb, es gibt massenweise Schnee – oft ist die Nordauffahrt bis in den Mai verweht.
Petrarca schrieb nach dem Abstieg seine Eindrücke nieder – es war dies die Geburtsstunde des Alpinismus: Zum ersten Mal war ein Berg nur des Erlebnisses wegen bezwungen worden.

Beschaulichkeit:
Römische Ruinen und bäuerlicher Alltag

An weltberühmten Städten und Badeorten, Kultur- und Naturdenkmälern mangelt es der Provence ja nun wirklich nicht – viele Besucher aber, wir selbst zählen uns dazu, lieben mehr noch die Harmonie der Bescheidenheit in den unbekannten Dörfern, den vielen kleinen, wenig gerühmten Orten: Von der stillen Idylle eines einsamen Kirchleins bis zur majestätischen Erhabenheit eines Kastanienbaums, von der kühn geschwungenen römischen Straßenbrücke bis zum bescheidenen Bauernhaus, von den verwaschenen Häuserwänden eines blauschimmernden Fischerortes bis zu den hellsandigen, platanenschattigen Bouleplätzen, von den düsteren Pflastergassen der Bergdörfer bis zu den munter plätschernden Brunnen der Kleinstädte, von der Betriebsamkeit der Märkte bis zur Einsamkeit der Wälder.

Städte, Dörfer, Schlösser, Burgen, Kirchen, Klöster, Höfe, Häuser, Straßen, Alleen, Brücken, Weinberge, Felder, Wälder: Niemals zufällig, immer unprätentiös, zeugend von jahrtausendelangem Leben und Wirken in ständigem Auf und Ab, vom ewigen Ringen mit der Natur. Berichtend von Herrschern und Gestürzten, von Machtkämpfen und Religionskriegen, Zerstörungen und Notzeiten, der Mühsal der Menschen. Erzählend aber auch von Frieden und Wohlstand, von der Umgestaltung und Wiederbelebung des Untergegangenen, vom Lernen mit und aus der Geschichte.

Die alte Provence hält unserer modernen Gesellschaft mit ihren undifferenzierten Lösungen und einer weltumspannenden Philosophie der Funktionalität ein wunderbares Beispiel lebendiger, zwingend schöner, eben einmaliger, aus der Landschaft und ihrer Geschichte entwickelter Strukturen vor – deshalb lieben wir sie so! Alles wirkt selbstverständlich, scheint genau so und nicht anders sein zu müssen, zeigt stets, sei es in gradliniger oder in sich verschlungener Schlichtheit, seine eigene Wahrheit. Sie trägt nichts zur Schau und stellt nichts anderes dar, als sie tatsächlich ist ...

Erde und Licht der Provence leisteten Lügen niemals Vorschub: Das Leben der Bauern war hart, mistraldurchbrauste Winternächte und sonnendurchglühte Sommertage bauen keine Brücken versöhnlicher Freundlichkeit. *Jean Giono* hat das in vielen Romanen kraftvoll beschrieben. Der Schriftsteller der östlichen Provence – 1895 in Manosque geboren, 1970 gestorben – sieht weniger das Pittoreske als das Wehrhafte: »Die Dächer um die Kirchen herum sind ineinander verzahnt wie die Platten einer Rüstung.«

Andererseits erzählt er in seiner geradezu mythischen Geschichte »Der Mann mit den Bäumen« vom unermüdlichen Wirken des Hirten *Elzêard Bouffier*, der in jahrzehntelanger Arbeit, einsam und allein, riesige Wälder aus Eichen und Buchen, Ahorn und Tannen anpflanzte und damit einer ganzen Region eine neue Zukunft gab, weil die Wälder Regen und Schnee anzogen, Wasser speicherten und die Quellen wieder sprudelten, die Menschen in die einst verlassenen Dörfer zurückkehrten und ein neues Leben in Glück und Wohlhabenheit beginnen konnten. Zwei Weltkriege überwand der unerschütterliche Mann in selbstloser Arbeit, und sein Werk verhieß Hoffnung. Die trog, wie Giono kurz vor seinem Tod in einem Brief eingestand: »Seit jener Zeit ist alles verändert und über den Haufen geworfen worden, um Silos für Atombomben, Schießplätze und mehrere Komplexe von Ölreservoirs anzulegen.«

Das moderne Frankreich, das bis vor kurzem wenig Sinn für die Schönheit einer unberührten Landschaft und Ehrfurcht vor der Natur zeigte, hat allenthalben seine Spuren in das Land gegraben: Die vielen Kernkraftwerke an Rhône und Durance stören die Bewohner kaum, die ihre Abfälle ungerührt der picknickgeeigneten Umwelt überlassen. Und die so ruhig und unberührt wirkende Landschaft auf dem Umschlag dieses Buches breitet sich auf dem *Plateau de Vaucluse* aus, in unmittelbarer Nachbarschaft eines militärischen Sperrbezirks ...

Ein hübsches kleines Bauernhaus und malerische Vogelscheuchen; eine Bäckerei, die nur an drei Tagen der Woche, dann aber im Holzofen gebackenes Brot anbietet; wilde Holzäpfelchen und gewaltige Kastanienbäume für honigsüßes Maronenpüree: das einsame, menschenleere Bergland zwischen Montagne de Lure und dem Lubéron

Plauderei zwischen den Zeugen römischer Vergangenheit in Vaison-la-Romaine am Nordhang des Mont Ventoux: Die christliche Kirche gründet auf heidnischen Tempelsteinen, die Römerbrücke dient auch heute noch dem Verkehr, Sarkophage wo man hinschaut. In Grignan das Schloß der Madame de Sévigné

149

Schwarze Oliven von Nyons

Es begann, wie so vieles in der Provence, mit den alten Griechen: Bereits vor 2500 Jahren brachten sie den Ölbaum ins Land – und er gedieh prächtig. Fast überall in der Provence pflegt man auch heute noch für den persönlichen Bedarf Olivenbäume, gewerblichen Anbau gibt es indes recht wenig: besonders im Hinterland von Nizza, zwischen Maussane (siehe Seite 214) und Marseille, an der Durance bei Manosque sowie in der Region von Nyons. In der gemütlichen, wie verträumt vor sich hindämmernden Stadt erzeugt man fruchtiges Öl, vor allem aber aromatische Speiseoliven.

Es ist mit den Oliven wie mit anderen Früchten auch – am besten schmecken sie, wenn sie an der Grenze ihrer Vegetationsmöglichkeiten gedeihen: Nyons/Valréas ist eines der nördlichsten Olivenanbaugebiete Europas (nur am Gardasee wachsen noch weiter nördlich Oliven). Das durch eine Bergkette gut gegen Winterfröste und kalte Nordwinde geschützte Becken, durchlässige Böden, starke Schwankungen zwischen Tages- und Nachttemperaturen und die aufmerksame, niemals ermüdende Pflege der Bäume garantieren die besondere Qualität der hiesigen Produkte. Ein Olivenbaum kann über 1000 Jahre alt werden, wenn Fröste ihn verschonen, man jedes Jahr den Boden um die Wurzeln herum lockert und seine Krone lichtet. Trotzdem tragen die Bäume mit den silbrigen Blättern nur alle zwei Jahre Früchte, die, will man beste Qualität, von Hand gepflückt werden müssen. Leider tun das viel zuwenig Bauern in der Provence, so daß die Öle oft nicht von der wünschenswerten Finesse sind, sondern neben den fruchtigen auch den Geschmack beeinträchtigende Säuren enthalten. Auch muß man die Früchte sorgfältig lagern und pressen: Nur so bekommt man ein *huile d'olive vierge extra* allerbester Qualität! Und auf dieses fruchtig-flüssige Gold will kein Feinschmecker verzichten: Es bringt die Sonne der Provence in unsere Speisen...

151

Pont du Gard: Ein Denkmal für das Wasser

Wasser war und ist das Lebenselixier der Provence. Hunderte von Ortsnamen weisen auf die Bedeutung von Quellen, von Wasser hin: Die Beinamen und Silben *fontaine* und *font* bzw. *aigues/aygues/eygues* und *aix*, vom römischen *aqua* abgeleitet, sprechen für sich. Wo nicht genügend Wasser vorhanden war, mußte es eben mit mehr oder weniger Mühe hingeleitet werden (siehe auch Seite 76/77).
Vom größten und faszinierendsten Unternehmen dieser Art zeugt der *Pont du Gard* – keine Brücke, wie der Name sagt, sondern ein Aquädukt. Als Kernstück einer fast 50 Kilometer langen Wasserleitung im zweiten Jahrzehnt vor Christus von den Römern errichtet, steht er wie gestern gebaut! Die gute Erhaltung, mehr noch die perfekte Anlage fasziniert: Der Eleganz, dem außerordentlichen Zusammenwirken von Harmonie und Kühnheit dieses reinen Zweckbaus kann sich wohl niemand entziehen.

Bilder unten: Uzès *mit verwinkelten Gassen, schöner Kathedrale und ansehnlichen Bauten. Außerdem die Kolonnaden von Schloß* Castille *bei Argilliers*

Als die Veteranen des Ägyptenfeldzuges in *Nemausus*, dem heutigen Nîmes, angesiedelt wurden, reichte die dortige Quelle nicht mehr aus. So faßte man den Plan, die Quelle der *Eure* bei *Uzès* abzuleiten – Luftlinie 20 Kilometer entfernt. Aber die Ausläufer der Cevennen liegen mit ihren Bergrücken dazwischen, mußten umgangen werden. Wie die Römer den richtigen Weg fanden und das Gefälle ausmaßen, wissen wir nicht – jedenfalls eine unglaubliche Leistung: Auf einen Kilometer fällt die Leitung, die als Stollen durch Berge getrieben wur-

de, als gedeckte Rinne die Flanken entlangführt und mit mehreren Aquädukten Einschnitte und Täler überbrückt, lediglich um 34 Zentimeter. Inzwischen hat man sogar herausgefunden, daß die geraden Strecken etwas mehr, die kurvigen weniger stark fallen: Damit wurde die Fließgeschwindigkeit herabgesetzt, um den Druck des Wassers auf die Wände der Leitung zu mindern.

20 000 Kubikmeter Wasser sind täglich nach Nîmes geflossen, das um die Zeitenwende mit 50 000, später sogar 200 000 Einwohnern eine der größten Städte des Römischen Reiches war. Um den Geschmack und die Reinheit des Wassers zu erhalten, war die Leitung mit Steinen gedeckt – es kam sozusagen quellfrisch in Nîmes an.

Um 400 nach Christus hörte die Wartung auf, wahrscheinlich floß das Wasser aber noch bis in karolingische Zeit. Allerdings hatte sich so viel Kalk an den Wänden abgelagert – man sieht das genau! –, daß nur noch 15 Prozent der ursprünglichen Menge Durchlaß fand. Die Leitung zerfiel weiter – das unreinliche Mittelalter kam mit wenig Wasser aus, die bekannten Epidemien breiteten sich aus.

Welch ästhetisches Ereignis: In drei Etagen verbindet der in der Mitte 49 Meter hohe, oben 275 Meter lange *Pont du Gard* die Talkanten. Die mittleren, den Fluß selbst überbrückenden Bögen der unteren und der zweiten Etage sind weiter geschwungen als die seitlichen – sie entsprechen nicht nur drei, sondern vier Bögen der obersten Etage: Das gibt dem Bauwerk seine ungeheure Spannung.

Steht man oben, kann man erkennen, daß sich das Aquädukt gegen Westen, talaufwärts, leicht wölbt: um die Gewalt der Winde aufzufangen. Die mörtellos gefügten Quader, die bis zu sechs Tonnen wiegen, wurden über Flaschenzüge und Hohlrollen, in denen Sklaven liefen, an Ort und Stelle gehievt. Die herausstehenden Steine trugen das Baugerüst.

Im 19. Jahrhundert, als der Wasserbedarf von Nîmes stieg, versuchte man, die Leitung wieder in Betrieb zu nehmen. Es erwies sich aber als zu aufwendig, und man bohrte lieber einen Brunnen: Heute bekommt Nîmes kein klares Gebirgswasser, sondern das gefilterte Grundwasser der Rhône.

153

Zwischen Provence und Spanien: Nîmes

Die Römer gründeten Nîmes nicht; sie funktionierten die keltische Siedlung bei einer dem Gott *Nemausus* geweihten Quelle einfach um. Nîmes wurde vor Arles und Orange die bedeutendste Stadt der Provinz, mit einem an eine Palme geketteten Krokodil als Wappen – Stadt der Legionäre des Octavian im Ägyptenfeldzug gegen Marc Antonius und Kleopatra.

Mit dem Fall des Römischen Reiches verlor Nîmes seinen Rang. Die Westgoten versuchten, die Stadt zum Arianismus (der Christus nicht als Sohn Gottes anerkennt) zu bekehren und schlossen die Kirchen – damit begann eine Jahrhunderte dauernde Verstrickung in Religionskriege. Nîmes verarmte, schrumpfte: Eine mittelalterliche Stadtmauer umschloß nur noch ein Viertel des römischen Stadtkerns.

Im Besitz der Grafen von Toulouse, entwickelte es sich weg von der Provence, dem Westen zu. Von dort, aus Albi, kamen die asketischen Vorstellungen der katharischen Albigenser, die in einem Kreuzzug brutal niedergeschlagen wurden: Nîmes kam 1229 an die französische Krone; 1389 wurden die Juden vertrieben, die seit dem 7. Jahrhundert in Handel und Wissenschaft eine hervorragende Rolle spielten; schließlich schloß man sich den Hugenotten an und erlitt die Religionskriege des 16. Jahrhunderts, deren Nachwirren bis zur Französischen Revolution dauerten. Zwischendurch brachten Herstellung und Handel mit Seide sowie Strumpfwirkerei aller-

dings auch einigen Wohlstand. Im 18. Jahrhundert florierte Nîmes wieder: Baumwollstoffe mit Blumenmustern und Vögeln in leuchtenden Farben, nach ostindischem Vorbild hergestellt und daher *Indiennes* genannt, fanden reißend Absatz. Aus einem blauen Stoff, dem *bleu de Nîmes*, soll sich das Wort »blue-jeans« ableiten. Nach abermaliger Pause ist die Stadt seit 1960 erneut erwacht, entwickelte sich zu einem Zentrum für Handel, Forschung und Industrie. Der Stadtkern wurde saniert, die schönen Palais renoviert, große zeitgenössische Architekten für Prestige-Bauten gewonnen. Nach einem Dornröschenschlaf macht sich Nîmes auf, Größe und Bedeutung wie zu Römerzeiten zurückzuerobern. Die römische Vergangenheit: Das *Maison Carré*, das »viereckige Haus«, zeigt eindrucksvoll die römische Tempelarchitektur; das Amphitheater, *les Arènes*, ist von den 70 bekannten am besten erhalten, so daß man sich ein genaues Bild von der erstaunlichen Baukunst der Römer machen kann – die Funktionalität der Auf- und Abgänge ist der heutiger Stadien eindeutig überlegen. Hier war es auch möglich, die Konstruktion des schattenspendenden *Velum*, des Sonnensegels über der Arena, zu begreifen. Im Sommer, vor allem aber in der *Feria des vendanges*, zur Weinlese im September, ist die Arena Schauplatz von *Corridas*, von Stierkämpfen spanischer Art, bei denen der Stier, anders als im mehr spielerischen provenzalischen Stierkampf, getötet wird – *mise à mort*. Plötzlich ist man nicht mehr in der Provence, sondern in Spanien: glutäugige Mädchen kokettieren hinter Fächern, Halstücher werden zu Mantillas, und brausendes »Olé« erfüllt die Arena mit Leidenschaft ...

Während der Feria des Vendanges vergißt Nîmes seine römische Zurückhaltung und seine provenzalische Gemütlichkeit, lebt in katalanisch-occitanischer Leidenschaft auf. Dumpfe Pauken und schrille Trompeten, rauhe Gesänge, Marktschrei und Pferdegetrappel. Überall gibt es Paella, man trinkt Champagner oder spanischen Cava, abends gibt's in den zu Bodegas umfunktionierten Garagen spanische Tapas, Sherry und alles tanzt wie wild Flamenco...

1
– PAËLLA –
REISPFANNE

Was hat die spanische Paëlla in einem provenzalischen Buch zu suchen? Genausoviel wie der Stierkampf! Die katalanischen Einflüsse, denen in Nîmes das Fest zur großen *Corrida* im Herbst zu verdanken ist, haben auch das entsprechende Nationalgericht mitgebracht. Am dritten Wochenende im September wird gefeiert und den ganzen Tag lang auf der Straße in gewaltigen Pfannen Paëlla gekocht. Unterschied zum spanischen Vorbild: Statt des dort üblichen Rundkornnimmt man einen Langkornreis.

Für sechs bis acht Personen:
1 Brathähnchen, 4 EL Olivenöl,
2 Zwiebeln, 3 Knoblauchzehen,
Salz, Pfeffer,
400 g Reis, 2 Döschen Safran,
3 reife Fleischtomaten,
ca. 1 l Fleisch- oder Gemüsebrühe,
3 rote Paprikaschoten,
300 g Erbsen (tiefgekühlt),
12 mittelgroße rohe Garnelen

Das Hähnchen in zwölf Portionsstücke schneiden. Im heißen Öl in einer großen Pfanne rundum anbraten. Die feingehackten Zwiebeln und Knoblauchzehen zufügen. Salzen und pfeffern. Schließlich den Reis sowie den Safran hineinstreuen, alles gut mischen, bis alles gelb leuchtet.
Die gehäuteten und entkernten Tomatenachtel zufügen und mit Brühe ablöschen. Zunächst nur soviel, bis alles knapp bedeckt ist. Auf starkem Feuer brodelnd kochen, nach und nach die restliche Brühe angießen.
Die gewürfelten Paprika und die Erbsen erst zehn Minuten, bevor der Reis gar ist, unterrühren. Die Garnelen zum Schluß obenauf legen, sie garen durch die aufsteigende Hitze besonders schonend – wie man auf dem Bild (1) ganz deutlich sehen kann: an den rosa Stellen erkennt man, welche Garnelen bereits gar sind.

2
– BRANDADE –
STOCKFISCHPÜREE

Wie alle »einfachen« Genüsse gehört auch die Brandade zum Schwierigsten in der provenzalischen Küche. Das ist sicher auch der Grund, warum man dieses cremige, sahnige, würzige Püree kaum mehr angeboten bekommt. Kompliziert ist die Brandade, weil der gewässerte Stockfisch mit Olivenöl und Milch eine innige Verbindung eingehen muß, das heißt, er darf, wie das Eigelb bei der Sauce Hollandaise, nie zu heiß werden, sonst wird er nämlich strohig und trocken und kann keine Emulsion mehr bilden. Eine zerdrückte, frisch gekochte Kartoffel hilft die Bindung zu festigen. Man ißt die Brandade pur, mit geröstetem Brot, oder auch als Füllung in Vol-au-vents, kleinen Blätterteigpastetchen.

Für vier Personen:
1 kg küchenfertiger Stockfisch
(siehe Seite 42), ¼ l Milch,
ca. ⅜ l Olivenöl, Zitronensaft,
Muskat, Pfeffer, Salz, Knoblauch

Den Stockfisch sorgfältig häuten und entgräten, in streichholzschachtelgroße Stücke schneiden. Mit reichlich frischem Wasser bedeckt wiederholt aufwallen, niemals jedoch ins Kochen geraten lassen, sondern sofort mit einem guten Schuß kalten Wassers abkühlen. Schließlich abgießen, mit der Milch bedecken und ebenfalls erhitzen. Kurz vor dem Siedepunkt abgießen, die Milch jedoch auffangen.
Den Stockfisch in einem Topf, der fingerhoch mit heißem Öl gefüllt ist, auf mildem Feuer oder im Wasserbad sanft rührend zerpflücken. Nach und nach, weiterhin rührend, das restliche heiße Öl abwechselnd mit der heißen Milch in das Püree einarbeiten, das zum Schluß wie ein Kartoffelpüree wirken muß. Mit Zitronensaft, Muskat, Pfeffer und eventuell Salz abschmecken. Wer mag, drückt noch eine Knoblauchzehe hinein.

An der einstigen Nemausus-Quelle *hat man im 18. Jh. den barocken, immer kühlen* Jardin de la Fontaine *mit Teichen und Balustraden angelegt. Darin, verwunschen, die Ruine eines römischen Nymphäums...*

In einem blühenden Park: »Restaurant Alexandre«

Man kann ihn schon verstehen, den Lothringer Michel Kayser, daß er lieber hier, im sonnigen Süden, lebt und arbeitet, als im Norden, wo die meiste Zeit des Jahres der Himmel grau verhangen ist. Nach seinen Lehrjahren daheim hatte er in guten Häusern gearbeitet, darunter in Straßburgs pittoreskem »Maison Kammerzell«. Er war schließlich mehr oder weniger zufällig nach *Garons* geraten, einem kleinen Ort nicht weit von Nîmes, wo er im renommierten, sterngeschmückten »Restaurant Alexandre« alsbald sogar zum Geschäftsführer aufstieg. Nach kurzer Zeit indes mußte der junge Mann nach Hause: Der Vater war gestorben, die Mutter brauchte seine Nähe. Und als er sich vier Jahre später wieder gen Süden aufmachte, erlaubte eine kleine Erbschaft den Gedanken, sich selbständig zu machen. Da traf es sich günstig, daß sich sein früherer Arbeitgeber seinerseits zu verändern suchte. Michel Kayser kehrte also in dasselbe Haus zurück, jetzt allerdings nicht mehr als Angestellter, sondern als der Pächter. Zusammen mit seiner Frau machte er sich mit Fleiß und Freude den Betrieb so nach und nach zu eigen. Und schon

1
– MOUSSE AUX TOMATES –
TOMATENSCHAUM

Bei »Alexandre« serviert man diesen Tomatenschaum auf einem großen Teller, der mit einem Krokodil aus *Tapenade*, einer würzigen Olivencreme (siehe Seite 98 oder 230), dekoriert ist.

Für vier bis sechs Personen:
1 kg reife Tomaten, 2 Zwiebeln,
5 Knoblauchzehen, 3 EL Olivenöl,
1 Bund Basilikum, Salz, Pfeffer,
4 Blatt Gelatine, 200 g Sahne

Die Tomaten grob zerkleinern, mit gehackten Zwiebeln und Knoblauch im heißen Öl andünsten. Die Basilikumzweige zufügen, salzen und pfeffern. Etwa eine Stunde leise köcheln, bevor alles gemixt und zusätzlich durch ein Sieb gestrichen wird. Vom Püree einen halben Liter abmessen. Solange es noch heiß ist, die eingeweichte Gelatine darin auflösen. So lange kalt stellen, bis die Masse eben zu gelieren beginnt. Die steifgeschlagene Sahne unterziehen. Im Kühlschrank endgültig fest werden lassen. Zum Servieren mit einem in heißes Wasser getauchten Löffel Nocken abstechen und mit einem Klecks frischem Tomatenpüree (siehe Seite 112) anrichten.

2
– TERRINE DE TÊTE DE VEAU –
KALBSKOPF-TERRINE

Für acht bis zehn Personen:
½ Kalbskopf, 300 g Möhren,
1 Lauchstange, ¼ Sellerieknolle,
2 Zwiebeln, 2 Knoblauchzehen,
½ l Weißwein, je 1 EL Pfeffer-
und Pimentkörner, Salz

Den Kalbskopf mit den geschälten, unzerteilten Möhren, den grobgehackten anderen Gemüsen mit Wein und Gewürzen in einem nicht zu großen Topf aufsetzen. Mit Wasser knapp bedecken. Aufkochen und zugedeckt etwa zwei bis drei Stunden gar ziehen lassen. Die Möhren bereits nach einer guten halben Stunde herausfischen und mit Brühe bedeckt beiseite stellen. Den Kalbskopf schließlich in schöne Würfel schneiden, alles, was weniger appetitlich aussieht, zurück in den Suppentopf füllen und mindestens eine weitere Stunde lang auskochen, wobei Flüssigkeit verdampfen soll. Kalbskopf und Möhren in eine Terrinenform schichten (wenn man sie zuvor mit Klarsichtfolie auslegt, läßt sich das Gelee später leichter aus der Form lösen). Die inzwischen um die Hälfte reduzierte und konzentrierte Brühe nach Belieben klären, in jedem Fall aber durch ein Sieb filtern, kräftig abschmecken und darübergießen. Im Kühlschrank erstarren lassen. Zum Servieren in Scheiben schneiden, mit einem kleinen Salat und einer Kräutervinaigrette anrichten.

3
– SOUPE DE ROCHE –
SUPPE AUS FELSENFISCHEN

Im Prinzip nichts anderes als die Fischsuppe von Madame Nanou (Seite 174), hier allerdings in der feineren Restaurantversion: Die passierte Suppe wird mit Aïoli aufgemixt, bis sie duftig und schaumig ist; getrennt dazu werden gebratene Fischfilets serviert; statt altbackener reicht man geröstete Baguettescheiben; und die Aïoli ist mit Safran gelb gefärbt.

bald hatte er den – wie bei Führungswechsel üblich – vom Michelin zunächst einbehaltenen Stern wieder zurückerobert. Um den Service kümmert sich Ehefrau Monique, die aus dem *Vercors* stammt, einem Gebiet östlich von Valence, in der Nähe von *St. Marcellin*, woher der köstliche Käse gleichen Namens kommt, der hier, versteht sich, in perfekter Qualität auf der Käseplatte liegt.

Das Haus, ein niedriges, als klassisches provenzalisches Landhaus angelegtes Gebäude, liegt zwar unmittelbar neben dem nicht arg verkehrsreichen Flughafen, aber inmitten eines so hübsch und üppig blühenden Gartens, daß man sich weit weg, in einer beschaulichen Landschaft, fühlt. Dazu trägt auch der sonnendurchflutete Anbau bei, in dem es sich gerade an mistraldurchtosten Tagen geschützt und licht, wie in einem Wintergarten sitzt.

Längst fühlen sich die Kaysers mit ihren beiden Kindern hier heimisch und wollen nicht mehr weg. Zumal der Erfolg nicht nur Klientel aus der Umgebung, sondern auch immer mehr Etappenreisende bringt, die auf dem Weg zu ihrem Urlaubsziel in Spanien hier gern Station machen. Überhaupt empfinden beide Nîmes als junge, sich stürmisch entwickelnde Stadt, in der zunehmend auch die gastronomische Szene interessanter wird. Das macht sich vor allem für den Einkauf günstig bemerkbar: Markt und Großmarkt von Nîmes liefern endlich, anders als früher, ein Angebot, das großstädtischer Qualität entspricht.

Außerdem hat sich Michel Kayser einer Vereinigung junger Köche angeschlossen, die über ganz Frankreich verstreut, mittlerweile mehr als 130 Mitglieder umfaßt. Die *Jeunes Restaurateurs de France*, ursprünglich als PR-Maßnahme einer Spirituosenfirma ins Leben gerufen, verstehen sich längst als eine Art unabhängiger Organisation mit Anspruch, die vor die Aufnahme hohe Standards setzt.

159

1
– FILETS DE POISSONS À LA MARINIÈRE –
GEBRATENE FISCHFILETS

Für vier Personen:
insgesamt ca. 600 g sorgfältig ausgelöste Fischfilets – jeweils mit ihrer Haut (zum Beispiel: Rotbarbe/ Rouget, Steinbutt, Seewolf/Loup de mer), 4 schöne Jakobsmuscheln, Mehl zum Wenden, Salz, Pfeffer, 3 EL Olivenöl
Weißweinsauce:
2 Schalotten, 100 g Butter, ¼ l Weißwein, ¼ l Fischfond, ⅛ l Sahne, Salz, Pfeffer, Zitronensaft, Kerbel

Zunächst die Sauce zubereiten: Dafür die feingewürfelten Schalotten in zwei Eßlöffeln Butter andünsten. Wein und Fond angießen und rasch um die Hälfte einkochen. Sahne zufügen und erneut um die Hälfte reduzieren. Mit einem Mixstab flöckchenweise die eiskalte Butter einarbeiten. Die cremige Sauce mit Salz, Pfeffer und Zitronensaft abschmecken.
Die Fischfilets auf der Hautseite, die Jakobsmuscheln auf beiden Seiten mit Mehl bepudern, überall salzen und pfeffern. Mit der Hautseite nach unten im heißen Olivenöl sehr heiß braten. Nur sekundenlang umdrehen, weil sonst das empfindliche Fischfleisch nicht saftig genug bleibt. Die Jakobsmuscheln und ihren Corail (der orangefarbene Rogen) beidseitig kurz anbraten. Auf Tellern anrichten, mit der aufgemixten Sauce übergießen und mit Kerbel bestreuen.
Michel Kayser serviert noch kleine, mit Petersilie und Käse gefüllte Ravioli dazu, die wunderbar zur cremigen Weißweinsauce passen.

2
– EFFILOCHÉ D'ONGLET –
KRONFLEISCH IN DÜNNEN SCHEIBEN

Außerhalb Bayerns wird man dieses Stück Rindfleisch nicht kennen. Es ist das Zwerchfell, ein wunderbares, grobfaseriges, sehr kernig und wohlschmeckendes Stück Fleisch, das man im Süden unseres Landes gern gesotten zur ersten Brotzeit, das heißt zum zweiten Frühstück nimmt. Auch in Frankreich ein Stück für Kenner und Liebhaber, das, nur kurz wie ein Steak gebraten, natürlich schön blutig bleiben soll. Dazu serviert Michel Kayser eine säuerliche Rotweinsauce.

Für vier Personen:
800 g Kronfleisch, 4 EL Olivenöl, Salz, Pfeffer, 1 Zwiebel, 1 Stück Sellerieknolle, 1 Möhre, 1 Tomate, 2 Anchovis, ¼ l Rotwein, ¼ l Kalbsfond, Salz, Pfeffer, 2 EL Kapern, 50 g Butter, 2 EL Pinienkerne

Das Fleisch in einer tiefen Pfanne oder Sauteuse in etwas Olivenöl auf beiden Seiten scharf anbraten, in Alufolie wickeln und zum Nachziehen warm stellen. In der Pfanne das restliche Öl erhitzen, feingehackte Zwiebeln, Sellerie und Möhren darin andünsten, grobgehackte Tomate und Anchovis zufügen. Mit Wein und Kalbsfond ablöschen. Um die Hälfte einkochen, mixen und durch ein Sieb streichen. Mit Salz und Pfeffer würzen, Kapern und Pinienkerne einrühren und stückchenweise die eiskalte Butter unterschlagen.
Das Kronfleisch in Scheiben schneiden, auf Tellern anrichten und mit der heißen Sauce übergießen.

Der Wagen mit der Käseplatte ist wirklich eindrucksvoll. Aber das verwundert nicht, wenn man weiß, daß Monique Kayser aus einer Käsegegend stammt. In den weißen Förmchen befinden sich faisselles, ganz junger Frischkäse, aus Rohmilch selbstverständlich, der wie die Förmchen heißt, durch deren Löcher er abtropfen muß, bevor man ihn verspeist. Man ißt ihn entweder süß, mit Zucker und mit Früchten oder mit grob geschrotetem Pfeffer und Kümmel gewürzt; dazu dicke Crème fraîche.

3
– GÂTEAU À LA MOUSSE AU CHOCOLAT –
SCHOKOLADENTORTE

Tatsächlich ist diese Torte nichts anderes als eine Mousse au chocolat auf Schokoladenbiskuit – dazwischen sitzen außerdem frische Himbeeren. Man kann also die Mousse auch ohne Boden als Creme servieren.
Das Rezept für Schokoladenbiskuit steht auf Seite 122, hier nur noch eine Variante zur Mousse au chocolat:

Für sechs bis acht Personen:
(einen Schokoboden von 24 cm Ø) 4 Eigelb, 4 EL Zucker, 200 g Bitter-Kuvertüre (Schokolade mit hohem Kakaobutteranteil), 200 g Sahne

Eigelb mit Zucker dick und hell schlagen. Die Schokolade behutsam schmelzen (am besten in der Mikrowelle) und untermischen. Abkühlen lassen, bevor die steifgeschlagene Sahne untergezogen wird. In eine Schüssel füllen und als Creme servieren oder auf den vorgebackenen Biskuitboden, der mit Himbeergeist getränkt und dicht mit frischen oder tiefgekühlten Himbeeren besetzt ist, verteilen. Wie auf dem Photo dekorieren.

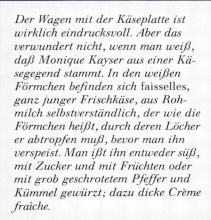

Einer, der Gemüse über alles liebt

Auberginen hängen lilaglänzend im satten Grün. Paprikaschoten leuchten rot herüber. Aber ihre gesunde Farbe trügt. Louis Roure betrachtet unzufrieden sein Gemüsefeld bei *St-Quentin-la-Poterie*, unterhalb von *Uzès*. Ein Virus hat das ganze Feld erwischt, der eine Krankheit ausgelöst hat, die trotz gesunder Farbe die Früchte innen faulen läßt. »Gottlob« sagt er, »muß ich nicht mehr davon leben.« Seit er Pension bezieht, bestellt er den Gemüseacker nur noch zum Vergnügen. Weil es ihm Freude macht, und er gern Gemüse ißt. Was er erzielt, verschenkt er, an Freunde, Nachbarn, die Familie und an uns.
»Unreife Paprika sind grün«, erklärt uns Monsieur Roure, »mit zunehmender Reife erst färben sie sich rot. Die grünen ißt man besser im Salat; ich schmore sie nie als Gemüse, weil sich ihre Haut auch dann nur schwer löst. Rote Paprika lassen sich dagegen mühelos schälen, sobald man sie im heißen Ofen oder über einer Flamme geröstet hat. Gelbe Paprika übrigens auch, aber diese Sorte gedeiht hier nicht«. Monsieur Roure hält uns ein richtiges *Privatissimum*. Er häuft uns Auberginen in die aufgehaltenen Hände. Welch ein Gemüse! »Sie gehört natürlich in unser Lieblingsessen, in die *Ratatouille*. Aber wissen Sie, wie ich's am besten finde? Als *Caviar*!« Auberginenkaviar hat natürlich nichts mit dem teuren Rogen zu tun. Und sogleich folgt das Rezept: »Zuerst die ganzen Früchte im Ofen backen, das Fleisch aus der Schale schaben und nun mit reichlich zerdrücktem Knoblauch und Olivenöl im Mörser zu einer dicken Paste zerkleinern. Man kann natürlich auch den Mixer nehmen, Schalotten oder Zwiebeln mitmixen, Basilikumblätter zufügen, gehacktes Tomatenfleisch, natürlich mit Zitronensaft, Salz und Pfeffer würzen. Wegen der Samenkernchen übrigens der Name. Man ißt die Creme auf geröstetem Baguette, mit frischen Nudeln, als Gemüsedip.... Darauf habe ich jetzt richtig Lust!«

1
– LA RATATOUILLE –
PROVENZALISCHE GEMÜSEPFANNE

Ob dieses Gericht eine kulinarische Offenbarung oder eher ein unansehnlicher Mischmasch ist, hängt davon ab, wie exakt die Gemüse in Würfel geschnitten wurden und davon, wie geduldig man sie gebraten hat. Wichtig ist nämlich, daß alle Gemüse zunächst richtig angeröstet werden, bevor sie miteinander schmoren dürfen. Dabei beginnt man mit den Auberginen, weil sie erheblich länger zum Garwerden brauchen als jedes andere Gemüse. Ratatouille kann eine Beilage sein (wie auf dem Photo zum gebratenen, gepökelten Schweinebauch mit einem Spiegelei) oder ein eigenständiges Gericht. Sie schmeckt warm und kalt gleichermaßen gut.

Für sechs Personen:
2 mittelgroße Auberginen,
4 EL Olivenöl, 2 große Zwiebeln,
2 Zucchini, je 1 mittelgroße rote,
gelbe und grüne Paprikaschote,
3 Fleischtomaten, Salz, Pfeffer,
4–6 Knoblauchzehen,
Basilikumstengel

Auberginen in knapp zweizentimetergroße Würfel schneiden. Im heißen Öl in einer großen Pfanne anbraten. Dabei ständig umwenden, damit alle Würfelseiten angeröstet werden. Bis das der Fall ist, vergeht ganz schön viel Zeit, also bitte Geduld! Nach ungefähr 15 Minuten können die weiteren Gemüsesorten folgen, jeweils gewürfelt wie die Auberginen. Paprika und Tomaten gehören entkernt und gehäutet. Vom Paprika schneidet man die Haut hauchdünn mit dem Kartoffelschälmesser ab. Die Tomaten muß man dafür meist mit kochendem Wasser überbrühen – nur bei am Stock ausgereiften Früchten löst sich die Haut ohne diese Prozedur. Salzen, pfeffern und mit reichlich feingehacktem Knoblauch würzen. Zwei Drittel der Basilikumblätter fein schneiden und bereits in diesem Stadium ins Gemüse rühren. Wenn alle Gemüse angebraten sind, sie auf nunmehr etwas reduzierter Hitze zehn Minuten sanft schmoren lassen, damit sich ihre Aromen verbinden. Zum Schluß das restliche feingeschnittene Basilikum untermischen.

St-Gilles: ein Triumph der Kunst

Abseits der großen Wege schlummert St-Gilles am Nordrand der *Camargue*. Einst herrschte hier lebhaftes Treiben: Es war eine der wichtigsten Etappen auf dem Pilgerweg nach *Santiago de Compostela*, ein bedeutender Hafen an der Mündung der *Petit Rhône*, ehe diese das heute vorgelagerte Land anschwemmte – hier schiffte man sich ins Heilige Land ein. Im 8. Jahrhundert vom hl. Ägidius (St-Gilles) gegründet, sammelte das Kloster erhebliche Reichtümer an. Leider ist der größte Teil des Klosters, das einer der Höhepunkte romanischer Baukunst darstellt, zerstört – nur das ebenfalls

Es erscheint wie Ironie, daß genau an der Westgrenze der ansonsten wasserarmen Provence das bekannteste Mineralwasser der Welt aus dem Boden sprudelt: Perrier

beschädigte, deshalb aber kaum weniger triumphale Portal, die Krypta und eine wundervolle Wendeltreppe, an der sich Generationen von Steinmetzen geschult haben, entgingen den bilderstürmerischen Auseinandersetzungen während der Hugenottenkriege und der Revolution. Wohl zwischen 1180 und 1240 entstand die prächtige Portalanlage, die deutlich macht, wie eng sich die provenzalische Kunst an den allgegenwärtigen Bauten der Römer orientierte: Die Gliederung entspricht einem Triumphbogen, die Anordnung von Säulen, Friesen und Figuren der Rückwand der eines antiken Theaters. Bewegungen und Gewänder sind erstaunlich realistisch, wobei Stilelemente aus der Auvergne, der Lombardei und der Schule von Toulouse harmonisch zusammenfließen.

Aufstieg, Blüte, Niedergang. Renaissance

Die Hafenstadt, auf die wirklich sämtliche Klischees, die sich damit verbinden, zutreffen: Unterwelt, Laster, Drogen, Prostitution; häßliche Docks, unmenschliche Industrieanlagen, brutale Straßenschneisen; die Hoffnungslosigkeit der Einwanderer, die zu allen Zeiten übers Meer aus allen möglichen Welten hierher kamen und auch nur Arbeitslosigkeit vorfanden; die Enge der Gassen, Vulgarität, Armut, Roheit, Hunger – all dies fördert Kriminalität. Im Gassengewirr westlich vom alten Hafen, *Vieux Port*, entwickelte sich der verrufenste und berüchtigtste Teil der Stadt. Das sogenannte *Quartier Corse* wurde schließlich von den deutschen Besatzern vor allem als Unterschlupf der *Résistance* gesprengt. Nach dem Krieg hat man das Viertel wieder aufgebaut, auch die dahinter liegenden, damals verschonten Gebiete sind mittlerweile mit großem Aufwand saniert. Einschließlich des klassisch schönen *Hospice de la Vieille Charité*, einer eindrucksvollen Anlage aus dem 17. Jahrhundert, deren ebenmäßige Sandsteinarkaden das Abendlicht mit einem fast unwirklichen rosa Schimmer überzieht. Studenten der Musikhochschule und Künstler sind hier eingezogen, die die ehemalige Altstadt wieder neu beleben, ihr Farbe und Charakter geben.

Der *Vieux port*, der alte Hafen, ist immer noch das Herz der Stadt. Zu römischen Zeiten setzte sich sein natürliches Becken so weit in das heutige Stadtgebiet fort, daß *Caesar* mit Fug behaupten konnte, *Massilia* sei auf drei Seiten von Wasser umsäumt. Angelegt war nämlich die griechische Siedlung *Massalia* auf dem Hügel oberhalb des Hafens, welchen heute *Nôtre-Dame-de-la-Garde* krönt, deren gewaltige Marienfigur auf dem Turm, dank ihres goldenen Überzugs, weithin sichtbar die Seefahrer bei ihrer Heimkehr willkommen heißt. Fast alle heute wichtigen Gebäude von Marseille sind erst in der letzten großen Blütezeit, Ende des 19. Jahrhunderts, errichtet worden und zeugen mit ihrer Protzigkeit vom maßlosen Reichtum der Stadt, den sie dem Suez-Kanal, dem dadurch möglichen Handel und dem Ausbau des französischen Kolonialreiches verdankte.

Die mehr als zweieinhalbtausendjährige Geschichte von Marseille ähnelt mit ihrem ständigen Auf und Ab einer Berg-und-Tal-Bahn. Immer wieder wurde einer strahlenden Aufwärtsentwicklung ein jähes, oft brutales Ende gesetzt. Niederlagen, wie die durch Caesar, Strukturwandel, wie die Ab-

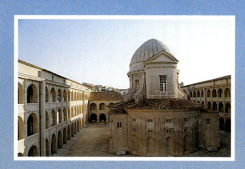

Die Charité *aus dem 17. Jh, mit viel Aufwand restauriert, heute Universität*

Das Portal der Kathedrale Le Mayor: *prachtstrotzender Byzantinismus*

Aus Afrika eingewandert: »Neubürger«, *die Farbe und frisches Leben bringen*

für eine lebendige Stadt: Marseille

schaffung der Kreuzzüge, die der Hafenstadt zu großer Bedeutung verholfen hatten, oder die Entdeckung Amerikas, die das Mittelmeer plötzlich unbedeutend machten, waren immer wieder Grund, die Stadt in ihrem Aufschwung zu stoppen und sie in die Bedeutungslosigkeit zurückzuwerfen. Aber, als wäre sie dadurch gestärkt, rappelte sie sich immer wieder unverdrossen zu neuem Aufschwung auf.

Heute rangiert der Hafen von Marseille nach Rotterdam nur noch an zweiter Stelle in Europa. Die kilometerlangen Hafenquais sind längst aus der Innenstadt gerückt, haben sich Richtung *Fos* ausgebreitet, einer scheußlichen, gigantischen Industrieregion mit Raffinerien, Stahlwerken und Dockanlagen. Ursprünglich als *Ruhrgebiet des Mittelmeers* konzipiert, das für Arbeitsplätze und Prosperität sorgen sollte, erwies es sich jedoch längst als Fehlplanung. Wieder war es Strukturwandel, der dafür sorgte, daß gesteckte Ziele nicht erreicht werden konnten: Der Rhône-Rhein-Kanal, der die Transporte nach Norden möglich machen sollte, kam nicht zustande, gewachsenes Umweltbewußtsein forderte Schonung der nahe gelegenen Camargue, und nicht zuletzt gefährdete der Ausbau des Industriekombinats das ebenfalls vom Staat mit großer Hoffnung und viel Ehrgeiz vorangetriebene Projekt einer gigantischen Ferienindustrie bei *La Grande Motte*.

Jahrhundertelang haben sich die Menschen in Marseille immer wieder an neue Einwanderer, an Flüchtlinge, an neue Gegebenheiten gewöhnen müssen. Und trotzdem hat der Umgang mit Fremden, Andersartigen, nicht einmal das Verschmelzen der verschiedensten Nationalitäten verhindern können, daß sich erneut Fremdenhaß ausbreitet. Seit wieder Arbeitslosigkeit herrscht, nehmen die Klagen der »alteingesessenen« Bürger zu, deren Namen indes verraten, daß auch ihre Vorfahren einstmals Fremde waren. Sie wehren sich gegen jegliche Zuzügler, werfen ihnen vor, sie würden ihnen Arbeit und Wohnungen nehmen. Die Rechten verzeichnen in Marseille größten Zulauf.

Und trotzdem: Es mehren sich die Anzeichen, daß Marseille gerade wieder dabei ist, sich aus der Umklammerung böser Zeiten zu lösen. Die Szeneleute, Photographen, Künstler, Journalisten, die Trends ja immer als erste wittern, raunen es einander zu: Marseille steht vor einer großen Zeit, hier ist Intensität, Dynamik, Energie!

Alte Marseillerinnen, denen die Fremden in ihrem Viertel ein Dorn im Auge sind

Die gewaltige Kathedrale, von Walter Benjamin »Riesenbahnhof« genannt

Der schönste Blick über den alten Hafen auf die Stadt: vom parc du Pharo«

167

Fischmarkt ist jeden Morgen am Vieux port, *am alten Hafen. Für die pittoreske Kulisse haben die Fischer, die die Nacht auf dem Meer verbracht haben, keinen Blick. Wichtig ist, daß sie möglichst gute Preise erzielen. Zum Beispiel für die Mischung, die nötig ist »pour la soupe«*

Die Restaurants rund um den Hafen sind fest in Touristenhand, was sich nicht positiv auf ihre Qualität auswirkt. Bei Monsieur Brun an der Ostseite jedoch, der sich (bereits in zweiter Generation) um die wahre provenzalische Küche bemüht, lohnt sich ein Besuch allemal

Die vor der Einfahrt in den Hafen gelagerten Inseln und Riffe nutzend, hat man im 16. Jh. zur Sicherung Marseilles ein Fort errichtet, das Château d'If, später Staatsgefängnis. Berühmt geworden durch Dumas' »Graf von Monte Christo«. Von hier ein schöner Blick zur Stadt!

1
– LA BOUILLABAISSE DU PÊCHEUR –

DIE FISCHSUPPE NACH ART DER FISCHER

Auch eines jener Rezepte, das im Laufe der Zeit bis zur Unkenntlichkeit verändert, selten verbessert, vielmehr meist verschlimmert wurde. Ursprünglich war es die Suppe, die sich die Fischer zur Stärkung zubereiteten, wenn sie morgens von der nächtlichen Ausfahrt an Land zurückkehrten. Eine einfache Sache, die nicht viel Küchentechnik erforderte.

»Aber was kriegt man da nicht alles angeboten«, empört sich Nanou, die Fischersfrau aus Morgiou (Seite 174/175) über diese angeblich feine Version, bei der alle Fische bereits entgrätet in der Suppe schwimmen. »Zuerst kochen sie eine Suppe aus den Gräten – sie nennen das Fond …«, entsetzt sich Nanou kopfschüttelnd, »und dann kommen die Filets hinein, die natürlich nie so schmecken, wie sie sollen.« Denn von den Gräten gelöst, können die Fische nicht mehr die richtige Konsistenz behalten.

Das Schwierigste bei der Zubereitung einer Bouillabaisse, sagt Nanou, sei die Beschaffung der Fische, das Zeitraubendste das Putzen und Ausnehmen. Gekocht ist die Suppe dann in exakt 20 Minuten. Und zwar so:

Für vier bis sechs Personen:
3–4 EL Olivenöl, 2 Zwiebeln,
4 Knoblauchzehen, 2 Tomaten,
das Weiße einer dicken Lauchstange,
4 mittelgroße Kartoffeln,
2 Döschen Safran, Salz, Pfeffer,
1 kg gemischte Mittelmeer- und
Felsenfische (siehe Seite 174),
3 l Wasser

Das Olivenöl in einen ausreichend großen Topf gießen. Feingehackte Zwiebeln, Knoblauchzehen, gehäutete Tomatenwürfel, in Ringe geschnittenen Lauch, die geschälten und längs geviertelten Kartoffeln einschichten. Den Safran darüberstreuen, salzen und pfeffern. Darauf die Fische betten. Mit Wasser auffüllen. Erst jetzt den Topf aufs starke Feuer setzen (wer kein Gas hat, muß die Elektroplatte vorheizen, weil sonst das Aufkochen zu lange dauert!), weil erst ab diesem Augenblick die Kochzeit läuft: Nach genau 20 Minuten ist die Suppe fertig; sie wird im Topf serviert! Dazu gehören Baguette, Rouille und, natürlich, provenzalischer Rosé.

1

169

Die Terrasse vom Restaurant »Le Lunch«: Absolute Ruhe und ein herrlicher Blick

Felsen, Meer und weder Strom

Es klingt verrückt, aber Tatsache ist: das 9. Arrondissement von Marseille verfügt weder über Strom noch über fließendes Wasser. Der einzige Draht, der *Sormiou* erreicht und mit Zivilisation versorgt, ist die Telephonleitung. Sormiou ist eine von drei kleinen Buchten, provenzalisch *Calanques* genannt, die das Meer in das klotzige Kalksteingebirge südlich von Marseille, das *Massiv von Marseilleveyre*, gefressen hat. Noch gewaltigere und sehr berühmte Buchten liegen weiter östlich, bei *Cassis* (Siehe dazu die Seiten 176/177). Die kleinen Calanques von Marseille jedoch, so hat man das Gefühl, wollen die Marseillaiser lieber als Geheimtip hüten und gar nicht erst als Sehenswürdigkeit bekannt machen. Zwei der Buchten sind bewohnt: Morgiou (dazu die Seiten 174/175) und

1
– CROQUANT DE MOULES –
KNUSPRIGE ROLLE MIT MUSCHELN

Dafür braucht man pâte à brick, fertige papierdünne Teigblätter, die man in Frankreich vakuumverpackt oder tiefgekühlt im Supermarkt kauft. Sie stammen aus der arabischen Küche, die dank der Algerienfranzosen sehr populär ist. Als Ersatz kann man chinesische Reispapierblätter aus dem Asien-Shop nehmen, wie sie auf Seite 32 beschrieben sind.

Für vier Personen
1 Lauchstange, 1 Zucchino, 1 Möhre,
1 Stück Sellerie, Petersilie,
2 EL Olivenöl, Salz, Pfeffer,
400 g ausgelöstes Muschelfleisch,
4 Teigblätter, Öl zum Braten
Sauce:
⅛ l Fischfond, 1 dicke Tomate,
200 g Crème fraîche, 2–3 EL Seeigel-Corail (siehe Seite 177) oder roher Fischrogen

Das Gemüse in streichholzfeine Streifen hobeln, von jeder Sorte knapp eine Handvoll quer in Würfel schneiden und beiseite legen. Die übrigen Streifen im heißen Öl sanft andünsten, salzen und pfeffern. Das Muschelfleisch zufügen. Im eigenen Saft kurz dünsten. Diese Füllung auf die Teigblätter verteilen, sie darüber von allen Seiten zusammenklappen, bis eine geschlossene Rolle entsteht. Im heißen Öl knusprig braun braten.
Für die Sauce den Fischfond mit der gehäuteten, entkernten und gewürfelten Tomate sowie den beiseite gestellten Gemüsewürfeln und der Crème fraîche einkochen. Abschmecken, den Corail oder die Fischeier zerdrücken, mit etwas Sauce glattrühren, zusammen in die Sauce gießen. Diese heiß und dicklich werden lassen, aber nicht kochen, weil sonst die Fischeier gerinnen und ausflocken.

2
– CARPACCIO DE POISSONS –
FISCH-CARPACCIO

Carpaccio ist jene geradezu geniale Erfindung, Tatar nicht durch den Wolf zu drehen, sondern vielmehr das Rindfleisch dafür in hauchdünne Scheiben zu schneiden. Es wurde Carpaccio genannt, weil seine rötlich-braune Farbe auf den Bildern des venezianischen Malers Carpaccio bestimmend vorkommt. Die Idee dieses Rezepts ging um die Welt. Längst schneidet man tausend andere Lebensmittel ebenfalls in hauchfeine Scheiben und nennt sie Carpaccio ... vom Radieschen über Tomaten bis zu Fischen.
Man braucht dafür natürlich absolut frischen Fisch – schließlich wird er roh gegessen. Die sorgfältig ausgelösten und entgräteten Filets werden schräg in dünne Scheiben geschnitten, auf eingeölte Teller gebreitet, mit Öl eingepinselt und mit Klarsichtfolie zugedeckt, um vor Luft zu schützen – so kann man sie bis kurz vor dem Servieren kalt stellen. Erst dann werden sie mit folgender Marinade beträufelt:

Pro Person:
2 EL Olivenöl, 2 EL Limonensaft,
Salz, Pfeffer,
einige Basilikumblätter
Außerdem:
Tomatenwürfel, Möhren- und Zucchinistreifen zum Dekorieren

Öl und Limonensaft mit Salz, Pfeffer und feingehacktem Basilikum verquirlen. Die Fischscheiben damit tränken und wie auf dem Photo dekorieren.

3
– FLAN DE POISSONS –
FISCH-PUDDING

Der falsche Safran, den Monsieur Benkemoun sich aus Ungarn besorgen läßt und üppig über das Essen streut, erfüllt hier eher dekorative Zwecke. Er stammt nicht vom Krokus und verfügt auch nicht über den verführerischen Duft. Dafür ist er jedoch erheblich billiger. Natürlich kann man für dieses Rezept getrost auch echten Safran verwenden.

Für vier Personen:
ca. 800 g Fischfilet (Rouget, Loup de mer, Rascasse), 2 Schalotten,
2 EL Olivenöl, Basilikumblätter,
2 Eier, 100 g Crème fraîche,
Salz, Pfeffer
Safransauce:
¼ l Fischfond, 200 g Crème fraîche, 1 Döschen Safran, Salz,
Pfeffer, Zitronensaft,
Cayennepfeffer

Die Fischfilets zusammen mit den feingehackten Schalotten im heißen Öl kurz anbraten. Abgekühlt mit Basilikum, Eiern, Crème fraîche, Salz und Pfeffer zu einer Farce mixen. In eingeölte Souffléförmchen verteilen, im 180 Grad heißen Wasserbad 20 Minuten stocken lassen. Im ausgeschalteten Ofen etwas ruhen lassen, bis die Sauce fertig ist: Dafür Fond, Sahne und Safran cremig einkochen. Mit Salz, Pfeffer, Zitronensaft und Cayennepfeffer abschmecken. Die Fisch-Flans auf vorgewärmte Teller stürzen, mit der heißen Sauce umgießen. Sofort servieren.

noch Wasser: ein Vorort von Marseille

Sormiou. Letztere jedoch nur im Sommer. Denn spätestens, wenn die Herbststürme zu wüten beginnen und die Meeresbrandung in die nach Südosten geöffneten Buchten die Felsen so hoch hinaufpeitschen, daß sogar die Haus*dächer* von Wellen überspült werden, zieht die kleine Schar der Bewohner ohne Wasser in die Stadt.

Dann ist November, die Zeit, in der auch Marcel Benkemoun sein kleines Restaurant »Le Lunch« zusperrt, alle Läden dicht verrammelt, damit der Wind an ihnen nicht allzu heftig zausen kann. Drei, vier Monate hat er nun Pause: geht zur Jagd in den Weinbergen des Var, nach Drosseln, Schnepfen oder Rebhühnern; genießt nach den Feiertagen im Dezember den Januar in den Tropen; den Februar verbringt er gern im Schnee; und im März schließlich kehrt er wieder nach Sormiou zurück, renoviert, restauriert, installiert und bereitet alles für die neue Saison, die um Ostern beginnt. Gewohnheitssache, ein Restaurant ohne Strom funktionieren zu lassen – gekocht wird mit Gas, den Kühlschrank und die nötige Beleuchtung treibt ein Generator an, ansonsten verbreiten Kerzen intimes Licht. Schwieriger ist die fehlende Wasserleitung – jeder Tropfen muß herbeigefahren werden. Über ein schmales, halsbrecherisch steiles, enggewundenes Sträßchen, das dem Fahrer Aufmerksamkeit und Geschicklichkeit abverlangt. Allerdings: Während der beiden Ferienmonate Juli und August – also zur Saison – müssen die Gäste tagsüber den größten Teil der abenteuerlichen Strecke zu Fuß bewältigen, weil die Straße für die Feuerwehr freigehalten werden muß.

Wenn sich an einem solch abgelegenen und unzugänglichen Ort ein Restaurant halten kann, spricht das für beides: Die Lage *und* den Wirt. Das Restaurant »Le Lunch« existiert bereits seit mehr als hundert Jahren und trägt auch seither seinen etwas sonderlichen Namen. Man braucht nur die steilen Felswände hochzublicken, um zu ermessen, welch ein Abenteuer es damals war, hier herabzuklettern. Bequemer war (und ist) natürlich die Zufahrt mit dem Boot. Welchen Weg man immer nimmt: Damit man ihn nicht vergebens macht, sollte man sich unbedingt telephonisch anmelden!

1

– POISSONS GRILLÉS ET CONFIT DE POMMES DE TERRE –

GEGRILLTER FISCH MIT EINGEMACHTEN KARTOFFELN

Die Fische sind nur bemerkenswert, wenn sie so herrlich frisch wie hier sind. Dann ist die einfachste Zubereitung auch die beste: Große Fische seitlich mit einem scharfen Messer schräg einschneiden, damit die Hitze besser eindringen kann, dann einölen und über heißer Glut auf beiden Seiten grillen, bis ihr Saft austritt. Aufregend dazu sind allerdings die Kartoffeln, die ebenfalls durch die arabische, beziehungsweise algerische Küche inspiriert wurden.

Für vier Personen:
2 Zwiebeln, 4 Knoblauchzehen,
4 EL Olivenöl, 500 g Tomaten,
3 saftige, milde Zitronen,
Salz, Pfeffer,
1 Kräuterstrauß (Thymian, Lorbeer,
Salbei), 1 kg gekochte Kartoffeln,
ca. ¼ l Gemüsebrühe, Petersilie

Zwiebeln und Knoblauch fein hacken und im heißen Öl andünsten. Gehäutete, entkernte, grobgewürfelte Tomaten und die mit ihrer Schale gewürfelten Zitronen (die Kerne jeweils herausfischen und wegwerfen) zugeben. Salzen, pfeffern, den Kräuterstrauß zufügen. Zugedeckt 15 Minuten köcheln, bevor die ebenfalls grobgewürfelten Kartoffeln untergemischt werden und mit Brühe aufgefüllt wird. Ohne Deckel im 180 Grad heißen Ofen backen, bis alles heiß ist und brodelt. Mit gehackter Petersilie bestreuen.
Tip: Wer keinen Grill hat, legt die Fische jetzt auf dieses Kartoffelbett und läßt sie je nach Größe 15 bis 30 Minuten garen.

2

– LA SOUPE AUX TROIS FRUITS –

OBSTSUPPE AUS DREIERLEI FRÜCHTEN

Für vier Personen:
300 g reife Aprikosen, 3 EL Zucker,
Zitronensaft, Puderzucker,
ca. 500 g verschiedene Früchte

Die entsteinten Aprikosen mit dem Zucker und ¼ l Wasser aufkochen, im Mixer pürieren, durch ein Sieb streichen. Mit Zitronensaft und Puderzucker abschmecken und abkühlen lassen. Zum Servieren in tiefe Teller verteilen. Das Obst in Scheiben oder Stücke geschnitten darauf anrichten.

3

– LA BROUILLADE AUX FRUITS –

FALSCHES RÜHREI MIT FRÜCHTEN

Hört sich verrückt an und hat natürlich mit Rührei nichts zu tun. Gemeint ist vielmehr die Zubereitungsart: Ein gehaltvoller Pfannkuchenteig wird wie ein Rührei auf sanfter Hitze unter ständigem Rühren gebraten, wobei zum Schluß reichlich frische Früchte zugefügt werden. Serviert wird das Ganze kalt, übergossen mit reichlich Himbeersauce (Rezept Seite 228).

Für vier Personen:
125 g Mehl, 50 g Puderzucker,
2 Eier, 0,2 l Milch, 2 EL Butter,
4 schöne Pfirsiche, Himbeeren

Aus Mehl, Puderzucker, Eiern und Milch einen glatten Teig quirlen. Portionsweise in einer großen Pfanne, in der etwas Butter aufschäumt, wie einen dickeren Pfannkuchen anbraten, jedoch bevor der Boden fest wird, mit einem Holzspatel rühren und wenden – so lange, bis der Teig nicht mehr roh, die Masse aber noch saftig ist. Die Pfirsiche häuten, entsteinen und untermischen. Auf Tellern anrichten und mit reichlich Himbeersauce übergießen. Mit Pfirsichschnitzen, Himbeeren und Minzeblättchen dekorieren.

4

– LE NOUGAT GLACÉ –

GEEISTER NOUGAT

Ein herrliches Rezept, wenn man mal nicht weiß, wohin mit übriggebliebenem Eiweiß – das Eis bleibt im Tiefkühler wochenlang frisch und schmeckt umwerfend gut.

Für 1 Kastenform von 1 l Inhalt:
300 g Zucker, 2 EL Wasser,
150 g gehackte Mandeln,
8 Eiweiß (250 g), 1 Prise Salz,
100 g Puderzucker, 250 g Sahne,
200 g gemischte, gewürfelte
kandierte Früchte

100 g Zucker mit zwei Eßlöffeln Wasser zu goldenem Karamel kochen, die Mandeln zufügen. Bevor sie zu dunkel werden, das Ganze auf eine Marmorplatte stürzen und abkühlen lassen. Mit dem Nudelholz oder im elektrischen Mixer zum groben Krokant zerkleinern.
Das Eiweiß mit einer Prise Salz steif schlagen, erst wenn es bereits weiß geworden ist, langsam den Puderzucker hinzurieseln lassen. So lange schlagen, bis der Eischnee wie dicke Paste wirkt. Inzwischen den restlichen Zucker mit zwei Löffeln Wasser zu Sirup schmelzen. Heiß unter stetem Schlagen in den Eischnee träufeln. Rühren, bis die Masse wieder abgekühlt ist. Erst jetzt die steifgeschlagene Sahne, den zerkrümelten Karamel und die gewürfelten Früchte unterziehen.
In eine Kastenform füllen. Im Gefrierfach fest werden lassen. Zum Servieren in fingerdicke Scheiben schneiden, auf einer Himbeersauce anrichten und wie auf dem Photo dekorieren.

Hier fühlt man sich wie im Ferienparadies: Sonne, Meer, weiße Felsen und nichts als das Kreischen der Möwen

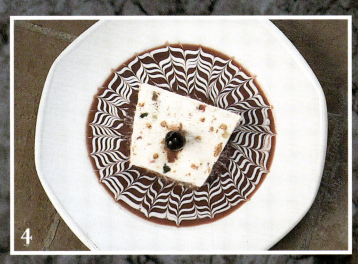

1
– SOUPE DE POISSON –
FISCHSUPPE

Sie sieht wirklich nicht spektakulär aus, im Gegenteil. Aber sie schmeckt umwerfend delikat. Vorausgesetzt, man hat die entsprechende Auswahl würziger Felsenfische zur Verfügung, die der Suppe ihren typischen Geschmack verleihen. Fische, für die es häufig nicht einmal einen deutschen Namen gibt, weil man sie hierzulande nicht kennt. Die Fischhändler in Südfrankreich bieten die richtige Mischung gleich »pour la soupe« an. Im Prinzip nimmt man für die Fischsuppe eine ähnliche Zusammenstellung wie für die Bouillabaisse – mit dem Unterschied, daß für die Suppe die Fische kleiner und noch grätenreicher sein dürfen, weil sie ja durch ein Sieb passiert wird. Das Praktische an der Fischsuppe: Man kann sie hervorragend einfrieren – sollte wirklich mal was übrigbleiben.

Für vier Personen
2 Zwiebeln, 2 Knoblauchzehen,
1 dicke Lauchstange, 4 EL Olivenöl,
1 kg kleine Felsenfische, z. B. Roter
und weißer Rascasse (Drachenkopf),
Petermännchen, Meeraal, Girelles
(kleine Felsenfische),
3 große Tomaten, 3 l Wasser,
2 Döschen Safran, 1 Kräuterstrauß
(Thymian, Lorbeer, Fenchel),
Salz, Pfeffer, geriebener Edamer

Rouille:
1 Eigelb, 1 TL scharfer Senf,
½ TL Cayennepfeffer, gut
⅛ l Olivenöl, Salz,
Pfeffer, Zitronensaft

Feingehackte Zwiebel, Knoblauch und das Weiße der Lauchstange im heißen Öl in einem großen Suppentopf andünsten. Die sorgfältig geputzten und ausgenommenen Fische und die zerkleinerten Tomaten zufügen und ebenfalls andünsten. Etwa zehn Minuten unter gelegentlichem Rühren im eigenen Saft schmoren. Das Wasser, Safran, Kräuterstrauß, Salz und Pfeffer zufügen. Die Suppe ohne Deckel etwa 30 bis 40 Minuten kräftig kochen, wobei etwas Flüssigkeit verdampfen soll. Die Suppe durch die Gemüsemühle (Flotte Lotte) passieren. In einer Terrine auftragen.

Dazu dünne Scheiben von altbackenem Baguette sowie Rouille, eine Art scharfer Majonnaise, reichen: Dafür Eigelb, Senf und Cayennepfeffer mit dem Handrührer dick und cremig schlagen und langsam, nach und nach das Öl zufügen. Ständig rühren, bis eine dicke, glänzende Majonnaise entstanden ist. Mit Salz, Pfeffer und Zitronensaft abschmecken. Jeder Gast bestreicht so viele Brotscheiben damit, wie er mag, legt sie in seinen Suppenteller und gießt mit dampfendheißer Fischsuppe auf. Zum Schluß wird noch nach Belieben geriebener Käse darübergestreut. Dazu paßt ein Rosé.

Der Balkon ist sozusagen das Wohnzimmer. Hier wird den ganzen Sommer über gegessen, gearbeitet und abends ausgeruht. Immer mit dem Blick auf das vom weißen Fels umrahmte blaue Meer

Nanou, die Fischersfrau von Morgiou

»Man kann nicht einfach sagen: heute koch' ich *Bouillabaisse*«. Madame Nanou findet die Idee, daß man aus dem Stand die provenzalischste aller Fischsuppen verspeisen will, absurd. »Ohne die richtige Mischung der verschiedenen Fische wird's keine Bouillabaisse; und die schwimmt nun mal nicht jeden Tag ins Netz!« Zwei bis drei Mal im Sommer gibt es bei ihr für alle Freunde Bouillabaisse, einen gewaltigen Topf voll. Und das ist dann jedes Mal ein Riesenfest, auf das sich alle schon lange freuen, und bei dem eine Menge Roséflaschen geleert werden. Die entsprechende Fischauswahl zu beschaffen ist nicht einmal für sie, die Fischersfrau, einfach. Sie muß dafür jedesmal schon lange vorher zu sammeln beginnen. Längst nicht alle Sorten findet sie im Fang von ihrem Mann Alain, dem Fischer. Die anderen muß sie bei ihren Kolleginnen auf dem Fischmarkt von Marseille kau-

fen. Denn eine der Fischersfrauen, die am Vieux Port von sechs Uhr morgens an stehen, ist Nanou. Alain ist dann bereits seit drei Stunden draußen auf dem Meer und versucht sein Glück. Das Fischen wird immer schwieriger für ihn und seine drei Kollegen in Morgiou; im Schnitt zwölf Stunden täglich sind sie draußen, legen Netze aus, holen sie ein, immer öfter nur mit

Madame Segura, von allen Nanou genannt, liebt »ihr« Morgiou, als hätte sie allein es entdeckt. Tatsächlich lebt sie hier schon seit 35 Jahren

magerer Beute. Was er anschleppt, wandert sofort ins Kühlhaus – »niemals auf Eis!« betont Nanou, »wenn Fisch auf Eis gelegen hat, ist er nicht mehr frisch, sein Fleisch wird weich und schwammig!« und wird am nächsten Morgen am Hafen verkauft. Dann sind die Fische noch steif und starr, ihre Kiemen leuchten rot, die Augen glänzen. Was Nanou für ihre Bouillabaisse benötigt, wird sofort geputzt, geschuppt und ausgenommen und kochtopffertig eingefroren. »Das«, so schwört Nanou, »schadet ihnen nicht, vor allem, wenn man sie langsam auftauen läßt, am besten im Kühlschrank.« Und wenn die erforderliche Mischung nicht zustande kommt, gibt's eine normale Fischsuppe statt Bouillabaisse. Die ordentlich scharfe *Rouille*, die ruhig so kräftig mit Cayenne gewürzt sein darf, daß sie schon rötlich wirkt, gehört in jedem Fall dazu – mit oder ohne Safran. Alain, der die Sauce geduldig mit einer Gabel rührt, legt ab und zu eine Pause ein, nimmt immer mal wieder einen Schluck Wein, raucht eine Zigarette zwischendurch und fragt sich, wie die Frauen soviel Arbeit ohne jede Unterbrechung schaffen ...

Sanfte Rebhänge, schroffer Fels

Man kann sich gar nicht vorstellen, daß das gewaltige, kühn zerklüftete Kalksteingebirge südöstlich von Marseille einst dicht bewaldet war. Schiffsbauer haben die Bäume fällen lassen, Feuersbrünste die lichteren Wälder vernichtet, durch Erosion schließlich wurden dann Humus und Erdkrume abgetragen. Die Felsen grenzen sich heute kahl und im scharfen Sonnenlicht weiß-leuchtend gegen das intensive Blau des Meeres ab – dessen unglaubliche Farbkraft übrigens die Wissenschaftler bis heute noch nicht ergründen konnten. Da und dort krallen sich verkrüppelte, verknorzte Kiefern in Felsritzen fest, dazwischen finden sich Kräuter, die in der von den Steinen gespeicherten Sonnenhitze besonders intensiv duften, wie beispielsweise der robuste Thymian, widerstandsfähiger Rosmarin, das kleinwüchsige Bergbohnenkraut und anderes unempfindliches, genügsames, manchmal sogar zaghaft gelb oder pinkfarben blühendes Gesträuch.

Die tiefen, fjordartigen Buchten, die das Meer in die bei *Cassis* zum Teil 500 Meter tief hinabstürzenden Felsenklippen gewaschen hat, gehören zu den großartigsten Naturformationen Frankreichs. Für Wanderer, vor allem aber für Bergsteiger sind die *Calanques* mit ihren steilen Steinwänden begehrtes Ziel. Hier, in mediterraner Sonnenhitze, klettert es sich angenehmer als in den weniger wettersicheren Hochalpen. Zumal neben stabilem Schuhwerk nicht viel hinderliche Kleidung getragen werden muß. Viele klettern tatsächlich in der Badehose. Die drei berühmten Calanques von Cassis, *Port-Miou*, *Port-Pin* und *En-Vau* sind nur zu Fuß erreichbar oder, am einfachsten, per Schiff – mehrmals täglich ab Hafenmole. Am schönsten ist es, wenn man sich mit wohlgefülltem Picknickkorb absetzen lassen, den Tag in der Sonne braten kann, ab und zu ins klare Wasser springen und nach Seeigeln tauchen, die zwischen den Felsen sitzen. Wer klug ist, packt Schere und einen dicken Handschuh ein, dann kann er die herrlichen Meeresfrüchte mit ihrem würzigen Jodgeschmack auch gleich verspeisen. Übrigens: Von den picknickbegeisterten

Vor dem unglaublichen Blau des Mittelmeers wirkt das Weiß der Kalkfelsen ganz besonders eindrucksvoll. Cassis lockt indes nicht nur wegen dieser grandiosen Kulisse, sondern weil der Ort selbst so angenehm intakt und freundlich wirkt

Fischer, Winzer, Müßiggänger: Cassis

Franzosen kann man lernen. Zum Beispiel in die Kühltasche statt raumgreifender Kühlelemente eine am Abend zuvor ins Tiefkühlfach gesteckte Wasserflasche packen (die in Frankreich immer noch aus Plastik sind). Das gefrorene Wasser hält während des Transports Essen und Wein kühl, stillt aufgetaut den Durst, taugt zum Händewaschen oder Gläserspülen.

Cassis ist ein besonders gesegnetes, liebenswertes Fleckchen Erde. Ein lebendiger Fischerort, kein Retortendorf. Tourismus findet statt, wird aber in Zaum gehalten. Das hübsche, kleine Städtchen, in dem auch während der Hochsaison der normale Alltag weitergeht, und nicht alles auf die Fremden zugeschnitten ist, hat sich seinen

Seeigel, eine besondere Delikatesse und erst ab Mitte September zu haben, sind begehrter noch als Austern. Man schneidet sie mit einer Schere oder einem spitzen Messer rund um ihren »Äquator« auf, schüttet Wasser samt grünlichen Innereien weg und schabt mit einem Löffel den nach Meer duftenden, orangenen Corail heraus. Der männliche schmeckt am besten

Charme nicht abkaufen lassen. Dabei kam ihm sicher zugute, daß viele Marseillaiser hier ihr Wochenenddomizil haben und gar nicht darauf erpicht sind, daß viele Fremden kommen. Und im Herbst, sobald die beiden turbulenten Ferienmonate vorüber sind, zieht in Cassis wieder Ruhe, Idylle und Gelassenheit ein. Wenn dann die Sonne mit durchaus südlicher Kraft für immer noch sommerliche Temperaturen sorgt, setzt man sich am besten in eins der Cafés am Hafen, bestellt sich ein Glas *vin blanc* oder einen *Pastis* und fühlt sich auf einmal wie in eine Geschichte von Pagnol versetzt (dessen Heimatort *Aubagne* schließlich nicht weit entfernt ist): An der Ufermauer hocken die Fischer in ihren

Gastarbeiter aus Tunesien helfen in Cassis bei der Lese. François Caillol (mittleres Bild oben), dessen Weißwein auch außerhalb der Region getreue Liebhaber hat, hilft seinem Nachbarn Joseph Chabert (Bild Mitte unten) beim Keltern. Der trinkt seinen Wein vorwiegend mit seinen Freunden. Die Rotweintrauben werden eingemaischt und offen vergoren, für Rosé dagegen schnell abgezogen

Booten und flicken ihre Netze, am Quai stehen zwei Frauen, mit einer *Baguette* unterm Arm, den Einkaufskorb voll Gemüse in der Hand und schwatzen, drüben auf dem Bouleplatz klackern die *Petanque*kugeln metallisch aneinander, Kinder kreischen, Hunde bellen, und der Ausflugsschiffer wartet vergebens auf Fahrgäste ...

Das trutzige *Cap Canaille*, eine gewaltige Felsnase, die die Bucht nach Osten abschirmt, bildet nicht nur für die Stadt, sondern auch für seine Rebberge Schutz gegen Wind und Wetter. Das kleine Weinbaugebiet Cassis (mit etwa 200 Hektar) hat seit 1936 eigene *Appellation*. Zwei Drittel der Produktion ist Weißwein. Die früher meist oxydativ-goldenen Weine baut man inzwischen lieber reduktivhell, trocken und säurebetont aus. Zwar entsprechen sie so nicht mehr der Beschreibung von Frédéric Mistral, der vom Cassiswein schwärmte, »die Biene könnte keinen süßeren Honig spenden«, aber sie sind frisch und würzig, passen zu Fisch und Meeresfrüchten und erinnern weiterhin an »den Duft von Rosmarin, Erika und Myrte«, den der Dichter an ihnen so schätzte.

Zaungäste, Insider, Einwohner, Ort des Luxus und der Moden: St-Tropez

Wer im Sommer hierher kommt, ist selber schuld. Tag für Tag verstopft dann eine nicht endende, lärmende und stinkende Blechschlange die Straße an der Bucht entlang bis St-Tropez. Ab November wirkt der riesige, gähnend leere Parkplatz vor der Stadt, die Schranken weit geöffnet, merkwürdig deplaziert. Selbst in den schmalen Gäßchen läßt sich dann mühelos ein Parkplatz finden. Viele der schicken Läden machen noch mit den letzten »Soldes« (Schlußverkäufe), bevor sie sich in Winterschlaf begeben, die meisten Hotels sperren zu, in den Restaurants gibt man sich beim Kochen wieder etwas Mühe, die Menschen finden ihr Lächeln, ihre Ruhe und ihre gute Laune wieder. Die Boulespieler auf dem platanenumsäumten Platz fühlen sich endlich nicht mehr wie auf dem Präsentiertablett, müssen sich nicht mehr durch die spitzen Schreie der entzückten Touristinnen erschrecken lassen, die begeistert sind von der Urtümlichkeit der geradezu *Pagnolschen* Szenerie. Heitere Gelassenheit zieht plötzlich ein, wo bis eben aufgeregter Trubel herrschte. Es trauen sich auch jene wieder hinter ihren hohen, weißgetünchten Mauern und ihren dunklen Sonnengläsern hervor, deretwegen all die vielen Zaungäste und Neugierigen überhaupt gekommen waren. Die Künstler, Schauspieler und alle anderen Celebritäten, die Schönen und die Reichen, denen der ursprünglich unscheinbare Fischerort seinen *Glamour* und seine Anziehungskraft überhaupt verdankt.
Tatsächlich ist der Ruf des kleinen, pittoresken Hafenstädtchens phänomenal. Man denkt sofort an *Jet-Set*, Playboys, schöne Frauen, schäumenden Champagner, durchtanzte Nächte, mondänes Strandleben, Feste, von denen man später in buntglänzenden Zeitschriften lesen kann. Wie aufregend, wenn man zwar nicht teil-, aber wenigstens *An*teil genommen hat.
Wovon jedoch fast nie geschwärmt wird, ist die Gegend. Dabei ist sie wunderschön, wenn man ein Auge dafür hat. Die Halbinsel von St-Tropez bietet nicht nur paradiesische Strände, sondern auch herrliche Ausblicke und lauschige Picknickplätze. Im Hinterland lohnen die provenzalisch verschlafenen Städtchen *Gassin*, *Grimaud* und *Ramatuelle* einen Besuch. Zum Beispiel wegen der bemerkenswert schönen Kirchportale aus auffallendem, grünmarmoriertem Serpentingestein. Man streitet sich, welche von den dreien denn nun die schönste von allen sei . . .

Pierre Trochet und François Lepanot, Hoteliers aus Begeisterung, betreuen ihre Gäste wie Freunde. Ihr Hotel »La Tartane« mit nur zwölf hübschen Zimmern und Pool liegt in einem blühenden Garten, nicht weit von »Les Salins«, einem der schönsten Strände von St-Tropez

Schon im ersten Jahr, als Regine Sumeire ihren hellrosafarbenen, duftig-frischen, fruchtigen Rosé unter dem Namen »Pétale de Rose« (Rosenblatt) auf den Markt brachte, wurde er zum Modegetränk des St-tropezianischen Sommers. Die verblüffende, ungewöhnlich zarte Farbe erzielt die Selfmade-Winzerin, die eigentlich Historikerin werden wollte und sich für Malerei interessiert, indem sie die gemaischten Trauben unter geringstmöglichem Druck unverzüglich preßt. Einen derberen, »normalen« Rosé, etwas Weißwein und Rotwein (aus einem zweiten Gut) macht sie auch. Über viel Platz verfügt der kleine Keller mit den Stückfässern nicht (zu sehen als letztes Vorsatzbild). Château Barbeyrolles liegt hinter Château Minuty (siehe dafür die Seiten 182 bis 185) bei Gassin, sozusagen vor der Haustür St-Tropez'. Vor nicht einmal zehn Jahren hat die Winzertochter Sumeire das Gut übernommen und ihm schnell einen guten Klang verschafft. Sie ist übrigens die Nichte von Elie Sumeire auf Château Coussin (Seite 116). Indes: Nicht er hat sie empfohlen, vielmehr haben wir sie über ihren Wein entdeckt

Château Minuty: Klassiker unter

Viele Feinschmecker, zumal jene, die sich gern ausdrücklich als solche zu bezeichnen pflegen, haben zum Rosé im allgemeinen, zum provenzalischen im besonderen, eine eher herablassende Einstellung. Sie halten ihn für ein Zwitterding, das, weder weiß noch rot, in ihnen so laue Gefühle weckt, wie seine Farbe blaß ist. Rosé, heißt es dann, ist für Leute, die fürchten, sich bei der Weinauswahl zu blamieren.

Nun ist die Masse der provenzalischen Weine, die Rosés vorneweg, bis vor nicht allzu langer Zeit tatsächlich von eher mäßiger Qualität gewesen. Das mag bei weniger informierten Gourmets vielleicht noch im Gedächtnis haften. Längst findet man neben einigen namhaften Gütern, die seit eh und je Qualität produzieren, immer mehr Häuser, die sich darum bemühen. Und statt plumper, alkoholreicher, oft sogar brandig wirkender Weine erzeugt man zunehmend frische, fruchtige, leichte und säurebetonte Tropfen.

Auf *Château Minuty* hat man jedenfalls, seit Vater Farnet das Gut 1936

Die spanischen Arbeiter kommen schon seit Jahren zur Weinlese nach »Minuty«. Der Trester, die ausgepreßten Trauben, wird als Dünger um die Reben verteilt

gekauft hatte, Weine von großer und anerkannter Qualität erzeugt. Schwiegersohn Matton-Farnet, der die *Domaines Farnet* betreut, zu denen neben »Minuty« gepachtete Weinberge und das Weingut »Chateauneuf« bei Vidauban gehört, ebenfalls im Anbaugebiet der Côte du Provence, hat mit seinem Sohn Jean-Etienne inzwischen bereits die dritte Generation eingeführt. Ihm liegen vor allem die Rosés am Herzen. Er liebt diese Weine voll Frucht und Frische, die das Essen, wie er sagt, ruhig dominieren sollen, das heißt, ihm Kraft entgegensetzen, aber nicht unterdrücken dür-

182

den Domainen der Côte de Provence

fen. Sie sind ideale Begleiter zu *Crudités*, eleganten Vorspeisensalaten, sogar zu solchen mit intensiver Würze, zum Beispiel mit Anchovis (!); sie sind die perfekten Begleiter zur Bouillabaisse, Bourride (einer mit Aioli gebundenen Fischsuppe), zu gefüllten Fischen; sie passen aber auch wunderbar zu hellem Fleisch, Kalbsbraten, Kaninchenragout oder Hühnerbrust mit Kräutern – kurz, zu allen Gerichten, die die Düfte der Provence in sich bergen und denen ein Rosé zusätzlich das Parfum und den Geschmack südlicher Sonne verleiht. Weißwein trinkt er indessen am liebsten als Apéritif, zu Fischen mit hellem Fleisch, zu Plattfischen also oder zum gegrillten Loup.

Und Rotwein schätzt er zum dunklen Fleisch, zu würzigem Lamm und kräuterduftenden Rindersteak.
Seine typische Frucht verdankt der Rosé von »Minuty« der *Tibouren*traube, die leichte, trockene Weine liefert. Wie lange der Most auf der Maische ruhen darf, beeinflußt Geschmack

Monsieur Matton-Farnet (Mitte), Sohn Jean-Etienne (links) und Oenologe Bertin probieren und diskutieren den neuen Jahrgang. Der Weißwein, schon Ende August gelesen, ist bereits klar (siehe großes Photo, folgende Seite). Der Rosé und die Roten stehen noch am Anfang ihrer Gärung. Das Speisezimmer, ein lichter Gartenraum, ist üppig überwuchert. Zum Kaffee bittet das Ehepaar Matton-Farnet auf die Terrasse

und, versteht sich, die Farbe, die ja in der Schalenhülle steckt. Normalerweise wird der Most bereits nach zwei bis drei Stunden abgepreßt. Manchmal jedoch muß man ihn bis zu acht Stunden »mazerieren« lassen. Und in trockenen Jahren, wie 1989, das Jahr, in dem die Trauben bis 14 Tage vor der Lese keinen einzigen Regentropfen erlebt hatten, muß der Most unverzüglich abgezogen werden, damit er nicht zuviel Tannin und Farbe abbekommt. Auf »Minuty« wird möglichst natürlich angebaut. Gegen Schädlinge gespritzt und gedüngt wird ausschließlich organisch. Nicht nur mit Trester, den Schalen und Stielen der Trauben, sondern auch mit Meeresalgen.

183

1
– TARTE TROPÉZIENNE –
SARDELLENKUCHEN NACH ART VON ST-TROPEZ

Für vier bis sechs Personen:
1 Paket Blätterteig (tiefgekühlt),
Mehl, 200 g Anchovis, 4 EL Olivenöl,
1 Eigelb

Die Blätterteigplatten nebeneinanderliegend antauen lassen, dann aufeinandergestapelt auf der bemehlten Arbeitsfläche zu einem Rechteck ausrollen. Etwa zehn Sardellenfilets beiseite legen, die übrigen mit dem Öl im Mixer zu einer Paste zerkleinern. Eine Hälfte der Teigplatte damit einstreichen, rundum jedoch einen zentimeterschmalen Rand lassen. Die Sardellenfilets darauf verteilen. Die freie Teighälfte darüberklappen, rundum gut festdrücken, damit nichts herausquillt.
Die Oberfläche mit verquirltem Eigelb einpinseln. Erst jetzt mit einem spitzen Messer vorsichtig parallel verlaufende Schnitte setzen, die jedoch nicht bis zur unteren Hälfte durchdringen dürfen. Auf ein mit Backpapier belegtes Blech setzen, bei 220 Grad 20 bis 30 Minuten backen.

2
– RÔTI DE VEAU –
KALBSBRATEN

Das Besondere daran sind hier vor allem die Beilagen: taufrische stricknadelfeine grüne Bohnen aus dem eigenen Garten, kleine weiße Zwiebelchen und geröstete walnußgroße Kartoffeln. Ein einfaches, aber unvergleichlich delikates Essen.

Für sechs Personen:
2 kg Kalbsschulter, Salz, Pfeffer,
je 1 Thymian- und Salbeizweig,
4 EL Olivenöl, einige Kalbsknochen,
500 g kleine Zwiebeln,
je 1 Glas Brühe und Weißwein

Das Fleisch salzen, pfeffern und zu einem Braten zusammenschnüren. Dabei die Kräuter dazwischen packen. In einem Bratentopf im heißen Öl sanft aber geduldig auf allen Seiten anbraten. Die Knochen und geschälten Zwiebeln darum herumstreuen. Zugedeckt insgesamt etwa 70 bis 80 Minuten auf mildem Feuer mehr ziehen als richtig braten lassen. Immer wieder drehen und jedesmal einen Schuß Brühe und Wein zugießen, damit nichts ansetzt.
Den Braten in Scheiben schneiden und auf einer großen Platte anrichten. Die Zwiebeln mit den zarten Böhnchen mischen, die nur kurz blanchiert und in etwas Butter geschwenkt sind. Für die Röstkartoffeln möglichst gleich große, kleine Kartöffelchen aussuchen, die gargekocht und in Olivenöl rundum braun gebraten werden – dabei dürfen ruhig einige Salbei-, Thymian- oder Rosmarinzweige mitbraten und ihren Duft abgeben.

3
– SORBET AUX FRAISES –
ERDBEERSORBET

Natürlich hat auch Madame Farnet im Herbst keine frischen Erd- oder Himbeeren zur Hand. Dafür verfügt sie über einen ausreichenden Vorrat davon in ihrer Tiefkühltruhe. Während der Saison werden sie sofort ganz eingefroren. Die Erdbeeren als Püree, weil sie so vielseitiger sind und die Kälte besser vertragen. Die Himbeeren ganz; man sieht ihnen den Kälteschlaf nach vorsichtigem Auftauen nicht an.

Für sechs Personen:
1 l Erdbeerpüree (aus ca. 800 g
Früchten mit ca. 200 g Zucker),
300 g Himbeeren, Crème fraîche

Das Erdbeerpüree, wenn nötig, mit Puderzucker nachsüßen. In der Eismaschine gefrieren. Wer keine Eismaschine hat, die die Masse währenddessen rührt, muß das Eis immer wieder aus dem Gefrierfach holen und mit einem Schneebesen aufschlagen. So können sich keine Kristalle bilden, und das Eis wird schön cremig. Mit Himbeeren und einem ordentlichen Klacks Crème fraîche servieren.

Nizza: halb Italien, halb Frankreich

Hingestreckt an die *Baie des Anges*, die Engelsbucht, mit der berühmten *Promenade des Anglais*, dem von reichen Engländern bereits um 1820 eingerichteten Prachtboulevard zwischen Strand und Hotels, umrahmt von den steil aufsteigenden Meeralpen, die Schutz vor kalten Nordwinden bieten, entwickelte die Stadt ein besonderes Flair. Vor allem die Engländer haben dies früh, bereits im 18. Jahrhundert, entdeckt – zu Beginn des 19. Jahrhunderts verbrachte dann die feine Gesellschaft der ganzen Welt den Winter in diesem klimatisch so begünstigten Ort. Heute finden im Winter hier Kongresse statt, im Sommer gehört die Stadt den Badegästen.

Nizza war bis 1388 im Besitz der Grafen der Provence, gelangte dann an das Haus Savoyen-Sardinien – war also, abgesehen von 1792–1814, fast 500 Jahre italienisch, ehe es sich 1860 durch Volksentscheid Frankreich anschloß. Aber mehr als diese Zugehörigkeit sind es die geographische Lage und die Menschen, die für eine locker-italienische Stimmung sorgen und das Strenge, oft Asketische der Provence vergessen lassen. Vor der Entstehung der Nationalstaaten herrschte hier ohnehin ständiger Austausch: Die allen Orten an diesen steilen Gestaden gemeinsame Lage, die dauernde Bedrohung durch Piraten, die alles beherrschende Stellung Genuas und schließlich die italienischstämmige Bevölkerung schufen für die gesamte Küste von Livorno bis hier einen einheitlichen Lebensraum, »*Riviera*« genannt.

Hier wird mit den Farben fröhlich umgegangen: Die enge Altstadt zwischen dem teilweise überbauten Wildbach *Paillon* und dem Felsen des ehemaligen Schlosses, die Häuser am alten Hafen leuchten denn auch wie in jedem ligurischen Fischerort in zitronigem Gelb, verwaschenem Rosa, lebhaftem Grün und hellem Blau. Über den Gassen flattert die Wäsche, in den Nudelläden locken Ravioli, es riecht nach Fisch und duftet nach *Pissaladière*, der hiesigen Variante der Pizza.

186

Auf dem Markt: Obst und Gemüse, ganze Gebirge vom hier heißgeliebten Mangold. Oliven – bei einem Händler zählen wir 21 verschiedene Sorten, darunter die berühmten kleinen von Nizza. Verkaufsstände selbstvermarktender Bauern mit selbstgepreßtem Olivenöl aus *Contes* und *Carros*, Dörfern im Hinterland; mit Ziegenkäse, lebenden Hühnern und Enten; mit Honig und Kräutern, Blüten und Essenzen aus der *Haute-Provence*; aus den Alpen Pfifferlinge, Herbsttrompeten, Blutreizker, Leistlinge, Stoppelpilze, Maronen und Steinpilze; aus Korsika Zitronen, Kiwis und Avocados.

Und ein Meer von Blumen in Töpfen und Sträußen – Nizza, die Blumenstadt: Im Februar oder März zum Karneval, am fetten Dienstag vor der Fastenzeit, dem *mardi gras*, entfaltet Nizza seine ganze florale Pracht in einem bunten Blumenkorso.

In der Altstadt Cafés, wo man den *espresso* auf italienische Art serviert und ein Glas Wasser dazu. Bars, Restaurants und kleine Kneipen – hier nimmt man seinen Apéritif, dort verspeist man ein paar Nudeln, da gibt's gigantische Platten von Meeresfrüchten, im pompejanischen »*domus apiciana*« sogar altrömische Spezialitäten. Und im *Restaurant municipal*, eine Treppe hoch, am Fischmarkt speisen die Clochards...

Wer Glück hat und rechtzeitig kommt, denn man kann nicht telephonisch reservieren, findet noch einen Platz in dem kleinen Restaurant von Christine und Jean Giusti: »La Merenda« heißt es schlicht, der nizzaische Ausdruck für *Casse-croûte*, das wir Vesper nennen. Auf einer Schiefertafel, die an den Tisch getragen wird, kann man lesen, was es gibt – die alten Nizzaer Spezialitäten, je nach Angebot und Jahreszeit. Eine Küche ohne Schnickschnack, eine Familienküche: Linsen mit Wurst, Kutteln, Schmorfleisch, Pizza, Nudeln mit Basilikum. In der gemütlichen Kneipe kommt man leicht miteinander ins Gespräch – es sind ohnehin fast nur Nizzaer hier. Der Deutschprofessor von der nahgelegenen Universität ist Stammgast – seiner Meinung nach gibt es nur zwei wirklich gute Restaurants in Nizza: »La Merenda« und das »Chanteclerc« im legendenumwobenen, denkmalgeschützten Hotel *Negresco*. Hier ißt man einfach und billig, dort luxuriös und sündhaft teuer, aber in beiden eben gut!...

Nizza – Großstadt für Einwohner, Urlaubsort für Touristen: Markt und Hafen, Hotels und Restaurants. Als Spezialität gilt das gigantische plateau de fruits de mer *(rechts unten) mit sämtlichen Krusten- und Schalentieren, die das Meer bietet*

1
– LA SALADE NIÇOISE –

SALAT NACH NIZZAER ART

Das wohl bekannteste provenzalische Rezept. Zugleich aber gewiß auch dasjenige, dem am meisten übel mitgespielt wurde. Was hat man nicht schon alles unter diesem Namen angeboten! Natürlich kann man im Grunde alles, was der Sommer an frischen Sachen bietet, dafür verwenden. Aber sie müssen von erstklassiger Qualität sein, sonst wird kein vergnüglicher Salat, sondern ein geschmackloser Mischmasch draus. In die mit Kopfsalatblättern ausgelegte Schüssel gehören zum Beispiel:

- gehäutete Tomatenachtel
- dünne Paprikaringe
- hauchfeine Zwiebelringe
- gekochte, zarte grüne Böhnchen
- gekochte Kartoffeln
- gekochte Eier
- gewässerte Sardellenfilets
- eingelegter Thunfisch
- schwarze, kleine (Nizzaer) Oliven.

Die Vinaigrette wird aus scharfem Senf, Salz, Pfeffer, nur wenig Essig, aber reichlich Öl aufgeschlagen und erst zum Schluß darübergegossen.

1
– PÂTES AU PISTOU –
BASILIKUM-NUDELN

Die leuchtendgrüne Sauce aus reichlich Basilikum, Knoblauch, Käse und Pinienkernen liebt man auf der französischen Seite der Riviera ebenso sehr wie auf der italienischen, wo sie als *pesto genovese* bekannt ist. Die dicke Paste nimmt man übrigens auch zum Würzen und Binden von Gemüsesuppe oder einfach auf Croûtons gestrichen zum Apéritif. Früher hat man den Pistou im Mörser zubereitet, heute erledigt diese Arbeit der Mixer besser und schneller.

Für vier bis sechs Personen:
Pistou:
50 g abgelagerter Gruyère oder Comté-Käse, 75 g Basilikumblätter, 50 g geschälte Knoblauchzehen, 50 g Pinienkerne, Salz, Pfeffer, ca. ⅛ l Olivenöl
Außerdem:
500 g grüne Bandnudeln, Salz

Den in Würfel geschnittenen Käse, Basilikumblätter (ohne Stiele), Knoblauch und Pinienkerne im Mixer zerkleinern, dabei salzen, pfeffern und langsam das Öl hinzufließen lassen. Mit Öl bedeckt hält sich die Sauce einige Tage im Kühlschrank frisch.
Zum Servieren die Nudeln in Salzwasser mit Biß gar kochen, abgießen, tropfnaß zurück in den Topf füllen und den Pistou zufügen. Behutsam, aber gründlich mischen. Sofort, mit Basilikum dekoriert, servieren.

2
– SARDINES FARCIES –
GEFÜLLTE SARDINEN

Eines der typischen Gerichte in der provenzalischen Küche, für das jede Hausfrau ihr eigenes Rezept hat. In der *Merenda* macht man sie so:

Für vier Personen:
12 bis 16 kleine Sardinen,
6 EL Olivenöl, 500 g Mangold,
2 Schalotten, 4–5 Knoblauchzehen,
Salz, Pfeffer,
4 Scheiben von altbackenem Baguette,
50 g Gruyère, 1 Bund Petersilie,
1 Ei, 4 EL Semmelbrösel, Zitrone

Die Sardinen von der Bauchseite her ausnehmen, die Rückengräte entfernen. Die Köpfe abschneiden, die Schwanzflossen dran lassen. Die Sardinen waschen, gründlich abtrocknen und mit der Hautseite nach unten nebeneinander in eine mit Öl ausgestrichene, feuerfeste Form setzen.
Für die Füllung den geputzten Mangold entstielen. Die Stiele grob hakken, mit den ebenfalls nur grob zerkleinerten Schalotten und Knoblauchzehen in etwas Öl andünsten. Die Blätter zufügen, salzen und pfeffern. Das zerkrümelte Brot zufügen. Alles zugedeckt zehn Minuten im eigenen Saft dünsten. Schließlich etwas abgekühlt im Zerhacker oder Mixer zusammen mit dem gewürfelten Käse, Petersilie und Ei zu einer nicht zu feinen Farce mixen. Abschmecken. Auf die Sardinen verteilen, jeweils etwas aufhäufen und festdrücken. Mit Semmelbröseln bestreuen und mit Olivenöl großzügig beträufeln. Für exakt 5 Minuten in den auf 250 Grad vorgeheizten Backofen schieben. Auf Küchenpapier entfetten. Mit Zitronenschnitzen frisch aus dem Ofen oder bei Zimmertemperatur servieren.

»La Merenda«: Man kann über einen Tresen den Giustis zuschauen, wie sie in ihrer Küche werkeln, Salat anmachen, Nudeln in Sauce wenden

190

3
– TRIPES À LA NIÇOISE –
KUTTELN AUF NIZZAER ART

Wer die Kutteln bereits gereinigt und vorgekocht beim Metzger bestellt, erspart sich eine Menge Mühe und Küchendunst. Zum Kuttelragout, das im übrigen um so besser schmeckt, je öfter man es aufwärmt, serviert Madame Giusti *Panisses*, die italienischen Polentaschnitten sehr ähnlich sind, nur statt mit Mais- aus Kichererbsenmehl zubereitet.

Für vier bis sechs Personen:
2 Zwiebeln, 3 Knoblauchzehen,
3 EL Olivenöl, 1,2 kg vorgekochte,
in Streifen geschnittene Kutteln,
½ Kalbsfuß (vom Metzger längs gespalten), 2 große Tomaten,
1 EL Tomatenmark, ½ l Weißwein,
½ l Brühe, 1 Kräuterstrauß (Lorbeer, Thymian, Lauch), 1 Nelke,
Salz, Pfeffer, geriebener Gruyère zum Bestreuen
Panisses:
1 l Wasser, 2 EL Olivenöl,
½ TL Salz, 200 g Kichererbsenmehl,
Öl zum Fritieren

Feingehackte Zwiebeln und Knoblauch im heißen Öl andünsten. Kutteln und Kalbsfuß zufügen. Ebenso die gehäuteten, entkernten Tomaten und das Tomatenmark. Einige Minuten unter Rühren andünsten, bis alles rot überzogen wirkt. Wein und Brühe angießen, den Kräuterstrauß und die Nelke zufügen, salzen und pfeffern. Zugedeckt auf kleinem Feuer vier Stunden schmoren, bis die Kutteln schmelzend zart sind. Kalbsfuß entbeinen und in Streifen geschnitten einrühren.
Für die *Panisses* das Wasser aufkochen, Öl, Salz und Kichererbsenmehl zufügen, dabei ständig rühren und leise köcheln. Nach zehn Minuten ist ein dicker Brei entstanden. Auf eine eingeölte Platte gießen, abkühlen und fest werden lassen. Vor dem Servieren in Streifen oder Schnitten teilen und schwimmend in heißem Öl ausbacken.

WINTER

Schnee, Mimosen, Mandelblüten.
Zeit für Olivenöl, Trüffeln und derbe Kost

Camargue: Die wilden Pferde *Maussane: Ölmühle* *Schloßherrinnen* *Zum Apéritif: Schöne Häppchen*

Mit Zwiebelconfit: Kalbsleber *Frisch gebürstet: Trüffel* *In üppiger Blüte: Pfirsiche*

Noch im Winterschlaf: Weinreben

Seealpen: Berge und Schluchten zwischen Sonnenglut und Schneeglanz

Steil und weiß steigen hinter Nizza und Menton die Seealpen aus dem blauen Meer, gekrönt von ebenso berühmten wie überlaufenen Felsendörfern, etwa *Èze* und *La Turbie*. Natürlich: grandios der Ausblick auf die Städte unten, die Hotels, die Villen und Gärten der Reichen! Das Klima ist mild, die Sonne scheint viel: überall Gewächshäuser für Rosen, Nelken, Lilien und andere Blumen – ganze Hänge sind von weiß gekalkten Glasdächern wie von Schorf überzogen.

Landschaftlich nicht weniger schön ist das Hinterland. Enge, abenteuerlich kurvige und steile Straßen, berühmte Pässe wie der *Col de Turrini,* wo die »Nacht der langen Messer« der *Rallye Monte Carlo* gefahren wird. Tiefe, unwegsame Schluchten – besonders die der *Vésubie*, ausgedorrte, kahle Bergrücken, dann wieder mächtige Tannenwälder wie bei *Peïra-Cava:* Sommerfrische und Skigebiet von Nizza.
Die Landschaft ist dem Menschen hier wenig freundlich gesonnen – die Felder mußten, immer in Terrassen angelegt, den Bergen abgetrotzt werden. Etwas Wein, Olivenbäume bis in 800 Meter Höhe, ein paar Feigen, früher natürlich Weizen, was längst nichts mehr einträgt. Um die Dörfer Gärten, mit Gemüse, Beeren, Pfirsichen und Mandeln; weiter oben Weiden für Schafe und Kühe. Im Winter kann es bitter kalt sein. Im Sommer trocknet die Sonne Pflanzen und Menschen aus. Die Gesichter der Leute sind gezeichnet von diesen Gegensätzen.

Die Orte kleben an steilen Hängen oder liegen unzugänglich auf Bergspornen, geschützt gegen Eindringlinge. *Peillon, Lucéram, St-Martin-Vésubie* und *Venanson*, um nur einige zu nennen, lohnen den Besuch. Auch *Coaraze*: Steile Gassen mit Stufen, so eng, daß man nicht hineinfahren kann. Baumaterial, Möbel und die Lebensmittel, die Yvonne Jacquet braucht, um die Gäste in ihrer *»Auberge du Soleil«* bewirten zu können, alles muß herangetragen werden. Einen wundervollen Ausblick genießt man von der Terrasse; ein paar einfache, aber hübsche Zimmer laden zum Verweilen, in der Gaststube mit dem lodernden Kamin ist's gemütlich warm. Mit ihrem Mann Antoine hat Yvonne vor sieben Jahren hier oben begonnen – sie hatten keine Lust mehr, unten in

Eine gute Stunde fährt man von Nizza bis zu den Schneehängen der Meeralpen. Im Tal der Vésubie zeugen Terrassenfelder vom mühsamen Bauernleben, die Paßstraßen winden sich durch Geröll und Felsen. Unten: Im Februar blühen im Paillontal *Mimosenwälder, während die Bergdörfer noch auf den Frühling warten*

Menton den Boutiquen-Trubel mitzumachen. Bereut haben sie ihren Entschluß keinen Tag, auch wenn es teuflisch viel Arbeit war, das alte Haus wieder herzurichten. Die Leute aus dem Dorf konnten zunächst nicht fassen, daß jemand freiwillig hier herauf kam, wo sie selbst doch lieber weggegangen wären, wenn sie nur den Mut dazu gehabt hätten. Aber sie halfen mit und haben die *Auberge* gleich akzeptiert, feiern hier ihre Feste.

195

Coaraze – enge Gassen, 600 Einwohner und mindestens so viele Hunde

1
– SALADE COARAZIENNE –
SALAT NACH ART VON COARAZE

Eine gehaltvolle Vorspeise oder eine ganze Mahlzeit. Am besten schmecken kleine Ziegenkäse, die man zwei bis drei Wochen mit Thymian, Rosmarin und Lorbeer in Olivenöl eingelegt hat. Beim Grillen kommen die Aromen und Gewürze dann besonders stark zum Ausdruck. Der Ziegenkäse sollte nicht mehr frisch und weich, sondern bereits fest und trocken sein.

*Für vier Personen:
1 Baguette, 4 EL Olivenöl,
125 g Speck in dünnen Scheiben,
4 kleine Ziegenkäse,
1–2 Köpfe grüner Salat der Saison
Vinaigrette:
1 TL Dijonsenf, 4 EL Olivenöl,
2 EL Weißweinessig, Salz, Pfeffer,
Petersilie*

Vom Weißbrot vier Scheiben schneiden, den Rest würfeln. Den Speck in Streifen schneiden und im heißen Öl knusprig braun rösten. Auf Küchenkrepp abtupfen. Die Brotscheiben und -würfel im ausgelassenen Fett ebenfalls bräunen. Auf jede Scheibe einen Ziegenkäse setzen, unter dem Grill oder im Ofen überbacken. Auf Salatblättern anrichten. Mit den Croûtons und Speckstreifen bestreuen. Alles mit der Vinaigrette beträufeln, die rasch zusammengemixt wurde.

2
– CABRETTE AU JARDIN –
JUNGER ZIEGENKÄSE IM GARTEN

Hierfür sollte der Käse noch frisch sein, etwa drei bis vier Tage alt, also eher wie Quark beschaffen.

*Für vier Personen:
4 Weißbrotscheiben, 2 EL Olivenöl,
4 junge Ziegenkäse, Petersilie,
2 weiße oder Frühlingszwiebeln,
Salatblätter, geröstete Croûtons,
2 Tomaten, 2 gekochte Eier,
Vinaigrette (siehe Rezept nebenan),
Ratatouillepüree:
je 1 grüne, rote und gelbe Paprikaschote, 1 Aubergine, 1 Zucchini,
1 Zwiebel, 4 Knoblauchzehen,
4 EL Olivenöl, Salz, Pfeffer,
Basilikum, Zitronensaft
Auberginenpüree:
500 g Auberginen, 4 EL Olivenöl,
Salz, Pfeffer, 6 Knoblauchzehen,
Zitronensaft*

Die Brotscheiben im Öl braun braten, den Ziegenkäse jeweils darauf anrichten, mit gehackter Petersilie und in Ringe gehobelte Zwiebeln bestreuen. Auf Salatblättern anrichten, mit knusprigen Croûtons bestreuen, mit Tomaten- und Eierachteln garnieren und schließlich mit Vinaigrette beträufeln. Dazu serviert man in der Auberge du Soleil jeweils ein Töpfchen Tapenade (siehe Seite 96, 230), Ratatouille- und Auberginenpüree:
Für die Ratatouille die Gemüse portionsweise im heißen Öl braten, salzen, pfeffern und reichlich Basilikum mitschmoren. Wenn das Gemüse schmelzend weich geworden ist, im Mixer pürieren. Die streichfähige Paste mit Salz, Pfeffer und reichlich Zitronensaft abschmecken, der im übrigen das Püree auch haltbar macht.
Für das Auberginenpüree die Früchte in Scheiben schneiden, im heißen Öl langsam gar braten, dabei salzen und pfeffern und gehackten Knoblauch dazwischenstreuen. Im Mixer pürieren, mit Zitronensaft und frischem Olivenöl abschmecken.

Die einstigen Bauernhäuser der Umgebung sind fast alle zu Wochenendhäusern geworden. Eines jedoch haben sich, als typische Aussteiger von 1968 aus Paris kommend, Bernadette und Samy Dehennin, gekauft, um ständig hier zu leben: Sie ziehen Enten und Hühner, halten eine Herde von Ziegen und machen den Käse, den es in der »Auberge du Soleil« gibt. Samy war Kürschner gewesen – er hatte, wie seine Frau, das gehetzte und gleichförmig-anonyme Leben in Paris satt. Sie wollten nicht länger Rädchen in einem sich wichtig wähnenden Betrieb sein, sondern bewußter, sinnvoller, »natürlicher« leben. Die *retour à la nature* haben sie nicht bereut, auch wenn ihr Dasein hart und voller Arbeit ist. Sie machen mit Spaß rundum alles selbst, haben ein paar Ölbäume

Bernadette und Samy Dehennin führen ein hartes, bescheidenes, aber erfülltes Leben auf ihrem Hof mit Ziegen, Hühnern und Enten. Zu Weihnachten werden Enten genudelt – 500 bis 1000 Gramm Mais bekommen die Tiere pro Tag: Die Stopflebern bringen gutes, notwendiges Geld

und Feigen, sind richtige Allround-Handwerker geworden und mästen, dank der lehrreichen Hilfe des Departements, zu Weihnachten Enten für die begehrte Stopfleber. Sie haben gelernt, in Einklang mit der Natur zu sein und gleichgesinnte Freunde gefunden: Fast die gesamte Landwirtschaft wird nicht mehr von alteingesessenen Bauern unterhalten, sondern von Aussteigern. Eine Hoffnung für das Land.

1 2

Camargue: der Wilde
Fahles Schilf und weiße Pferde,

Camargue – das Wort beschwört sofort, geradezu klischeehaft, Vorstellungen und Bilder herauf: Pferde, Stiere, Schilf und Wasser, Flamingos und die für Fremde ziemlich langweilige Zigeunerwallfahrt von *Saintes-Maries-de-la-Mer*. Eine merkwürdige Gegend, nicht richtig Land, nicht richtig Wasser, mit einer bei Mistral-Wind klaren, meist aber diesigen Luft, in der sich das Licht, vom nahen Meer und den Wasserflächen reflektiert, zu besonderer Leuchtkraft steigert.

Die berühmten weißen, langmähnigen Pferde, die *camarguais*, wie sie hinter übermannshohem Schilf dahinpreschen, gischtende Wasserfontänen hinter sich lassend; schwarze, gedrungene Stiere, *toros*, mit angriffslustig gebogenem Gehörn; hie und da, vereinzelt oder in kleinen Gruppen, Schirmpinien, dazwischen hingeduckt *cabanes*, jene typischen, schilfgedeckten Hütten der Pferdehirten, *gardians* genannt; Linien, gesäumt von filigranen Pappeln, fiedrigen Weiden, da-

Cabanes: weißgetüncht, reetgedeckt, die apsisförmige Rundung dem Wind entgegengestellt – die typischen einräumigen Häuser der Camargue sind inzwischen selten. Geangelt wird zum Vergnügen

hinter schließlich unverstellte Weite bis zum Horizont. Rosa hineingetupft ins liebliche Bild: hochbeinige Flamingos, in den seichten, den Himmel widerspiegelnden Gewässern stelzend.

Diese Bilderbuchszenerie kann man allerdings nur im Winter genießen, wenn die Schilfwälder die Sicht nicht einschränken. Und wenn der von April bis Oktober nicht endenwollende Fremdenstrom für eine kurze Zeit ins Stocken kommt. Ansonsten ist das Gebiet südlich von Arles fest in Touristenhand; Reiterkavalkaden, Autoschlangen und Wohnmobile, Verkaufsstände und entsetzlich stinkende Imbißwagen bestimmen das Bild. Entlang der Straßen ein Pferdeverleih neben dem anderen, zerstampftes Land, alles eingezäunt, Massenbetrieb...

Entstanden ist die eigenartig charakteristische Landschaft, ursprünglich ein von vielen Flußarmen durchadertes Sumpfgebiet, durch die gewaltigen Geröll-, Lehm- und Sandmassen, die von der Rhône im Verlauf der Zeit

Westen im Süden der Provence. rosa Flamingos und schwarze Stiere

herbeigeschwemmt wurden. 20 Millionen Kubikmeter Ablagerungen sind es im Jahr, die das Landgebiet ständig vergrößern; zwischen der Großen und Kleinen Rhône wächst die Küste jedes Jahr um 10 bis 50 Meter. An anderen Stellen jedoch holt sich das Meer wieder, was ihm genommen wird: *Les-Saintes-Maries-de-la-Mer* (großes Bild), um die Wehrkirche mit ihrem begehbaren Dach, lag früher einige Kilometer vom Meer entfernt und muß heute mit Deichen vor ihm geschützt werden.

Man begann bereits Mitte des 18. Jahrhunderts mit dem Trockenlegen und Eindeichen des Flußdeltas, indem man die beiden Hauptarme der Rhône zwischen Dämme bettete. Es gelang, den nördlichen und westlichen Teil aus fruchtbarem Schwemmland nach und nach zu entwässern. Heute befinden sich hier endlose Obst- und Weinbaugebiete *(Vin de Sable)*, weite Spargelfelder und eine Vielzahl von Salat- und Gemüsekulturen.

Von zarten Pastelltönen bis zu kräftigen Farben reicht die Palette der Camargue im Winter: ihre schönste Jahreszeit. Und der Blick kann, ungehindert durch das Schilf, über den Étang de Vaccarès *schweifen*

Westlich des *Petit Rhône* (die Rhône ist im Französischen männlich) gruppiert sich um einen stattlichen *Mas*, wie die Bauernhöfe hier heißen, die größte Birnenplantage Europas, 45 Hektar groß. *Der Mas du Juge* gehört seit 1869 der Familie Granier – davor war er dem örtlichen Richter (frz. *juge*) zur persönlichen Nutzung anvertraut, bis Napoleon den staatlichen Besitz privatisierte, seinen Günstlingen schenkte. Zuerst hatte das Land wegen seines Salzgehaltes nur als Schafweide getaugt, später wurde Reis angebaut – aber die einst weiten Felder für den berühmten Camargue-Reis sind in den letzten Jahren fast völlig zusammengeschrumpft, weil andere Produkte lukrativer sind.

Als der Boden durch die natürliche Auswaschung ausreichend stark entsalzen war, hat Roger Granier auf Birnen umgestellt, nebenbei gibt es noch Pferde und Schafe, Schweine, Hühner – eben alles, was auf einen richtigen Hof gehört. Er sieht aus, wie

einem Western entsprungen: Fellweste, Kordel um den Hals, Reitstiefel und Stern auf der Brust. Rote, wettergegerbte Backen und leuchtende Augen, die von seiner Liebe zu dem Land sprechen. Schnell braust er auf, wenn das Gespräch auf die Unvernunft der Städter kommt, die Verwüstungen, die sie in der Natur anrichten, weil sie die Zusammenhänge nicht begreifen. Vielleicht um sie ihnen klarzumachen, hatte er mit seiner Frau Renée schon immer viele Gäste eingeladen – 1986 haben sie beschlossen, aus ihrer Gastfreundschaft einen Beruf zu machen. Jetzt können hier bis zu 20 Personen übernachten und bekommen ein familiäres Essen, das sich an bürgerlichen Speisen der Provence orientiert. Neben einzelreisenden Gästen empfangen die beiden Gruppen von Führungskräften an ihrer *table d'hôte*, die in dem geräumigen Gebäude, dem einstigen Schafstall, genügend Platz und einen ungezwungenen Rahmen für ihre Tagungen finden.

Am liebsten bereitet Renée Granier

1
– ANCHOÏADE –
ANCHOVISSAUCE

Ähnlich wie die Aïoli steht hier die Sauce für ein ganzes Gericht. Es ist eine herrliche Vorspeise, die viel Eindruck und kaum Arbeit macht: Zur Sauce stellt man eine große Platte mit verschiedenen Gemüsen, auch hartgekochte Eier und frisches oder aufgebackenes Baguette auf den Tisch. Jeder nimmt sich davon und stippt Bissen für Bissen hinein. Madame Granier reicht dazu außerdem Bagnarot, eine Paprikasauce; das Rezept dafür steht auf Seite 96. Wie man die Anchoïade zubereitet, lesen Sie hier:

Für vier Personen:
10 Anchovis, ca. ¼ l Olivenöl,
2–3 Knoblauchzehen, Pfeffer,
Saft einer halben Zitrone

Die entgräteten Anchovis im heißen Öl schmelzen, mit durchgepreßtem Knoblauch, Pfeffer und Zitronensaft würzen. Die Sauce mit dem Schneebesen, besser noch mit dem Mixstab aufschlagen, weil der eine homogene Bindung zustande bringt, die sich nicht so schnell wieder trennt.
Zum Stippen reichlich Gemüse reichen: Stangensellerie, Tomaten, Chicorée, hartgekochte Eier, Gurken – was der Kühlschrank eben gerade hergibt.

2
– FRISÉE AUX CROÛTONS D'AIL –
ENDIVIENSALAT MIT KNOBLAUCHCROÛTONS

Für vier Personen:
1 schöner Friséekopf, Salz,
3–5 Knoblauchzehen, 1 EL Dijonsenf,
Pfeffer, 1 EL Essig, 5 EL Olivenöl,
Knoblauchcroûtons

Die Salatblätter zerpflücken und waschen. Für die Sauce Salz auf einem Arbeitsbrett aufhäufen, den nur grob zerschnittenen Knoblauch darauf geben, mit einer stabilen Gabel zu einer Paste zerreiben. Erst jetzt mit Senf, Pfeffer, Essig und Öl zu einer cremigen Marinade verrühren. Den Salat damit anmachen. Reichlich in mit viel Knoblauch gewürztem Öl gebratene Weißbrotwürfel darüber streuen.

3
– PÂTE DE COINGS –
QUITTENBROT

Gehört in der Provence zu Weihnachten wie bei uns der Christbaum. Man ißt das fruchtig-süße Konfekt nicht nur pur, sondern liebt es auch als Begleitung zu Käse. Besonders gut paßt es zu Ziegenkäse jeden Alters.

Zutaten:
2,5 kg Quitten, 1 Zitrone,
pro Kilo Fruchtmus 750 g Zucker,
1 Vanillestange

In einem großen Topf zwei Liter Wasser aufkochen. Inzwischen mit einem Tuch den feinen Flaum, der die Oberfläche der Quitten bedeckt, wegwischen. Die Früchte in Stücke schneiden, dabei Stiel und Blütenansatz, nicht jedoch das Kerngehäuse entfernen. Die Stücke sofort ins mit Zitronensaft gesäuerte, aufkochende Wasser werfen, damit sie sich nicht braun färben. Wenn alle Stücke im Topf sind, noch eine halbe Stunde kochen, bis sie weich sind. Mit einer Schaumkelle herausfischen, durch eine Gemüsemühle drehen. Jetzt einen halben Liter Kochsud abmessen und unter das Püree mischen, die Masse wiegen, die entsprechende Menge Zucker und die Vanillestange zufügen. Rasch aufkochen und unter stetem Rühren kochen, bis die Masse leuchtendrosa und dick wird. Gut fingerdick auf kalt abgespülte Backbleche streichen und abkühlen. Mit einem Tuch abgedeckt zwei bis drei Tage trocknen lassen, bevor das Quittenbrot in Quadrate, Rechtecke oder Streifen geschnitten wird. In Blechdosen verstaut hält sich das Konfekt wochenlang. Vor dem Servieren jeweils in Zucker wälzen.

200

(Bild links unten) zu, was der Hof bietet: Geflügel, Gemüse, Lamm, Früchte, selbstgejagtes Wild und den von befreundeten Fischern gebrachten Fang ... »Alle Drei-Sterne-Köche Frankreichs haben schon bei mir gegessen – es dürfte wenige Restaurants geben, die das von sich behaupten können!« verkündet sie stolz.

Im Herzen der Camargue liegt der *Étang de Vaccarès*, ein riesiges, flaches Teich- und Sumpfgebiet, das mit seiner eindrucksvollen Pflanzen- und Tierwelt zum Zentrum des »Naturparks Camargue« wurde. Werden die nördlichen Teile der Camargue von der Rhône mit Süßwasser aufgefüllt, so handelt es sich, je weiter man zur Küste kommt, immer mehr um Brackwasser, einem Gemisch aus Fluß- und Meerwasser, oder reinem Salzwasser. Neben den Flamingos leben hier Hunderttausende von Enten (Pfeif-, Knäck-, Krick- und Stockenten) und vielerlei inzwischen seltenes Federvieh mit uns längst ungeläufig gewordenen Namen: Wasserläufer,

1
— TERRINE MAISON —

TERRINE NACH ART DES HAUSES

Wichtig für Konsistenz und Geschmack dieser Terrine ist, daß ein gutes Drittel des Fleischs nicht durch den Wolf gedreht, sondern mit der Hand in nicht zu kleine, fast zentimetergroße Würfel geschnitten wird.

Für 1 Terrinenform von 1,5 l Inhalt:
250 g Zwiebeln, 6 Knoblauchzehen,
2 EL Butter, je 1 Bund Petersilie,
Basilikum und Thymian, Salz,
400 g Schweineschulter,
300 g Kalbsschulter,
250 g Hühnerleber, 350 g frischer Bauchspeck (davon die Hälfte in großen, hauchdünnen Scheiben zum Auslegen der Form), 1 EL Piment,
1 TL Pfeffer, 1 EL Crème fraîche,
1 Ei, 1 Eigelb, 1 EL Pastetengewürz,
Worcestershiresauce, Cayennepfeffer

Die gehackten Zwiebeln und Knoblauch in der Butter weich dünsten. Salzen, abgekühlt mit den Kräutern und dem Fleisch durch die mittlere Scheibe des Wolfs drehen, jeweils ein Drittel des Fleischs jedoch mit der Hand würfeln. Piment und Pfeffer im Mörser zerreiben, mit den übrigen Zutaten und Gewürzen zum Fleisch geben. Alles gründlich mischen und sehr kräftig abschmecken. Eine Terrinenform mit den Speckscheiben auslegen. Die Farce einfüllen, dabei mehrmals die Form auf der Arbeitsfläche aufstoßen, damit sich die Farce gut setzt. Mit Speckscheiben verschließen, mit Folie abdecken und möglichst noch einen Deckel auflegen. Im heißen Wasserbad bei 170 Grad im Backofen etwa 90 Minuten garen. Abkühlen lassen, mit einem Brettchen beschweren, jedoch erst, wenn das flüssig gewordene Fett erstarrt ist, ein Gewicht auflegen, damit die Terrine gepreßt wird (sonst tritt alles Fett, das die Terrine ja geschmeidig halten soll, aus, und sie wird trocken). Mindestens einen, besser zwei Tage kalt stellen, bevor die Terrine angeschnitten wird.
Dazu Oliven, eingelegte Chilischoten oder Gürkchen und frisch aufgebackenes Baguette reichen.

2
— BOUÏ DE CONGRE À LA ROUILLE —

MEERAAL-RAGOUT MIT ROUILLE

Rouille, die immer mit Cayennepfeffer geschärfte, manchmal mit Safran gewürzte und gelb gefärbte Aïoli, gehört nicht nur zur Bouillabaisse, mit ihr lassen sich auch Suppen binden:

Für vier Personen:
300 g kleine Kartoffeln, Salz,
¼ l Fischfond, 1 Portion Rouille
(Seite 174), 1 kg Meeraal

Die Kartoffeln schälen, in Salzwasser gar kochen. Den Fischfond aufkochen, die Rouille neben dem Feuer hineinquirlen, bis sie den Fond bindet. Jetzt darf die Sauce auf keinen Fall mehr Siedetemperatur erreichen. Die Fischstücke und die abgetropften Kartoffeln hineinlegen. Fünf Minuten ziehen lassen, bis die Fischstücke gar sind. In tiefen Tellern servieren. Croûtons und die restliche Rouille dazu reichen.

3
— CANARD COLVERT RÔTI —

GEBRATENE KRICKENTE

Schnörkellos, ohne überflüssigen Aufwand – ein Gericht, das durch die Qualität der Zutaten wirkt.

Für drei bis vier Personen:
1 Flugente, Salz, Pfeffer, Thymian,
4 EL Olivenöl, ¼ l Wildfond,
4 schöne Fleischtomaten,
2 EL Semmelbrösel, 1 Bund Petersilie

Die Ente innen und außen mit Salz, Pfeffer und Thymian einreiben. In eine Bratenreine setzen, mit etwas Öl bepinseln und in den 250 Grad heißen Ofen schieben. Sobald sie nach etwa 15 bis 20 Minuten rundum schön angebraten ist, die Hitze auf 150 Grad herunterschalten, die Ente mit Wildfond begießen. Eine Stunde in der nunmehr nachlassenden Hitze nachziehen und rosa werden lassen.
Zum Servieren die Brust auslösen und aufschneiden. Den Bratenfond etwas einkochen und mit dem Mixstab aufschlagen, damit sich das Entenfett mit dem Fond zur Emulsion verbindet. Die Tomaten quer halbiert mit einem Gemisch aus gehackter Petersilie, Bröseln und etwas Öl bedeckt grillen, salzen und als Beilage servieren.

4
— BEIGNETS CARAMÉLISÉS À LA SAUCE VANILLE —

KARAMELISIERTE KRAPFEN IN VANILLESAUCE

Für vier Personen:
1 Ei, 100 g Mehl,
einige Tropfen Orangenlikör,
1 Tütchen Vanillezucker, Zimt,
Öl zum Ausbacken
Karamel:
150 g Zucker, 2 EL Wasser
Vanillesauce:
4 Eigelb, 4 EL Zucker,
½ l Milch, 1 Vanillestange

Ei, Mehl, Likör, Vanillezucker und Zimt zu einem geschmeidigen Teig verrühren. Eine halbe Stunde quellen lassen. Mit einem Teelöffel Bällchen abstechen, zwischen den angefeuchteten Handflächen rund formen und im heißen Öl schwimmend golden ausbacken. Gut abtropfen.
Zucker und Wasser zu einem goldfarbenen Karamel kochen. Die Teigkräpfchen darin wenden, bis sie rundum vom Karamel überzogen sind. Mit zwei Gabeln herausfischen und auf einem Gitter abkühlen lassen.
Für die Vanillesauce die Eigelb im Wasserbad mit dem Zucker erhitzen und dick aufschlagen. In einem zweiten Topf die Milch aufkochen, die Vanilleschote darin ziehen lassen. Wenn sie weich geworden ist, aufschlitzen, das Mark herauskratzen und zur Eiercreme geben. Die kochendheiße Milch unter ständigem Schlagen zu der Eiercreme gießen. Alles in den Milchtopf füllen und auf mittlerem Feuer unter fleißigem Rühren einmal aufwallen, aber auf keinen Fall kochen lassen, damit sie nicht gerinnt. Abkühlen, dabei immer wieder rühren.
Die Vanillesauce hält sich ein bis zwei Tage lang im Kühlschrank. Gut gekühlt zu den karamelisierten Krapfen servieren.

Säbelschnäbler, Wasserrallen, Rohrdommeln, Silberreiher, Schnepfen, Falken und Weihen, Seeschwalben, Lachmöwen und Austernfischer. An den Ufern überall Binsen und Schilf, an den mit Meerwasser gefüllten Teichen und Gräben und auf den salzüberkrusteten, häufig überschwemmten Gebieten wächst schließlich nur noch der Queller (salicornia), jenes im Frühjahr zartgrüne, salzige, doch wohlschmeckende, seine gegliederten Stengel büschelig treibende Gewächs, das bei uns als Algen oder Meersböhnchen angeboten wird. Hier, wo er wächst, wird er übrigens nicht gegessen.
Aber die Enten gibt es, wenn der Wirt oder einer seiner Freunde Glück hatten, in der nahen »Hostellerie du Pont de Gau« bei Jean Audry. Was er seinen Gästen anbietet, ist in dieser Region eine Ausnahme: Im allgemeinen bestimmen anspruchslose Touristen mit ihrem Wunsch nach ausschließlich billigem Essen das Niveau der Küche – das von Wirten befriedigt wird, die einen schnellen Franc einschieben wollen und auch können, denn am schlechten Billigessen verdient man am meisten. Im »Pont de Gau« ist es auch nicht teuer – aber gut! Erstklassiger, frischer Fisch wird ohne Getue so zubereitet, wie es sich

»Pont de Gau«: ein kleines Restaurant nahe dem Vogelpark Maguelonne. Hier stehen immer Autos aus der Umgebung – ein untrügliches Zeichen, daß gut gekocht wird! Mitte der sechziger Jahre hatte Jean Audry als Koch hier angefangen – 20 Jahre später konnte er dann, zusammen mit seiner Frau Monique, den Betrieb erwerben

gehört, wobei die klassischen provenzalischen Rezepte maßvoll erneuert wurden. Freilich ist Audry kein *Camarguais*, sondern stammt aus Zentralfrankreich, und er liebt daher die Küche des Landes, die von den Provenzalen selbst fast verleugnet wird – es gab hier schließlich nur eine nicht sehr abwechslungsreiche Kost aus Fisch, Wassergeflügel und Reis! Unvorstellbar heute, wenn man durch das reiche Ackerland fährt: Gemüse und Obst waren früher hier Mangelware! Heute gedeiht bereits Ende

Februar/Anfang März unter Folie tonnenweise Spargel. Den ganzen Winter über erntet man in riesigen Tunneln Kopf-, Endivien-, Batavia- und Eichblattsalat. Ende Februar werden die ersten Pflänzchen nach draußen gesetzt, dann mit Folie überspannt, damit sie geschützt sind und schneller wachsen, um bereits Ende April/Anfang Mai geschnitten zu werden. Die Preise allerdings ... Die Bauern spüren schmerzhaft die in der EU neu erwachsene Konkurrenz der anderen Anbauländer.

Auch Frühkartoffeln kommen jetzt, wenn höchstens noch kurze Fröste zu befürchten sind, in den Boden: In den leichten Sandboden halbierte große, in den feuchteren Lehmboden kleinere Knollen. Man weiß hier, wie man mit Sparsamkeit Spitzenprodukte erzielt.

205

1
– FOUGASSE –
HEFEKUCHEN MIT ORANGENDUFT

Früher hat man den Teig dafür natürlich mit Olivenöl zubereitet – das gibt dem Gebäck einen ganz charakteristischen Duft. Seit jedoch Butter billiger als gutes Öl geworden ist und obendrein vielen Menschen Olivenöl zu »intensiv« erscheint, wird es immer schwieriger, den Originalgeschmack zu finden. Im folgenden Rezept kann man das Öl natürlich durch frische Butter ersetzen – der Kuchen schmeckt dann anders, aber nicht minder köstlich.

Für ein großes Backblech:
Hefeteig:
500 g Mehl, 20 g Hefe, 1 Prise Safran,
knapp ⅛ l lauwarmes Wasser,
125 g Zucker, 2 Eier, 4 EL Olivenöl,
4 EL Orangenblütenwasser
Außerdem:
Mehl und Zucker zum Bestreuen,
Olivenöl zum Einfetten und Beträufeln

Das Mehl in eine Rührschüssel sieben. Hefe und Safran im Wasser auflösen, dabei je einen Löffel Zucker und Mehl unterrühren. Diese Mischung in eine Vertiefung im Mehl gießen. Zugedeckt eine Stunde an einem warmen Ort gehen lassen. Schließlich den restlichen Zucker, Eier, Öl und Orangenblütenwasser zufügen. Mit den Knethaken der Küchenmaschine einen geschmeidigen Teig kneten. Auf der bemehlten Arbeitsfläche mit den Händen einmal durchwalken, erneut zugedeckt, diesmal vier bis fünf Stunden lang, gehen lassen. Den Teig zweifingerdick ausrollen und ein mit Öl bestrichenes Blech damit auslegen. Mit den Fingern Vertiefungen in die Oberfläche stupsen, damit sich dort das Öl sammeln kann, mit dem die Oberfläche großzügig eingepinselt wird. Mit Zucker bestreuen. Bei 220 Grad etwa 20 bis 25 Minuten backen, bis der Kuchen golden ist. Noch heiß mit Zucker bestreuen und so frisch wie möglich, am besten noch lauwarm, essen.

Aigues-Mortes: Mauer mit Toren, die gewaltigen Salzberge der Saline, Tour de Constance *und* St-Louis *in der Mitte der Stadt, umgeben von Bistros und Cafés*

Aigues-Mortes:
Stadt der Kreuzfahrer und des Salzes

Nachdem *Saint-Louis*, der heiliggesprochene König Ludwig IX. von Frankreich, beschlossen hatte, den sechsten Kreuzzug zur Befreiung Jerusalems zu unternehmen, wollte er einen eigenen Hafen haben, um nicht von Vasallen abhängig zu sein. 1240 kaufte er einem Kloster ein Dörfchen in den Sümpfen der Camargue ab, das von salzigem, also totem Wasser (*eaux mortes*) umgeben war, verband es durch einen Kanal mit dem nahen Meer, ließ eine quadratische Stadt anlegen und von einer gewaltigen Mauer schützen.

1248 lagen im Hafen 38 Schiffe, die jeweils 500 bis 800 Personen oder 100 Pferde aufnehmen konnten. Es gab zwar drei Klassen, aber jeder Passagier mußte eine Seekiste mitbringen, die gleichzeitig als Koffer, Bett und schließlich auch als Sarg diente (er wurde dann einfach über Bord geworfen), außerdem ein eigenes Faß Trinkwasser und einen Nachttopf! Trotz bester Ausrüstung mißlang das Unternehmen, und im nächsten Kreuzzug, 1270 gegen Tunis, erlag Ludwig wie viele seiner Gefolgsleute der Pest.

Aigues-Mortes ging dennoch einer Blütezeit entgegen – im 14. Jahrhundert lebten in seinen Mauern 15 000 Menschen, trieben gewinnbringenden Handel. Indes: Die Rhône schwemmte immer mehr Land an und den zum Meer führenden Kanal immer weiter zu, der Hafen versandete. Aigues-Mortes sank in Vergessenheit. Und so können wir heute eine Stadtansicht erleben, wie man sie sonst nur von alten Stichen kennt.

Aigues-Mortes ... Der finster klingende Name scheint Greuelgeschichten zu beschwören: Im Hundertjährigen Krieg wird es von den Burgundern eingenommen, doch durch List können die Armagnacs nächtlings eindringen – die Burgunder werden erstochen, ihre Leichen in einen Turm geworfen und mit Salz zugedeckt, damit sie nicht verwesen ... Und in den Religionskriegen ist die *Tour de Constance*, der schöne Wachtturm, Schauplatz vieler dramatischer Szenen.

Grüne und rote Felder umgeben heute die hauptsächlich vom Tourismus lebende Stadt: Grün sind die endlosen Rebgärten der 1700 Hektar großen Domäne von Listel, die den »Sandwein« produziert, den *Vin de Sable*, einen anspruchslosen Gebrauchswein. Sie gehört den *Salins du Midi*, den Salinen, die natürlich auch die durch Lichtbrechung rot leuchtenden Salzfelder besitzt. Hier werden jedes Jahr aus rund vier Millionen Kubikmetern Meerwasser, das von *Le Grau-du-Roi* herangeleitet wird, 75 000 Tonnen Salz gewonnen: Wind und Sonne lassen das Wasser in den flachen Teichen verdunsten, bis das Salz Ende August auskristallisiert und geerntet wird.

Arles – der Ort,

Irgendwie führen den Reisenden in der Provence alle Wege immer wieder nach *Arles*. Die kleine, so angenehm überschaubare, gleich vertraut wirkende Stadt liegt im Schnittpunkt der unterschiedlichsten Interessenlinien, ist immer wieder praktische Etappe und idealer Ausgangspunkt für alle möglichen Ausflüge. Die zentrale Lage haben bereits die stadtgründenden Griechen geschätzt. Jedoch die Römer erst machten die auf einem Kalkplateau inmitten des Sumpfgebiets nörd-

---

1
– RISOTTO AU RIS DE VEAU ET LANGOUSTINES –
RISOTTO MIT BRIES UND SCAMPI

Reis aus der Camargue ist etwas Besonderes. Bernard Dumas setzt noch eins drauf und mischt kanadischen Wildreis darunter. Natürlich handelt es sich nicht um einen cremigen Risotto nach italienischer Manier, sondern vielmehr um eine Art Pilaw – eben Risotto auf provenzalische Art.

Für vier Personen:
300 g frische Scampi (Langoustinen),
150 g geputztes, gemischtes Wurzelwerk (Möhre, Sellerie, Lauch),
1 l Geflügelbrühe, 4 EL Olivenöl,
2 Schalotten, 2 Knoblauchzehen,
250 g Reis (gemischt mit Wildreis),
1 Döschen Safran, 200 g Kalbsbries,
Salz, Pfeffer, Mehl zum Wenden,
je ½ rote und grüne Paprikaschote,
100 g Champignons

Die Scampi aus ihren Schalen brechen und kalt stellen. Die Schalen waschen, mit dem Wurzelwerk in einen Topf füllen und mit Brühe aufgießen. Zugedeckt etwa eine Stunde auskochen. Durch ein Sieb filtern.
In zwei Eßlöffeln Öl in einem ausreichend großen Topf feingehackte Schalotten und Knoblauch andünsten, den Reis zufügen und wenn er überall von Fett überzogen glänzt, den Safran hineinstreuen. Alles mischen, bevor mit dem Scampischalensud aufgefüllt wird. Aufkochen und auf mildem Feuer eher quellen als kochen lassen.
Das Bries in Röschen teilen, salzen und pfeffern und in Mehl wenden. Im restlichen Öl goldbraun braten, beiseite stellen. Im verbliebenen Fett die Scampi rosa braten und zum Bries geben. Schließlich die gewürfelten Paprikaschoten und blättrig geschnittenen Pilze andünsten. Das Gemüse bereits unter den fast fertigen Reis mischen. Scampi und Bries erst vor dem Servieren darauf anrichten.

2
– EFFEUILLÉE DE MORUE –
AUFGEBLÄTTERTER STOCKFISCH

Für vier Personen:
Ca. 500 g fertig pochierter Stockfisch (siehe Seite 42), 2 große Handvoll gemischter Salatblätter (Kopfsalat, Radicchio, Frisée, Rauke), 2 Tomaten, 1 reife Avocado, 2 EL Forellenkaviar (ersatzweise vom Lachs), Schnittlauch
Anchovis-Vinaigrette:
4 schöne Anchovis (Sardellen),
2 EL Olivenöl, Saft einer Zitrone, Pfeffer

Den Stockfisch noch warm in seine Schichten zerpflücken, die einzelnen Blätter auf einem Bett von Salat, gewürfelten, gehäuteten und entkernten Tomaten sowie Avocadostreifen anrichten. Mit Kaviarperlen und mit Schnittlauchröllchen bestreuen. Alles mit der Anchovis-Vinaigrette vorsichtig überziehen. Sie ist blitzschnell fertig: die entgräteten Sardellen mit den übrigen Zutaten einfach im Mörser oder Mixer pürieren.

an dem sich Geschichte begreifen läßt

lich der Camargue gelegene Niederlassung zur glanzvollen und bedeutenden Metropole. Dazu trug entscheidend ein Kanal bei, der die Stadt unabhängig von der ab hier kaum schiffbaren Rhône machte und sie mit dem Mittelmeer verband. Außerdem lag *Arelate* genau am Handelsweg zwischen Italien und Spanien und war Ausgangspunkt der *Via Agrippa*, der wichtigsten Straße Richtung Norden. Der zärtliche Beiname *gallula Roma*, das *kleine, gallische Rom*, beweist die Wichtigkeit der Stadt. Auch das stattliche *Amphitheater*, für die blutigen Gladiatoren- und Tierschaukämpfe (das heute noch benutzt wird), das *Antike Theater*, das natürlich dem Schauspiel vorbehalten war (von dem nicht mehr viel steht), die Thermen, Aquädukte, – es gab eben alles, was in einer wohlhabenden römischen Stadt vorhanden sein mußte.

Ebenso wie von der Antike ist Arles von seiner mittelalterlichen Vergangenheit geprägt. Zeugnisse und Denkmäler der verschiedenen Kulturen sind hier in seltener Vielzahl und Geschlossenheit und so unversehrt erhalten, wie kaum sonst irgendwo. Auf keinen Fall versäumen darf man *St-Trophime*, die berühmte Kirche mit ihrem als Meisterwerk provenzalischer Steinmetzkunst gefeierten romanischen Portal und den vielleicht noch schöneren Figuren im Kreuzgang, dessen Wandelgänge im Norden und Osten sich romanisch runden, während die beiden anderen gotisch angelegt sind; nicht zu vergessen die Museen, allen voran das Heimatmuseum (*Museon Arlaten*), das Frédéric Mistral mit seinem Nobelpreis finanziert und eingerichtet hat.

Alles läßt sich bequem zu Fuß erreichen, Autos wirken in den schmalen Straßen ohnehin fehl am Platz. Und die nötige Stärkung nach dem Rundgang läßt man sich dann, eine Treppe hoch, im Restaurant »Le Vaccarès« servieren, mit etwas Glück (oder entsprechender Reservierung) bei schönem Wetter auch auf dem schmalen Balkon, der einen hübschen Blick auf die platanenbeschattete *Place du Forum* bietet. Die Speisekarte verheißt ein Menu, das die »Sonne auf den Teller« und »die Düfte des Südens« bringt. Denn Küchenchef Bernard Dumas hat sich mit einigen Kollegen aus der Region zu einer Gruppe zusammengetan: Die *Cuisiniers du Soleil* wollen in ihren Restaurants die provenzalische Küche pflegen, sie haben sich vorgenommen, wieder dem Olivenöl die Vorrangstellung vor der Butter zuzugestehen, großzügig mit Kräutern und Gewürzen umzugehen, mehr Gemüse zu verwenden und statt teuer heranzuschaffender Delikatessen lieber mehr Produkte der Region in den Topf zu tun.

209

1
– FILET DE TURBOT À LA VAPEUR –
GEDÄMPFTES STEINBUTTFILET

Für vier Personen:
*4 gleich große Stücke vom Steinbuttfilet à ca. 150 g, Salz, Pfeffer,
3 EL Olivenöl, je 200 g grüne Paprika, Zucchini, Tomaten und Zwiebel, 3 Knoblauchzehen,
100 g Champignons,
100 g grüne Oliven,
4 Artischocken, Zitronensaft,
Basilikumblätter,
1 EL Korianderbeeren*

Die Fischstücke salzen und pfeffern, jedes auf ein großes, mit Öl bepinseltes Stück Alufolie oder Butterbrotpapier setzen.
Die Gemüse allesamt (bis auf die Artischocken) halbzentimeterklein würfeln, im heißen Öl, am besten portionsweise, andünsten, dabei salzen und pfeffern. Zum Schluß alles mischen und auf die Fischfilets verteilen. Die Päckchen verschließen, für fünf Minuten über heißen Dampf setzen, bis die Fischfilets gar sind. Die Artischocken schälen, die Herzen vierteln, in wenig Salzwasser, das stark mit Zitronensaft versetzt und mit Basilikumstielen und Korianderbeeren gewürzt ist, knackig kochen.
Die Fischfilets auf Tellern anrichten, die Artischockenherzen daneben setzen, den in der Folie gesammelten Saft mit dem Artischockensud mischen und als Sauce darüber gießen.

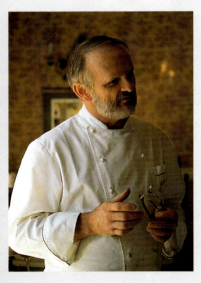

Das Restaurant »Le Vaccarès«, in dem Bernard Dumas kocht, ist nicht weit von der Kirche »St-Trophime« mit ihrem schönen Kreuzgang

2
– BROUFFADO DES MARINIERS DU RHÔNE –
SAUERBRATEN NACH ART DER RHÔNEFISCHER

Für vier Personen:
*1 kg Rindfleisch (aus der Keule),
300 g Zwiebeln, Salz, Pfeffer,
½ l Rotwein, ¼ l Essig,
je 1 EL Pfeffer- und Pimentkörner,
5–6 Anchovis, 4 EL Kapern,
4 Knoblauchzehen, 3 EL Olivenöl,
1 EL Mehl, 1 Bund Petersilie*

Das Fleisch in zweizentimeterstarke Scheiben schneiden, die Zwiebeln in Ringe hobeln. Abwechselnd in eine passende Schüssel schichten, dabei salzen und pfeffern. Mit Rotwein und Essig auffüllen, die Gewürzkörner dazwischen streuen. Entgrätete Anchovis, Kapern, Knoblauch und Petersilie miteinander im Mixer grob hacken und zufügen. Mindestens einen Tag kühl stellen und marinieren lassen.
In einem Schmortopf das Öl erhitzen, die Fleischscheiben darin anbraten. Mit Mehl bestäuben und durchschwitzen. Die Zwiebeln und Gewürze zufügen, mit der Flüssigkeit auffüllen. Zugedeckt etwa zwei Stunden schmoren. Das Fleisch warm stellen, den Sud durch ein Sieb filtern, schön säuerlich abschmecken, das Fleisch darin behutsam erwärmen.

3
– GÂTEAU AU CHOCOLAT –
SCHOKOLADENKUCHEN

Für sechs bis acht Personen:
*1 Schokoladenbiskuit (siehe Seite 122),
250 g Butter, 100 g weiße Schokolade,
150 g Vollmilchschokolade*

Den Biskuitteig zubereiten, wie im Rezept beschrieben. Die Teigplatte auskühlen lassen und in drei gleich breite Streifen schneiden.
Für die helle Schokoladencreme 100 g Butter mit der behutsam geschmolzenen weißen Schokolade in der Küchenmaschine zu einer luftigen Creme rühren. Die dunkle Schokoladencreme genauso zubereiten.
Die Teigböden einmal mit dunkler und einmal mit heller Creme bestreichen, aufeinandersetzen und mit dunkler Creme überziehen. Einen Tag lang kühl stellen. Zum Servieren in Scheiben schneiden und auf Vanillesauce anrichten (siehe Seite 203).

4
– CRÈME BRULÉE –
GEBRANNTE CREME

Eine sanfte Vanillecreme, überkrustet mit krachendem, leicht bitterem Karamel, etwas Besseres gibt es nicht! Ursprünglich stammt das Rezept aus Katalonien, wo man spezielle Eisen in der Küche hat, die im Holzfeuer oder über Gas zum Glühen gebracht werden, um den auf die eisgekühlte Creme gestreuten Zucker zu schmelzen und zu bräunen. Man kann dies allerdings ebenso gut mit den Heizschlangen des Grills tun.

Für sechs bis zehn Personen:
Vanillecreme:
*¼ l Milch, ¼ l Sahne,
1 Vanillestange, 3 ganze Eier,
4 Eigelb, 125 g Puderzucker*
Außerdem:
brauner Zucker zum Karamelisieren

Milch, Sahne, Eier, Eigelb und Zucker miteinander verrühren. Durch ein Haarsieb streichen. Das Mark aus der Vanilleschote kratzen und in die Masse rühren. In flache Portionsförmchen oder Souffléförmchen verteilen. Sie sollten höchstens zweifingerhoch gefüllt sein, damit die Creme nicht so lange braucht, bis sie im sanften Wasserbad stockt.
Sie in eine Bratenform stellen, die dick mit einem gefalteten Zeitungsblatt ausgelegt und so hoch mit heißem Wasser gefüllt ist, daß die Förmchen bis zum Oberrand ihres Inhalts darin stehen.
Im 150 Grad heißen Backofen etwa 30 bis 40 Minuten stocken lassen – die exakte Zeit hängt von der Größe der Förmchen ab. Deshalb immer wieder prüfen: Auf behutsamen Fingerdruck muß sich die Creme fest anfühlen. Über Nacht kalt stellen. Vor dem Servieren mit Zucker bestreuen und sekundenlang direkt unter den glühenden Stäben des Grills karamelisieren. Sofort zu Tisch bringen!

»Les Baux«: Troubadoure und schöne

»Di Baus farien ma capitado« – Baux will ich zu meiner Hauptstadt machen, sang Frédéric Mistral: Mit sechs anderen Schriftstellern gründete er 1854 die Vereinigung *le Félibrige*, die sich die Wiederbelebung der provenzalischen Sprache und Kultur zur Aufgabe machte. 1859 veröffentlichte er »*Mirèio*«, französisch *Mireille*, eroberte damit Paris im Sturm und leitete ein neues Bewußtsein für die Provence und ihre Kultur ein.

Les Baux, im Mittelalter einer der bekanntesten *Cours d'Amour*, der wichtigste »Liebeshof« der Provence, spielt für Mistral eine zentrale Rolle. Aus dem gesamten *Langue d'Oc*, wie das südliche Frankreich damals zusammenfassend hieß, von Norditalien bis Spanien kamen die Troubadoure, die den noblen, schönen und gescheiten Damen huldigten. Die Troubadoure, ebenfalls von Adel und gebildet, schrieben ihre Verse selbst, setzten sie in Musik und trugen sie nach komplizierten Regeln vor. Im Zusammenwirken von Feudalwesen, römischem Erbe, arabischer Dichtung und dem Hang der Romanik zur Ästhetisierung entstand eine weltliche Lyrik, welche die Dichtung in ganz Europa (Minnesang), auch in späteren Zeiten (Dante, Petrarca) beeinflußte. Die Troubadoure unterwarfen sich in allen Dingen des Lebens dem strengen Urteil der Damen, priesen ihre Tugenden und die hohe Minne, die ideale Liebe.

Dabei erzielten die *ténors* beachtliche Erfolge bei den Damen und lebten gefährlich: Bérengère des Baux wollte einen von ihnen mit einem Liebestrank an sich fesseln, er entkam mit

Aus den Felsen wachsen die Ruinen von Les Baux über vom kalten Mistralwind gepeitschten Olivenbäumen. Das Denkmal des Dichters und Freundes von Frédéric Mistral, Charloun Rièu, auf dem Plateau von Les Baux – weit blickt er von hier oben auf sein Land und muß nicht frieren wie die Arbeiter beim Rebschnitt

Frauen, Maler, Dichter und Briganten

knapper Not dem Tode und wandte sich lieber einer anderen Dame zu. Auf einen anderen Liebhaber wurde der Gemahl so eifersüchtig, daß er ihn tötete, ihm das Herz aus der Brust riß und als besondere Mahlzeit seiner Gemahlin vorsetzen ließ.

Brutale Zeiten – Raymond de Turenne wurde 1372 Vormund seiner Nichte, Alix des Baux, und benutzte dies, um sich in der kaum einnehmbaren Festung auf dem nach Süden ragenden Felsensporn der *Alpilles* einzunisten. Von hier aus plünderte er mit seinen Briganten, einer Bande von Straßenräubern, die ganze Umgebung, erpreßte Schutzgelder und forderte Prämien, damit er bestimmte Ländereien in Ruhe ließ. Sein Hauptvergnügen bestand darin, seine Gefangenen von den hohen Felsen der Festung springen zu lassen – er lachte Tränen, wenn die Opfer ihre Angst zeigten.

Nach ihm wurde Les Baux simple Baronie und fiel an den König der Provence. In den Religionskriegen ließ Ludwig XIII. es zerstören, und wir können heute in den romantischen Ruinen über dem *Val d'Enfer*, dem dramatischen Höllental, vom längst vergangenen Liebestreiben träumen, während der Name von Les Baux im *Bauxit* weiterlebt, dem Aluminium-Mineral, das hier 1822 zum ersten Mal gefunden wurde.

Das Herz der Provence – eine Landschaft der Extreme! Vielleicht hat das Vincent van Gogh, den extremen holländischen Maler der Provence, so magisch angezogen. Rund um die Alpilles, in und bei Arles, der Camargue und St-Rémy entstanden seine Werke...

Unten links: »Les Antiques« bei St-Rémy-de-Provence, zwei besonders gut erhaltene römische Bauten, das Mausoleum und der Triumphbogen von Glanum.
Rechts: Unter den Felsen von Les Baux das Luxushotel »l'Ousteau de Baumanière«

Das Gold der Provence: Olivenöl

Es ist der reine, unverfälschte Saft von Oliven, Extrakt und Konzentrat ihrer wertvollen Inhaltsstoffe. Nicht nur das älteste, sondern auch das vielseitigste Öl, das die Menschheit kennt, für Gesundheit, Schönheit und in der Küche gleichermaßen unschlagbar. Es hält sich praktisch unbegrenzt, weil natürliche Antioxydanzien dafür sorgen, daß es nicht ranzig wird. Dank seiner ungesättigten Fettsäuren und anderer wertvoller Inhaltsstoffe ist es überaus gesund. Und es ist durchaus nicht nur für Salate wunderbar geeignet, sondern, weil sein Rauchpunkt oberhalb von 210 Grad liegt, ebensogut zum Kochen, Fritieren und Braten.

Für einen Liter Olivenöl erster Qualität, *huile extra-vierge*, sogenanntes jungfräuliches, also kaltgepreßtes Olivenöl, braucht man 5 bis 6 Kilogramm Früchte. In der Provence bevorzugt man reife, bereits schwarz gefärbte Oliven; sie liefern ein besonders üppig schmeckendes, intensiv-würziges Öl. Im Gegensatz zu Italien, wo man für die feinsten Qualitäten lieber eher unreife Früchte nimmt, die ein zartes, »schlankeres« Öl ergeben.

Qualitätsmerkmal ist jeweils ein möglichst geringer Ölsäuregehalt. Für die erste Stufe, das *extra vierge*, das seit neuestem auch als *natives* Olivenöl bezeichnet wird, muß dieser laut Gesetz weniger als 1% betragen, allerbeste Qualitäten weisen sogar weniger als 0,5 % auf. Dafür müssen die Früchte mit der Hand gepflückt und so schnell wie möglich verarbeitet werden. Ansonsten schüttelt man sie von den Bäumen und fängt sie mit darunter aufgespannten Netzen auf.

Das Öl selbst wird heute genauso wie vor tausend Jahren gewonnen: Die Oliven werden unter Graniträdern (heute natürlich mit Maschinenkraft betrieben) zu feinem Brei zermahlen, und schließlich ausgepreßt. Der Saft, der noch Fruchtwasser enthält, wird in der Zentrifuge davon getrennt und gefiltert – fertig ist das aromatische, duftende, flüssige Gold.

Ab Ende November beginnen wie hier, in der »Coopérative Oléicole« von Maussane-les-Alpilles, überall im Land die Ölmühlen zu arbeiten. Und je nach Erntemenge dauert es bis weit in den Januar hinein, bis die gewaltigen Mühlräder aus Granit wieder zum Stillstand kommen

Die Ebene südlich der »Alpilles«: lieblich,

Die Kulisse, die jene Ebene begrenzt, ist ganz und gar nicht lieblich: Schroff und steil erhebt sich, den kühnen Falten eines besonders steifen, störrischen Gewebes gleich, die kahle Felsenlinie der *Chaîne des Alpilles* aus dem flachen Land. »... schräg hintereinander aufgestemmte Berge, Sprungbretter sozusagen, von denen drei letzte Engel mit entsetztem Anlauf abgesprungen sind...«, so hat Rilke diese Szenerie Lou Andreas-Salomé in einem Brief beschrieben. Und man sieht sie förmlich, die Engel in wehendem Elfenkleid, eben noch den Absprung schaffend, während die »immensen Trümmer«, wie von einer höheren Macht berührt, erstarren.

Das Gebiet südlich davon, zwischen *Fontvieille* und *Maussane*, ist dagegen von beschaulicher Heiterkeit: Olivenbäume, aufgereiht in akkurater Ordnung – Zypressenhaine geben durch ihre Vertikale zusätzliche Gliederung. Dazwischen wirkt die aufgebrochene Erde im Abendlicht fast golden.

Es ist die Landschaft, die Alphonse Daudet so geliebt hat, dank Frédéric Mistral, » der mich am meisten gefördert, am stärksten beeindruckt hat«,

1
– CREVETTES MARINÉES –
EINGELEGTE KRABBEN

Zum Apéritif stellt Aurore Daura als erstes eine Platte mit gerösteten Baguettescheiben auf den Tisch, dazu frische Butter, Tapenade und Radieschen. Außerdem – eher katalanisch als provenzalisch beeinflußt – Tiefseekrabben, die mit viel Knoblauch und Schnittlauch in Olivenöl baden.

Für vier Personen:
250 g gekochte Tiefseekrabben
(Shrimps), 1 Bund Schnittlauch,
3–5 Knoblauchzehen, Salz, Pfeffer,
Olivenöl

Die Krabben abtropfen lassen (sie werden meist in einer Lake verkauft) und mit dem in Röllchen geschnittenen Schnittlauch, dem feingehackten Knoblauch, etwas Salz und Pfeffer in einem passenden Schüsselchen mischen. Mit so viel Öl aufgießen, daß die Krabben gerade bedeckt sind.

2
– FOIE GRAS À LA SALADE D'ARTICHAUTS –
GÄNSELEBER AUF ARTISCHOCKENSALAT

Für vier Personen:
4 schöne Scheiben Gänsestopfleber,
Mehl zum Bestäuben, 2 EL Olivenöl,
Salz, Pfeffer
Für den Salat:
2–3 Artischocken (je nach Größe),
100 g Mangetouts (Erbsenschoten),
1 Kopfsalat, 1 dicke Möhre,
100 g feinste grüne Böhnchen,
1 reife Avocado, 4 EL Olivenöl,
3 EL Zitronensaft

Die Gänseleberscheiben in Mehl wenden, im sehr heißen Öl auf beiden Seiten kroß anbraten, salzen und pfeffern. Zum Nachziehen auf einem Teller warm stellen.

Die Artischocken bis auf den Boden schälen. Diesen in schmale Scheiben schneiden, im Bratfett schön braun braten, dabei salzen und pfeffern. Zum Schluß die Mangetouts rasch in der heißen Pfanne schwenken.

Den Kopfsalat entblättern. Die Möhre in Julienne schneiden und kurz in Salzwasser blanchieren. Auch die Bohnen blanchieren. Avocado schälen und in Scheiben schneiden. Aus Öl, Salz, Pfeffer und Zitronensaft eine Marinade quirlen. Die Salatzutaten in der Marinade wenden und auf Tellern hübsch anrichten. Die Leberscheibe in die Mitte betten und mit der restlichen Marinade beträufeln.

fruchtbar und von mildem Charme

dem er verdankte, »daß ich auf den Duft des Thymians achtgab, anstatt Hänge zu preisen, die ich nur aus Bibliotheken kannte«; die Gegend, die ihn zu seinen schönsten Werken, »Briefe aus meiner Mühle« und »Tartarin aus Tarascon«, inspirierte.

Einer, den eben dieser Geist der Landschaft, ihre Beschaulichkeit und Ruhe, ebenfalls sofort gefangengenommen hat, ist Jean-François Daura. Er kam hierher, um Ferien zu machen, und lernte seine Frau kennen. Aurore führte zusammen mit ihrer Mutter in Maussane ein kleines Restaurant: »Ou ravi prouvençau« – *ravi* läßt sich nicht übersetzen, es ist ein bestimmter *Santon*, eine Krippenfigur, die jedermann in der Provence natürlich unverzüglich vor Augen hat, wenn man nur den Namen sagt. Es ist eine liebenswerte, eine naive, sogar ein bißchen törichte Figur, die mit ganz besonderer Hingabe immer vor der Krippe mit dem Jesuskind steht, sich nicht satt sehen und nicht genügend wundern kann.

Aurores Mama war eine großartige Köchin. Sie kochte all jene ganz einfachen, traditionellen Hausfrauenrezep-

te, die sie wiederum von ihrer Mutter gelernt hatte, die das Lokal einmal gegründet hatte. Das verpflichtet. Seit zwölf Jahren steht mit Jean-François nun also ein Mann am Herd, der eigentlich als Jurist bis dahin lediglich zum Vergnügen gekocht hatte. Aber Aurore, die das mütterliche Talent leider nicht geerbt hat, achtet schon darauf, daß er sich nicht in allzu städtisch-ausgefeilte Kreationen versteigt. Außerdem kümmert sie sich um den Service und sorgt für die hübsche Ausstattung des provenzalisch eingerichteten, gemütlichen Restaurants.

Natürlich sind Rückgrat und Basis von Monsieur Dauras Küche die Produkte der Region: Lamm, das hier besonders würzig schmeckt, Kaninchen und, nicht zu vergessen, das duftende Olivenöl von *Maître Cornille*. So heißt der Chef der Ölmühle der Kooperative von Maussane. Zufällig genauso wie der arme Müller aus der rührenden Geschichte von Daudet »Das Geheimnis des Maître Cornille«. Gottlob – denn schließlich war dessen Geheimnis ja eher traurig: Weil er sich schämte, zuzugeben, daß ihm die modernen, dampfbetriebenen Mühlen alle Arbeit weggenommen hatten, ließ er seine Mühle leer laufen ... bis Kinder schließlich sein Geheimnis entdeckten, und die Dorfbewohner, aufmerksam gemacht, ihm alle wieder ihr Korn brachten.

Die Schafe der Alpilles sind berühmt, weil sie besonders würzig schmecken. Sie fressen auf den trockenen, kargen Weiden nur solche Kräuter, die ihnen wirklich schmecken. Vor allem Thymian, nach dem ihr Fleisch tatsächlich duftet

1

1
– LAPIN À L'AIL ET AU THYM –

KANINCHEN MIT KNOBLAUCH UND THYMIAN

Für vier Personen:
1 Kaninchen, 2 Knoblauchknollen,
3 EL Olivenöl, 100 g durchwachsener
Speck in dünnen Scheiben, Salz,
Pfeffer, 1 Bund Thymian,
1 Glas Weißwein

Das Kaninchen in Portionsstücke zerlegen, mit den geschälten Knoblauchzehen in eine Bratenform setzen und mit Öl beträufeln. Die Speckscheiben in Streifen schneiden und dazwischen verteilen. Sparsam salzen (wegen des Specks), großzügig pfeffern. In den 250 Grad heißen Ofen schieben und zunächst 15 bis 20 Minuten schön kroß anbraten. Mit dem Wein ablöschen, die Hitze auf 100 Grad herunterschalten. Das Kaninchen weitere 30 Minuten sanft schmoren.

2
– ARTICHAUTS À LA BARIGOULE –

ARTISCHOCKEN-RAGOUT

Ein weiteres Beispiel für die vielen Möglichkeiten, ein einziges Rezept zu variieren (siehe auch Seite 22).

Für vier Personen:
16 kleine Artischocken, 3 Zitronen,
100 g durchwachsener Speck,
2 EL Olivenöl, 2 Möhren, 1 Zwiebel,
1 Lauchstange, 4 Knoblauchzehen,
je 1 El Pfeffer- und Korianderkörner,
½ l Weißwein, Salz

Die Artischocken bis auf ihr Herz schälen, sofort jeweils in Zitronenwasser legen, damit sie sich nicht braun färben. In einem Topf den feingewürfelten Speck im heißen Öl auslassen. Die ebenso klein gewürfelten Möhren, Zwiebel, Lauchstange und Knoblauchzehen darin andünsten. Artischockenherzen und Gewürze zufügen, mit Wein und reichlich Zitronensaft auffüllen. Etwa 20 bis 30 Minuten zugedeckt köcheln, bis die Artischocken weich sind, aber noch Biß haben (den sie übrigens dank der Säure im Sud behalten, auch wenn man sie aus Versehen etwas zu lange kochen sollte). Im Sud abkühlen lassen – lauwarm oder kalt als Vorspeise oder Zwischengericht servieren.

3
– FILET D'AGNEAU AU THYM –

LAMMFILET MIT THYMIAN

Für vier Personen:
4 Lammfilets, 2 EL Olivenöl,
einige Thymianzweige, Salz, Pfeffer,
200 g Crème fraîche, Zitronensaft

Die Filets im heißen Öl rundum stark anbraten, dabei den Thymian darum herumstreuen, das Fleisch salzen und pfeffern. Auf mildem Feuer etwa zehn Minuten sanft nachziehen lassen. Schließlich das Fleisch warm stellen, das Fett aus der Pfanne wegkippen, den Bratensatz mit Crème fraîche loskochen und mit Zitronensaft abschmecken. Das Fleisch schräg in Scheiben schneiden und in dieser Sauce servieren.
Dazu gibt es *Kartoffelgratin*. Dafür mehlige Kartoffeln in dünne Scheiben hobeln, in eine flache Form schichten, dabei salzen und pfeffern. Mit Sahne eben bedecken und eine Stunde im 180 Grad heißen Ofen backen. Dick Käse darüber streuen und eine weitere halbe Stunde backen, bis die Oberfläche schön braun geworden ist.

2

3

Steine, Natur und Leidenschaft oder:

»Oenologie«, sagt Eloï Dürrbach ebenso provokativ wie sanft, »Oenologie ist Blödsinn. Man braucht sie nur für fehlerhafte Weine, bei zu großem Ertrag, bei falscher Düngung, wenn man Herbizide verwendet und so weiter. Oder, wenn man Wein als Massenware herstellt, wie Coca Cola …« Er lacht kurz auf und meint, scheinbar ohne Arg: »Aber solche Weine wollen ja die Franzosen heute – sie verstehen eben nichts von Wein. Schütten sich in die Kehle, was man ihnen vorsetzt, wenn es nur nach Eichenholz schmeckt und von irgendeinem Kritiker in den Himmel gejubelt wird! Die Weine von der Loire, aus Burgund, Italien und Kalifornien schmecken doch inzwischen alle gleich …«

Seine Weine schmecken nun gewiß nicht wie andere – es sind eigenwillige, machtvolle, würzige, nach Pfeffer, schwarzen Trüffeln, Portwein, Thymian und Veilchen duftende, in dunklem Granat gründende Weine, unverwechselbar, den größten Weinen des Bordelais ebenbürtig.

Die Familie Dürrbach war aus dem Elsaß in die Provence gekommen – der Vater, ein Maler, brauchte das Licht. Sohn Eloï ging nach Paris, um Architektur zu studieren. Aber weil Wein ihn schon immer faszinierte, arbeitete er in verschiedenen Betrieben, bis er wußte, was er wollte – einen anderen, besseren Wein. Er suchte zuerst Gelände, das noch nicht ausgebeutet oder verdorben war. Bei St-Etienne-du-Grès am Nordrand der Alpilles wurde er fündig: Der Sonne abgewandte, felsige Hänge, so karg, daß selbst die *Garigue* nur spärlich gedeiht. Mit einem schweren Bulldozer wurden getrennte Parzellen, insgesamt 15 Hektar in 16 einzelnen Lagen, gerodet und aufgerissen, mit schweren Vorschlaghämmern die Felsbrocken in jahrelanger Arbeit zertrümmert – auf dem großen Bild sieht man deutlich, wie die Weinberge der Natur entrissen wurden. Die Neigung nach Norden

220

von der Wahrheit eines guten Weines

sorgt dafür, daß nicht zuviel Sonne gespeichert und nachts den Trauben abgegeben wird, was die Weine schwer macht. Da hier drei kleine Täler (*vallons*) zusammenkommen, heißt der Besitz »Domaine de Trévallon«.
Rebstöcke wurden gesetzt, zunächst rote: Syrah und Cabernet Sauvignon, 1988 auch weiße: Marsanne, Roussanne und Chardonnay.
Dank des mineralstoffreichen Bodens kommt Eloï Dürrbach ohne chemische Düngung aus, er verzichtet vollkommen auf Herbizide – außer dem extrem anspruchslosen Thymian verdorren auch alle Pflanzen zwischen den im Frühjahr einmal umbrochenen Steinen –, braucht keine Insektizide, denn in den Büschen rings um die Reben nisten genügend Vögel, die alles wegfressen, was schädlich werden könnte. Der Mistral und frische Nachtwinde sorgen für Durchlüftung, so daß auch Fungizide selten notwendig sind. Der Ertrag ist gering: 20–30 Hektoliter pro Hektar (60 sind erlaubt). Bei der Lese wird alles, was nicht erstklassig ist, aussortiert.
»Die Vinifikation ist«, sagt Eloï Dürrbach, »mit solchen Trauben einfach: Der Wein macht sich ganz von selbst...« Die Trauben werden mit den Stielen gepreßt, die Maische gärt drei Wochen, wobei durchaus 40 Grad erreicht werden. »Tiefe Gärtemperatur ist doch nur Mode!« Jeder Weinberg bringt etwa ein Fuder, der Ausbau kann also getrennt erfolgen. Zum Schluß kommt aber doch alles zusammen: Es hat noch nie einen Ausfall gegeben. Vor dem Abfüllen wird noch mit Eiweiß geklärt, eine weitere Filterung erfolgt nicht. »Ich verzichte lieber auf absolute Klarheit,« lächelt Eloï Dürrbach verschmitzt, »wenn mein Wein nur schmeckt.«
Damit steckt er sich eine der letzten Flaschen des prächtigen 83ers in die Tasche, den wir eben probiert haben, er und wir wissen, daß er einen glücklichen Nachmittag haben wird...

221

Die schöne Arlésienne und ihr Schloß für Gäste

Mistral, Daudet, Gounod und Bizet haben um die schönen Mädchen und Frauen von Arles, die *Mireilles* und *belles Arlésiennes*, einen Glorienschein von Poesie und Musik geworben. So mancher Besucher kommt deshalb mit hochgespannten Erwartungen in die Stadt – das wohlbekannte Bild wird er vergeblich suchen! Wenigstens im Alltag – ihre schwarz-weiß-roten Kostüme schmücken nur die Feste... Zweifellos sind die heutigen Einwohnerinnen von Arles nicht weniger schön als ihre so bejubelten Urgroßmütter, aber sie laufen natürlich nicht

Zwischen Avignon und den Alpilles dehnt sich fruchtbares Land, angeschwemmt von Rhône und Durance. Karden stehen im Bauerngarten, umhüllt mit dunkler Folie, damit sie bleichen. Immer wieder endlose Reihen von Salat, von Zypressenhecken vor dem austrocknenden Mistral und mit Folien gegen Spätfröste geschützt

mehr wie früher, gleichzeitig stolz wie kokett-verführerisch herum, mit tiefem Ausschnitt, lockerem Brusttuch, schwingenden Röcken und Fächer, sondern tragen wie anderswo Jeans und T-Shirt.

Die klassische Arlésienne, dunkel, schwarzhaarig und glutäugig, temperamentvoll und »rassig«! An Festtagen, zu den *ferrades*, wenn den Stieren das Brandzeichen des Besitzers aufgedrückt wird und die *gardians*, die Rinderhirten, um die Wette reiten, dann lebt die Tradition wieder auf, zeigen die Mädchen ihre schauspielerischen Talente, und *Mireille* erwacht zu neuem Leben.

Unsere heißt Cathérine Bon und kann auf den Werbeplakaten des Fremdenverkehrsamtes von Arles bewundert werden. Natürlich ist sie waschechte Arlésienne, auch wenn ihr Vater aus der Nähe von Barbentane stammt, ihre Mutter in Tahiti geboren wurde und in Saigon aufgewachsen ist. Seit ein paar Jahren leben Tochter und Mama bei *St-Rémy-de-Provence* und führen dort das Hotel »*Château des Alpilles*«, ein 1820 erbautes Schloß, direkt am nördlichen Fuße der Alpilles. Bescheiden und schlicht, geradezu bürgerlich, wenn man das von einem Schloß sagen kann, liegt es am Ende einer Platanenallee, umgeben von gewaltigen Bäumen und einem weiten Park. Erbaut wurde es von einem Mann, der in Südamerika zu Geld gekommen war und seinen Neffen, den dichtenden Amédé Pichot, damit beschenkte. Der wiederum hatte bedeutende Freunde – Lamartine und Chateaubriand ließen sich als Sommergäste hier verwöhnen. Später gehörte es noch der reichen Familie Blain, in die eine Tochter von Mistral eingeheiratet hatte, ehe es Vater Bon 1979 kaufte.

Durch die großen, hohen Räume mit den traditionellen sechseckigen Fliesen scheint noch immer etwas romantische Poesie zu wehen. Es gibt schöne provenzalische Möbel, aber auf modernen Komfort braucht man nicht zu verzichten. Man kann ein paar klassische provenzalische Gerichte oder etwas Gegrilltes essen, wer's üppiger mag, findet in der Nähe genügend Restaurants. Ein Schloß für Gäste, die persönlichen Stil mehr schätzen als anonymen Service, die wirklich in der Provence sein und sie erleben wollen.

Avignon, die Stadt der Päpste:

Jeder kennt das Lied, alle singen es so, und trotzdem ist es falsch – »Sur le pont d'Avignon... tout le monde y danse en rond.« Nicht *auf* der Brücke hat man getanzt, sondern *unter* ihren Bögen: Die im 12. Jahrhundert von den *Frères pontifs*, der Bruderschaft der Brückenbauer, errichtete Brücke war 900 Meter lang und führte in 22 Bögen von Avignon über die Insel *de la Barthelasse* nach Villeneuve-lès-Avignon. Der Legende nach hat übrigens ein Hirte aus dem Vivarais, *Bénézet* (die provenzalische Koseform von Benedikt) genannt, den Bau der Brücke unternommen. Auf der Insel gab es ein regelrechtes Vergnügungsviertel, und man tanzte die *farandole* in den Schenken, die sich unter den Brückenbögen eingenistet hatten.

Die Brücke war für damalige Zeiten eine enorme Leistung – allerdings hatte man die Bögen nicht hoch genug geschlagen, so daß sie bereits im 13. Jahrhundert von Hochwasser stark in Mitleidenschaft gezogen wurden und erhöht werden mußten. Nach dem Hochwasser von 1660 allerdings überließ man die wiederum stark zerstörte Brücke ihrem Schicksal – die vier übriggebliebenen Bögen mit der *St-Nicolas-Kapelle* wurden zum Wahrzeichen Avignons.

Sitzt man in einem der heutigen Cafés auf der *Barthelasse*-Insel unter den schattenspendenden Bäumen, blickt man über die vorbeiströmende Rhône auf den als Park angelegten *Rocher des Doms*, den schon zu vorgeschichtlicher Zeit besiedelten Felsen, auf die

Die eleganten Bögen des Pont St-Bénézet über der selten so verschlafen in ihrem Bett liegenden Rhône. Den Papst-Palast krönen mächtige Zinnen, innen leuchten bunte Kacheln, gegenüber die Musikhochschule, einst Stadtpalais der Familie Borghese

lebensfroh und geschichtsträchtig

Stadtmauer und den gewaltigen Papstpalast, so kann man sich träumend in den Strudel der Geschichte ziehen lassen...

Die Stadt im Zentrum der Provence war von 1309 bis 1376 Sitz des Heiligen Stuhls und damit Mittelpunkt der christlichen Welt, danach residierte von 1378 bis 1417 der von Frankreich unterstützte Gegenpapst.

Der Palast, mit 15 000 Quadratmeter überbauter Fläche jahrhundertelang das größte Bauwerk Europas, erinnert allerdings mehr an eine Festung als an ein Schloß: Die Päpste scheinen sich in Avignon nicht allzu sicher gefühlt zu haben. Auch die 4,5 Kilometer lange, doch nicht sehr hohe und wenig starke Stadtmauer diente wohl weniger dem Schutz denn als Symbol der Machtstellung Avignons. Tatsächlich bezahlten die Päpste mehrmals hohe Lösegelder, damit die Banden von arbeitslosen Söldnern, die *Grandes Compagnies*, die sich während der Pausen des Hundertjährigen Krieges marodierend ihren Unterhalt sicherten, unter ihnen Petrarca, reichlich ausschweifend: »Diese Stadt ist eine Abfallgrube, in der sich aller Unrat der Welt sammelt. Alles, was es auf

Auf der gegenüberliegenden Seite der Rhône Villeneuve-lès-Avignon, *ebenfalls von historischem Rang: In Frankreichs größtem Kartäuserkloster ein barockes Brunnenhaus. Avignon lebt abends erst richtig auf, wenn die Tageshitze milder Wärme weicht: auf der* Place de l'Horloge

Erden an Hinterhältigkeit, Gottlosigkeit und verabscheuungswürdigen Sitten gibt, findet sich dort angehäuft. Man verachtet Gott und betet statt seiner das Geld an, man tritt die göttlichen und menschlichen Gesetze mit Füßen. Ein Papst selbst soll gesagt haben, ganz Avignon sei ein einziges Bordell. Die hygienischen Bedingungen waren katastrophal, was auch die Ausgrabungen der letzten Jahrzehnte zeigen – verschiedene Epidemien, Pest und Cholera, rafften mehrere Male jeweils um die 10 000 Einwohner hin. Kein Wunder: In den Straßen verrotteten die Abfälle und standen die Fäkalien knöcheltief, zudem überspannte man die Gassen gegen die Hitze mit Tüchern – es muß grauenvoll gewesen sein.

Papst und Kurie freilich blieben weitgehend verschont, sie lebten in besseren Bedingungen. Der größte Raum im Palast war der Speisesaal, daneben die

gewaltige Küche, ein Turm mit hohem, pyramidenförmigem Kamin. Wenn *Alphonse Daudet* das Leben in Avignon mit Sicherheit verklärt schilderte (»... die Straßen waren mit Blumen übersät und mit Teppichen geschmückt ... Ach, die glückliche Zeit! Die glückliche Stadt!«), so dürfte er die Wahrheit ziemlich genau in der Geschichte »Die drei stillen Messen« aus den *Briefen aus meiner Mühle* treffen – weihnachtliche Phantasgorien eines Schloßkaplans bei der Mitternachtsmesse: »...zwei prächtige Puten, vollgestopft mit Trüffeln ... Fasanen, Wiedehopfe, Haselhühner, Auerhähne ... Dann hat man aus dem Teich Aale gebracht, goldene Karpfen, dicke Forellen ... Er sieht wohl auch Reihen von Pagen vorbeidefilieren, die von verführerischen Dämpfen umwallte Schüsseln tragen ... O welche Wonnen! Die hochbeladene, schimmernde

Chefkoch *Alain Plantet* und Oberkellner *Maurice Gayme* vor dem »Hôtel de l'Europe« und dem Restaurant »La Vieille Fontaine« – ein schöner Innenhof, die *Place Crillon* mit dem alten Theater, die zentrale Lage und der schöne Speisesaal (rechts) machen den Aufenthalt angenehm. Im Hintergrund: die Dächer und Kirchen von *Villeneuve-lès-Avignon*, das einst von Frankreichs Königen als durchaus mächtige Festung und zur Einschüchterung gegenüber der Papststadt angelegt wurde. Von hier aus hat man abends den schönsten Blick auf die mächtigen Steingebirge des päpstlichen Palastes

1
– BEIGNETS DE CRABES AUX ÉPINARDS –

GEBACKENE GARNELEN MIT SPINAT

Für vier Personen:
Ausbackteig:
2 Eier, 120 g Mehl, 2 EL Olivenöl,
Salz, ¼ l Weißwein
Hummermayonnaise:
1 Ei, 1 EL Hummerextrakt
(selbstgemacht oder Fertigprodukt),
2 EL gehacktes Tomatenfleisch (ohne Haut und Kerne), ca. ⅛ l Öl,
Zitronensaft, Salz und Pfeffer
Außerdem:
8 Garnelenschwänze, Salz, Pfeffer,
Öl zum Fritieren, 250 g Spinat,
Olivenöl

Für den Teig die Eigelb mit den restlichen Zutaten verquirlen und mindestens eine Stunde kalt stellen, bevor die steifgeschlagenen Eiweiß untergezogen werden.
Die Hummermayonnaise im Mixer aufschlagen, sehr säuerlich mit reichlich Zitronensaft, Salz und Pfeffer abschmecken.
Die Garnelen entdärmen, salzen und pfeffern, durch den Teig ziehen und in heißem Fett schwimmend fritieren.
Auf einem Klecks Hummermayonnaise anrichten, den in Streifen geschnittenen Spinat mit Salz, Pfeffer und Olivenöl würzen und daneben setzen.

2
– SALADE DE SOT L'Y LAISSE ET FOIE BLOND –

HÄHNCHENSALAT MIT BLONDER LEBER

Salat von »Dingen, die der Dumme normalerweise liegen läßt«, lautet der Titel eigentlich. Und gemeint sind in diesem Fall die kleinen, rund geformten fleischigen Stückchen, die beim Huhn oberhalb des Schenkels rechts und links vom Rückgrat sitzen und in der Tat besonders delikat sind. Sie werden bei uns nicht gesondert ausgelöst. Pro Huhn gibt's also zwei – in einem Restaurant kann man sie von mehreren Hähnchen sammeln und schließlich sanft gebraten im Salat anbieten. Zu Hause wird man statt dessen einfach Brustfleisch nehmen. Mit *Blonder Leber* ist eine Gänse- oder Entenstopfleber gemeint, die ja viel heller als eine normale Leber ist.

Für vier Personen:
2 Hähnchenbrüste, Salz, Pfeffer,
6 EL Olivenöl,
4 schöne Scheiben Stopfleber, Mehl,
250 g Austernpilze,
2 reife Tomaten, 1 Kopf Frisée,
Schnittlauch, 3 EL Himbeeressig

Die Brüstchen salzen und pfeffern, in zwei Eßlöffeln Olivenöl sanft auf beiden Seiten bräunen, zwischen zwei vorgewärmten Tellern nachziehen lassen. Die Leberscheiben mit Mehl bestäuben, im verbliebenen Bratfett auf starkem Feuer rasch auf beiden Seiten kroß anbraten, ebenfalls nachziehen lassen. Die geputzten, in Stücke geschnittenen Pilze schließlich in der Pfanne einige Minuten braten, salzen und pfeffern. Pilze, in Streifen geschnittenes Hähnchenfleisch und Gänseleber jeweils auf einem Bett von gehäuteten Tomatenwürfeln und Friséeblättern anrichten, mit Schnittlauch bestreuen. Den Bratensatz mit Essig loskochen, mit dem restlichen Olivenöl verquirlen und alles damit gleichmäßig beträufeln.

Tafel, die Pfauen, garniert mit ihren Federn, die Fasanen, die ihre goldbraunen Flügel ausbreiten, die rubinfarbenen Flaschen, die Pyramiden prachtvoller Früchte zwischen grünen Zweigen und diese wundervollen Fische, ausgebreitet auf einer Lage von Fenchel, mit perlmuttern schimmernder Schuppenhaut, so als kämen sie gerade aus dem Wasser...«

Die Gastronomie von Avignon genießt auch heute einen guten Ruf, hier ißt man besser als im übrigen Herzen der Provence – wie könnte es auch anders sein, wo doch *St-Agricol* der Schutzpatron der Stadt ist. In vielen Cafés und kleinen Bistros, gepflegten Restaurants und noblen Häusern – in der Stadt selbst wie in der näheren Umgebung werden alle nur denkbaren Ansprüche befriedigt. Das hat Tradition, denn seit die Päpste Gesandte und Unterhändler aus aller Welt angezogen hatten, führte die zentrale Lage in der Provence weiterhin dazu, daß viele Reisende hier Unterkunft suchten und finden. Nicht zuletzt sorgen die Festspiele im Sommer für großen Andrang. 1947 von Jean Vilar für Theateraufführungen gegründet, setzten sie sich gegen anfänglichen Widerstand durch und wurden zum festen Bestandteil des kulturellen Lebens. Neben Theaterstücken gibt es klassische und Pop-Konzerte, und das *Ballett des 20. Jahrhunderts* von *Maurice Béjart* hat im großen Hof des Papstpalastes ungeheure Triumphe gefeiert.

Das luxuriöseste Hotel der Stadt ist das »Hotel de l'Europe« an der *Place Crillon*: Ein klassischer Stadtpalast, eingerichtet mit herrlichen Empiremöbeln, alten Gemälden, Tapisserien, Vitrinen mit allerlei wertvollen und kuriosen Gegenständen (unter anderem dem Schlüssel, den Napoleon während eines Besuches im Hotel benutzte). Ein Holländer, Henry Dauday, hat das Hotel vor sieben Jahren gekauft und gründlich modernisiert – die großen Zimmer wurden mit Marmorbädern ausgestattet und sind erstaunlich ruhig für die zentrale Lage. Dazu gehört das Restaurant »*La Vieille Fontaine*« mit herrlichem Innenhof (und Brunnen), in dem man lauschig unter riesigen Platanen sitzen kann, die freilich im Winter nur ihre kahlen Äste dekorativ in den Himmel recken. Unter Maurice Gayme's Leitung werden hier die Gerichte von Alain Plantet serviert – seit 1964 ist er im Haus, seit 12 Jahren Chef. Er kocht eine gemäßigte Nouvelle Cuisine, verbindet regionale Produkte und Zubereitungsarten mit den Ansprüchen einer internationalen Klientel. Und natürlich trinkt man dazu den Wein der Päpste aus Châteauneuf-du-Pape.

1
– BLANC DE LOUP AU BOUILLON D'ANIS –

FILET VOM SEEWOLF IM ANIS-SUD

Für vier Personen:
4 gleich große Stücke Seewolffilet,
Salz, Pfeffer, 400 g Spinat,
150 g Butter, 2 Schalotten,
4 cl Pastis (Anislikör),
⅛ l Fischfond

Die Fischstücke salzen, pfeffern, in die schönsten der Spinatblätter einwickeln. Die restlichen Blätter in etwas Butter nur eben zusammenfallen lassen, salzen und pfeffern sowie mit Muskat würzen. Als Bett für die Fischpäckchen auf vier Teller verteilen. Die feingehackten Schalotten in zwei Eßlöffeln Butter andünsten, mit Pastis und Fond auffüllen. Die Fischpäckchen auf einem Sieb darüber hängen und zugedeckt sanft fünf Minuten dämpfen. Auf den Spinatsockel anrichten. Den Dämpfsud mit der restlichen, eiskalten Butter aufmixen, abschmecken und als Sauce um die Fischpäckchen gießen.
Bunte Gemüseperlen, die getrennt in Salzwasser gegart wurden, geben der Sache Biß und Farbe.

2
– PIÈCE DE BŒUF MARINÉE AU CHÂTEAUNEUF-DU-PAPE –

HOCHRIPPENSTEAK IN ROTWEIN

Für vier Personen:
4 dicke Scheiben aus der Hochrippe,
1 großes Bund Suppengrün,
1 EL Pfeffer-, 1 TL Pimentkörner,
1 Flasche Rotwein (Châteauneuf du Pape), ¼ l Kalbsfond,
Öl zum Braten, Salz, 75 g Butter
Zwiebel-Confit:
500 g Zwiebeln, 5–8 Knoblauchzehen,
3 EL Olivenöl, 1 EL Zucker, Pfeffer,
75 g Rosinen, ¼ l Weißwein,
⅛ l Essig, Salz

Die Fleischscheiben mit dem gewürfelten Wurzelwerk und den Gewürzen in einer Schüssel mit Wein bedecken und über Nacht kalt stellen.
Anderntags Gemüse in einem flachen, breiten Topf anbraten, mit Marinade und Kalbsfond auffüllen. Einmal völlig verkochen lassen, mit Wasser auffüllen und nochmals einkochen, bis etwa ein Viertelliter übrig bleibt.
Die Steaks sehr gut abtrocknen, im heißen Öl kroß anbraten, dann im 100 Grad warmen Ofen etwa 20 Minuten nachziehen lassen, damit sie durch und durch rosa werden.
Den Bratensatz mit dem Fond loskochen, die eiskalte Butter flöckchenweise einarbeiten. Die Sauce mit Salz abschmecken.
Im Hôtel Europe werden dazu Rotkohl, rote Bete und gedünstete Apfelschnitze serviert. Außerdem ein köstliches Zwiebel-Confit: Dafür in Ringe gehobelte Zwiebeln und gehackten Knoblauch im heißen Öl mit den übrigen Zutaten so lange dünsten, bis sie fast zerfallen. Das Confit muß süß-säuerlich schmecken. Man ißt es kalt, wie ein Chutney, auch auf gerösteten Brot zum Aperitif.

3
– GLACE AU MIEL AU COULIS DE FRAMBOISE –

HONIGEIS AUF HIMBEERSAUCE

Hier in einer Mandelhippe serviert, mit exotischen Früchten umgeben und unter einer aus Zucker gesponnenen Haube verborgen. Auch die grünen Blätter zur Dekoration sind aus eingefärbtem Zucker hergestellt. Das ist eine sehr aufwendige und komplizierte Kunst, die große Häuser in Frankreich noch häufig pflegen.
Das Honigeis wird nach demselben Grundrezept für Lavendelhonigeis von Seite 85 zubereitet. Deshalb hier nur das Rezept für die Himbeersauce, auf der die gefüllte Mandelhippe angerichtet ist:

Für vier bis sechs Portionen:
1 Paket tiefgekühlte Himbeeren,
(im Sommer 300 g frische Beeren),
100 g Zucker, einige Tropfen Zitrone

Die Himbeeren mit Zucker bestreut in einer Schüssel auftauen. Schließlich aufkochen und durch ein feines Haarsieb streichen, damit sämtliche Kernchen aufgefangen werden. Die Sauce abkühlen lassen, nach Belieben mit Zitronensaft würzen.

Ein paar Kilometer südlich von Avignon, Richtung Tarascon, liegt auf den Hügeln der Montagnette, den »Bergchen«, das Kloster St-Michel-de-Frigolet. Sein Name leitet sich ab von ferigouletto, *dem kleinen* farigoulo, *provenzalisch für Thymian. Der duftet hier besonders intensiv und dient – mit anderen Kräutern – der Herstellung eines Likörs, der dem Kloster im 19. Jh. so viel Reichtum brachte, daß man alles neu baute und das schöne Alte unter einem Berg von Kitsch begrub. Dem Likör hat Alphonse Daudet mit der Novelle »Das Elixier des Paters Gaucher« ein amüsantes literarisches Denkmal gesetzt*

»La Fontaine« in Venasque

Daß *Venasque* einmal große Zeiten erlebt hat, sieht man dem kleinen Örtchen nicht mehr an. Grau und verwittert hockt die kleine Versammlung hinfälliger Häuser auf einem Felsvorsprung, der an drei Seiten fast senkrecht zum Tal wie in einen Abgrund abfällt. Einst war der Ort oberhalb des Tals der *Nesque* immerhin so bedeutend, daß die gesamte Region, das *Venaissin*, nach ihm benannt wurde, heute wirkt er eher wie für einen Kulturfilm über die verlassenen Dörfer der Provence eigens hergerichtet, pittoresk, aber nicht sehr munter.

Im 6. bis ins 10. Jahrhundert soll der Bischof von *Carpentras* hier oben seinen Sitz gehabt haben. Ganz sicher sind sich die Gelehrten nicht. Die Ortskirche *Nôtre-Dame* stammt jedenfalls aus späterer Zeit. Sehenswert ist indessen ein ihr angefügtes angebliches Baptisterium aus der Merowingerzeit, von dem man inzwischen allerdings vermutet, daß es sich vielmehr um eine Grabkapelle handelt. Der mit vier Apsiden versehene Raum wirkt archaisch schön.

Unübersehbar in der Dorfmitte ein steinerner Brunnen. Ihm gegenüber die *Auberge La Fontaine*. Ein bescheidenes Schild an einem mit viel Behutsamkeit renovierten Haus weist den Weg zum Restaurant, eine (mit klaren Terrakottaplatten belegte) Treppe hoch. Im weißgekalkten Gastraum mit niedrigen Balken an der Decke finden an einfachen, schönen, provenzalischen Tischen etwa 20 Gäste Platz. An den Wänden Radierungen von Otto Dix, rosa Mandelblüten in der Vase, im Kamin glostet ein dicker Klotz, auftritt ein bärtiger Mann mit neugierigem und freundlichem Blick hinter Schubert'scher Drahtbrille: Christian Soehlke, so deutsch, wie sein Name vermuten läßt, allerdings mit bewegtem und internationalem Lebenslauf.

Der Wohntrakt eines der modernen Zimmer. Die Möbel sind Entwürfe zweier Schweizer, Beat Frank und Andreas Lehmann, vom Atelier Vorsprung in Bern

> **1**
> – TAPENADE –
>
> ### OLIVENCREME
>
> Diese Paste aus pürierten schwarzen Oliven ist einfach universell einsetzbar: auf geröstetes Brot gestrichen zum Aperitif, als Gewürz in Saucen, Suppen, zu Fleisch, zu Fisch – Tapenade paßt überall und spendet den Duft südlicher Sonne. Sie herzustellen ist ein bißchen mühsam, weil die Oliven dafür Stück für Stück entsteint werden müssen. Ein spezieller Olivenentsteiner, den man sich aus einem Haushaltsgeschäft in der Provence mitbringen sollte, hilft dabei enorm. Tapenade kann man immer im Kühlschrank in einem gut verschlossenen Glas vorrätig haben. Weil sich an der Oberfläche stets ein schützender Ölfilm absetzt, bleibt sie monatelang frisch. Es gibt natürlich zahllose Rezepte für Tapenade. Ingrid Soehlke hat ihres von einer Nachbarin bekommen. Sie verwendet fünf verschiedene Sorten von Oliven: Die aromatischen, dunklen, verschrumpelten aus Nyons, die glatten sogenannten griechischen (eine Typ- und keine Herkunftsbezeichnung), mit Pfeffer eingelegte Oliven, solche mit Thymian und »les douces«, eine milde, fast süße, überreife Sorte.
>
> *Zutaten:*
> *500 g schwarze Oliven, 150 g Kapern,*
> *50 g Sardellen (Anchovis),*
> *5–8 Knoblauchzehen, Salz, Pfeffer,*
> *4 EL Olivenöl, 1 EL Cognac*
>
> Die entsteinten Oliven mit den übrigen Zutaten im Mixer zu einer geschmeidigen Paste mixen.

230

2
– SUPRÊMES DE LAPIN ET FOIE GRAS EN SALADE –

KANINCHENRÜCKEN UND GÄNSESTOPFLEBER IM SALAT

Für vier Personen:
1 Kaninchenrücken, Salz, Pfeffer,
2 EL Olivenöl, 2 EL Balsamico-Essig,
gemischte Salatblätter: Rauke,
Löwenzahn, Chicorée, Radicchio,
Frisée, 4 makellose, dünne Scheiben
Gänsestopfleber
Marinade:
2 EL Weißweinessig, Salz, Pfeffer,
1 EL Himbeeressig, 3 EL Walnußöl

Die Rückenfilets auslösen (aus den Knochen mit Wurzelwerk und Weißwein einen Fond kochen), salzen, pfeffern und im heißen Öl rundum sehr zart anbraten und schließlich auf mildestem Feuer ziehen lassen, damit sie durch und durch saftig werden. Den Bratensatz mit Balsamico-Essig los- und sirupartig einkochen.
Die Salatblätter putzen und mischen. Mit der Marinade anmachen. Gut abgetropft auf Vorspeisentellern anrichten. Die Kaninchenfilets, längs in dünne Scheiben geschnitten, und die Gänseleberscheiben darauf betten. Die aufgefangene Marinade mit dem Bratensatz verquirlen und über die Kaninchenscheiben träufeln.

3
– FOIE GRAS AU CORIANDRE ET NOUILLES VERTES –

GÄNSELEBER MIT KORIANDERGRÜN UND GRÜNEN NUDELN

Für vier Personen:
400 g frische, grüne Nudeln, Salz,
2 EL Butter, 3 Frühlingszwiebeln,
einige Korianderstengel,
300 g Gänsestopfleber, in Scheiben,
2 EL Olivenöl, Pfeffer

Die Nudeln in reichlich Salzwasser *al dente* kochen. In heißer Butter mit den feingeschnittenen Frühlingszwiebeln und abgezupften Korianderblättern schwenken. Auf vorgewärmten Tellern anrichten. Die Leberscheiben im heißen Öl sanft auf beiden Seiten braten, erst dann salzen und pfeffern. Auf dem Nudelbett servieren.

Vor fünfzehn Jahren haben er und seine Frau Ingrid dieses Haus mit Restaurant gekauft; seither renovieren sie, bauen jedes Jahr ein Stück mehr aus. Fünf bildschöne Gästezimmer, Appartements fast, haben sie inzwischen eingerichtet, teils mit antikem, teils mit hochmodernem Mobiliar. »Küchenchef« ist er, er kocht vorzüglich, aber so genau wird einfach nicht getrennt: beide wirtschaften im Haus, Hotel und Restaurant, das spürt man, mit Freude miteinander.

2

3

231

1

– FOIE DE VEAU AUX GRIOTTES –

KALBSLEBER MIT SAUERKIRSCHEN

Für vier Personen:
4 makellose, zweifingerdicke Scheiben
Kalbsleber, 2 EL Olivenöl, Salz,
Pfeffer, Kalbsfond, eingelegte
Sauerkirschen (siehe Anmerkung)

Dafür braucht man ein erstklassiges
Stück Kalbsleber, aus der Mitte eines
Lappens geschnitten, der völlig frei
von Sehnen ist. Die Scheiben in heißem Öl so behutsam braten, daß sie
zwar zart bräunen, aber innen noch
rosa bleiben. Erst nach dem Braten
salzen und pfeffern, zwischen zwei
vorgewärmten Tellern nachziehen lassen. Inzwischen den Bratensatz mit
Kalbsfond und der Sauerkirschflüssig-
keit los- und einkochen. Mit etwas eiskalter Butter binden. Die Leber in
Scheiben schneiden und auf Tellern
anrichten. Die Sauce darüber geben.
Mit Sauerkirschen garnieren.
Christian Soehlke reicht dazu Topi-
namburgemüse (die geschälten Knollen in Stifte schneiden, blanchieren
und schließlich in Butter dünsten),
Broccoli und Zwiebel-Confit.
Anmerkung: Die Sauerkirschen muß
man im Sommer rechtzeitig einlegen:
1,5 kg Sauerkirschen waschen und
trockenwischen, die Stiele auf zwei
Zentimeter über der Frucht kürzen. In
Tontöpfe schichten. Einen Liter Weißweinessig mit 750 g Zucker, einem
Lorbeerblatt, zwei Nelken und einem
Stück Zimtstange aufkochen, heiß
über die Kirschen gießen, die absolut
bedeckt sein müssen. Mindestens einen Monat stehen lassen, bevor man
die Kirschen verwendet.

2

– RÔTI DE CHEVREAU FARCI –

GEFÜLLTER ZICKLEINBRATEN

Für sechs bis acht Personen:
1 Zickleinrücken, 250 g Zickleinbries,
ca. 400 g Zickleinfleisch, 1 Ei,
½ altbackenes Brötchen, 4 EL Milch,
1 Zwiebel, 3 EL Butter, Salz,
Pfeffer, Thymian,
1 schöne, eingemachte Trüffel mitsamt
ihrem Saft, 1 Glas Madeira,
100 g Butter für die Sauce

Den Rücken von der Bauchseite her
vorsichtig entbeinen. Dabei darauf
achten, daß die äußere Schicht, auch
der Bauchlappen, möglichst unverletzt
bleiben. Die echten Filets zwischen
die Rückfilets betten. Ebenso das po-
chierte und sorgfältig parierte (von
Sehnen und Häuten befreite) Bries.
Aus dem restlichen Fleisch mit Ei,
dem mit Milch angefeuchteten Brot
und der in etwas Butter weich gedünsteten Zwiebel im Mixer eine Farce
herstellen. Mit Salz, Pfeffer und Thymian würzen. Zwischen die Fleischstücke verteilen. Die Bauchlappen
darüberschlagen und aufrollen, so daß
eine geschlossene Rolle entsteht.
In der restlichen heißen Butter rundum anbraten, schließlich im 180 Grad
heißen Ofen eine halbe Stunde garen.
Im ausgeschalteten Ofen weitere
20 Minuten ruhen und nachziehen lassen. Inzwischen den Bratensatz mit
Trüffelsaft und Madeira loskochen,
flöckchenweise die eiskalte Butter einarbeiten. Die Sauce abschmecken und
nochmals aufmixen. Die Trüffel in
dünne Scheiben schneiden und darin
erwärmen.
Den Zickleinbraten in Scheiben
schneiden und auf Tellern anrichten,
die Sauce daneben gießen, die Trüffelscheiben gerecht und dekorativ dazwischen verteilen.

3

– TARTE TATIN –

GESTÜRZTER APFELKUCHEN

Für eine Form von 24 cm
Durchmesser:
Mürbeteig:
150 g Mehl, 100 g Butter, 50 g Zucker,
1 Prise Salz, 1 Eigelb
Außerdem:
4–5 gleich große Äpfel (Boskoop,
Glockenäpfel oder Golden Delicious),
1 Zitrone, 2 EL Calvados,
100 g Butter, 100 g Honig

Den Teig rasch zusammenkneten, in
Folie gepackt eine halbe Stunde kalt
stellen. Für den Belag die Äpfel schälen, vierteln und vom Kerngehäuse befreien. Mit Zitronensaft beträufeln,
damit sie ihre Farbe behalten. Für den
Geschmack Calvados darüber träufeln.
Butter und Honig in einer geschlosse-
nen Form erhitzen: sie muß feuerfest
sein und auch die Hitze der Herdplatte
ertragen. Man kann aber entweder eine große Form oder vier kleine Portionsförmchen nehmen. Sobald sich
Butter und Honig richtig miteinander
verbunden haben, die Äpfel, Rundung
nach unten, dicht an dicht hineinsetzen. Im Butter-Honig-Karamel kochen,
bis sie richtig durchgesotten sind. Erst
jetzt den ausgerollten Teig obenauf
breiten, an den Seiten in die Form
schieben und im 200 Grad heißen
Ofen etwa 50 Minuten backen.
Den Kuchen auf eine Platte oder auf
Teller stürzen und warm servieren.

4

– NON-DESSERT –

DAS NICHT-DESSERT

Wenn jemand, am Ende des Menüs
angelangt, glaubt, kein Dessert mehr
essen zu können, bekommt er von
Christian Soehlke auf einem kleinen
Tellerchen, das auf vielen Untertellern
steht, damit der Platz vor dem Gast
ausgefüllt wird, ein winziges Dessert-
Portiönchen: ein bißchen Obst, ein
Löffelchen Eis oder Sorbet – bis jetzt
hat es noch kein Gast je wieder in die
Küche zurückgeschickt ...

Carpentras: Obst, Gemüse, schwarze Trüffel

Vom mächtigen Kegel des *Mont Ventoux* und den *Dentelles de Montmirail* im Norden und durch den Höhenzug des *Plateau de Vaucluse* im Osten vor kühlen Winden geschützt, liegt *Carpentras* in einer fruchtbaren Ebene wie in einer halbrunden, nach Westen hin geöffneten Bucht. Rebstockreihen, von Buschhecken umkränzt, Kirschbäume, die sorgfältig gestutzt ihre Äste Y-artig in den Himmel strecken. Mandelbäume, die schon mit dem ausgehenden Winter zu blühen beginnen. Duftig rosa die Blüten der wilden Sorten, weiß die vom plantagenmäßigen Anbau. Dazwischen Äkker, die um diese Zeit noch brachliegen; später im Jahr wird hier Obst und Gemüse im großen Stil gezogen. Und schließlich der wahre Schatz der Gegend: schüttere Eichenwälder, die jedoch nur für den Kenner verheißungsvoll wirken. Es sind dies die Orte, wo Trüffeln wachsen, jene unscheinbaren, erdfarbenen Knollen, die wie höckrige Kartoffeln aussehen, leider aber meist viel kleiner sind, verführerisch duften und so unvergleichlich köstlich schmecken.

Die besten Trüffeln Frankreichs kommen, dessen ist man sich hier sicher, nicht aus dem Périgord, sondern aus *Richerenches*, in der Nähe von *Valréas*, einer Exklave der Grafschaft Venaissin, mitten im Drômegebiet. Gute Trüffeln kommen auch aus *Uzès*, vom *Mont Ventoux* und dem *Var*. Der größte Trüffelmarkt findet in Carpentras statt, jeden Freitag, ab 8 Uhr früh. Wer sich indes einen Markt mit Verkaufstischen vorstellt, auf denen sich Berge von Trüffeln häufen, die weithin betörend duften, wird enttäuscht sein. Vielmehr läuft der ganze Handel im verborgenen ab und unter ziemlich verschwörerischen Umständen. Fremde haben kaum Möglichkeit, ihn auszumachen; Interessierte müssen sich mit viel Geduld durchfragen: zu einer Gruppe von Männern etwa, die heftig diskutierend beieinandersteht. Antwort wird einem erst nach prüfendem Blick zuteil. Durchaus nicht immer wird man ihrer für würdig befunden. Trüffelhändler tragen ihr kostbares Handelsgut nicht etwa im großen Sack bei sich. Kunden werden vielmehr zu einem entfernt geparkten Auto geführt, in dessen Kofferraum, der erst nach sorgfältig absicherndem Blick in alle Richtungen geöffnet wird, man endlich die braunen, sandigen Knollen betrachten darf. Die ganze Heimlichkeit soll die tatsächlichen Mengen, die hier gehandelt werden, verbergen, den wahren Umsatz verschleiern. Denn für Trüffelsucher sind die Zeiten hart geworden: Die kostbaren Pilze werden immer rarer. Die trockenen Sommer sind daran schuld. Seit gut neun Jahren regnet es zuwenig, mittlerweile sind sogar sogar schon Brunnen versiegt. Trüffeln können jedoch nur gedeihen, wenn zwischen Juni und August genügend Feuchtigkeit herrscht. Einer der zehn großen Trüffel-*Courtiers* (Agenten) Frankreichs ist Jean-Christophe Raquillet aus Caromb. Er hat sich in dem winzigen Ort am Fuß des Mont Ventoux niedergelassen, nachdem er zuvor, für die Lebensmittelindustrie um die ganze Welt reisend, ein eher hektisches Leben geführt hatte. Jetzt genießt er die wunderschöne Landschaft, liebt deren Beschaulichkeit und Ruhe fernab dem Trubel der modernen Konsumgesellschaft, wie er sagt, und lebt davon, indem er mithilft, deren Wunsch nach

Luxusprodukten zu befriedigen. Menschen, die mit Trüffeln zu tun haben, findet Monsieur Raquillet, sind passioniert, deshalb ist mit ihnen gut arbeiten. Bei dem immer spärlicheren Angebot kann man kaum glauben, daß früher die Bauern, die eine *Truffière*, (Trüffelstelle) hatten, sich die kostbaren Knollen in dicken Scheiben auf ihr Brot legen konnten. Genauso ißt er sie übrigens auch am liebsten: nicht zu dünn geschnitten auf frischem Bauernbrot, gewürzt mit grobem Meersalz und einigen Tropfen Olivenöl, ein Glas Rotwein dazu, was will man mehr...?

Manche versuchen, erzählt Raquillet, die Trockenheit durch Wässern der Trüffelstellen zu kompensieren. Aber das schadet ihnen nur. Man weiß nicht warum, aber Gießen vertragen sie nicht, sie gehen daran kaputt.

Aufgespürt werden die knapp unter der Erdoberfläche wachsenden Knollenpilze von speziell trainierten Hunden. Nicht mit Schweinen, die den

Auf dem freitäglichen Markt in Carpentras kann man Obst, Gemüse und alle anderen Lebensmittel kaufen, natürlich Oliven in allen Sorten und Farben, auch das winterliche, mit den Artischocken verwandte Kardengemüse, das so gut zu Trüffeln paßt. Diese werden übrigens von Hunden aufgespürt. Die Geschäfte des Trüffelagenten Jean-Christophe Raquillet finden eher abseits des Marktgeschehens statt

Duft der Pilze zwar ebenfalls wahrnehmen, aber ihre Fundstücke zu gerne sofort auffressen.

Dreierlei verrät dem Kenner die Qualität: der Geruch, die feste Konsistenz der Knollen und die Knollenfarbe. Die Trüffeln werden nur gewaschen und gründlich abgebürstet. Kühl gelagert kann man sie höchstens drei bis vier Wochen konservieren. Danach verlieren sie ihr Parfum. Deshalb werden die Trüffeln, damit man sie immer zur Verfügung hat, häufig sterilisiert. Viel besser allerdings gibt man sie heute in die Tiefkühltruhe: Darin bewahren Trüffeln nicht nur ihr Aroma, sondern bleiben so fest und knackig, als wären sie frisch.

1
– GRATIN DE CARDONS TRUFFÉ –
KARDENGRATIN MIT TRÜFFELN

Die Karde ist eine Distelart, doch ißt man von ihr nicht die Blütenknospe wie bei der Artischocke, sondern die fleischigen Blattrippen. Diese schmecken am besten im Winter, nachdem sie Frost abbekommen haben.
Es gibt sie normal gezogen als mächtige, ausladende Staude oder gebleicht, indem man sie mit Erde anhäufelt oder in schwarze Folie verpackt (siehe auch das Photo Seite 221). Allerdings entsteht in beiden Fällen eine Menge Abfall – man rechnet bei einer guten Staude von ca. 3 kg mit ungefähr 900 g verwertbaren Blattrippen.
Zunächst die Blattrippen von der Staude lösen, das Herz ganz verwenden. Nicht mehr pralle Blattrippen und auch die löchrigen oberen Partien eliminieren. Die flachen Seitenstränge abschneiden, dann die Fäden, die vor allem auf der Außenseite der Rippen verlaufen, sorgfältig ausziehen. Die Stangen quer in etwa 4 cm lange Stücke schneiden und sofort in mit Zitronensaft gesäuertes Wasser legen. 2 l kaltes Wasser aufsetzen, 20 g Mehl mit dem Saft einer Zitrone verrühren und mit einem gehäuften EL Mehl zufügen. 3 EL Olivenöl zugießen und aufkochen. Kardenstücke einlegen und 2 Stunden leise köcheln lassen. Zum Gratin sofort, noch heiß verwenden.

Für vier Personen:
800–900 g vorbereitete Karden,
1 Trüffel von 40–50 g, Salz, Pfeffer,
4 Markknochen vom Kalb,
30 g Käse (Cantal oder Gruyère)

Einen Löffel Öl, das auf der Oberfläche des Kochsuds schwimmt, in eine feuerfeste Form geben, die Hälfte der Kardenstücke einschichten. Fast die ganze Trüffel darauf hobeln, mit dem Rest der Karden abdecken. Noch ein paar Trüffelscheiben darauf legen. Trüffeln dabei jeweils gut salzen und pfeffern. Das gewässerte Mark in Scheiben schneiden und auf den Auflauf legen, mit etwas Sud begießen und mit dem Käse überreiben. Für 20 Minuten unter den Grill schieben und überbacken.

2
– POIREAUX AUX TRUFFES –
LAUCHSALAT MIT TRÜFFEL

Eine herrliche Winter-Vorspeise, als Beilage braucht man nur ein Stück Baguette, mit dem sich die Salatmarinade restlos vom Teller wischen läßt.

Für 4 Personen:
750 g nicht zu dicke Lauchstangen,
Salz, 1 Trüffel (ca. 40 g)
Für die Marinade:
1 EL scharfer (Dijon-)Senf,
Salz, Pfeffer, 1 EL Rotwein-Essig,
2 EL heißes Lauch-Kochwasser,
3 EL provenzalisches Olivenöl

Lauch putzen, die ganzen Stangen in sprudelnd wallendem Salzwasser fünf Minuten kochen. Kurz unter eiskaltem Wasser abschrecken. Schräg in Stücke schneiden und auf einer Platte verteilen. Trüffel bürsten, in schmale Streifen (Julienne) schneiden und über den Lauch streuen. Aus den angegebenen Zutaten eine dickliche Marinade schlagen, über den Lauch gießen und sofort mit Weißbrot servieren.
Dazu paßt ein südlich aromatischer Weißwein, am vorzüglichsten einer der raren Viogniers von den Côtes du Ventoux, ein Gigondas oder ein Châteauneuf-du-Pape.

3
– CŒURS DE SALADE À LA TRUFFE –
GRÜNER TRÜFFELSALAT

Schmeckt am besten mit den kleinen, festen, aber dennoch zarten Salatköpfchen, die im milden provenzalischen Winter aus den Saatreihen geschnitten werden, damit sich die übrigbleibenden Pflänzchen zu schönen Köpfen entwickeln können. Sonst einen kräftigen Kopfsalat oder Batavia, auf keinen Fall aber Treibhaussalat nehmen.

Für vier Personen:
150 bis 200 g geputzter Kopfsalat,
1 Trüffel (25–30 g)
Vinaigrette:
1 Schalotte, Salz, Pfeffer,
1 EL bester Rotweinessig (7% Säure),
3–4 EL provenzalisches Olivenöl

Den trocken geschleuderten Salat mit Trüffelscheiben überhobeln, die dicklich geschlagene Marinade darüber gießen, umwenden und sofort mit frisch aufgebackenem oder geröstetem Weißbrot als Vorspeise servieren.

4
– GRATIN DE POMMES DE TERRE TRUFFÉ –
GETRÜFFELTER KARTOFFELGRATIN

Man kann diesen Gratin auf klassische Art im Ofen zubereiten, aber noch besser wird er im Mikrowellengerät, weil die Trüffeln darin weniger austrocknen, aber mehr Duft abgeben.

Für zwei Personen:
2 EL erstklassige Butter (etwa 40 g),
3 mittelgroße Kartoffeln,
1 Trüffel von 30 bis 40 g,
Salz, Pfeffer aus der Mühle,
1/8 l süße Sahne,
2 bis 3 EL Crème fraîche

Butter zimmerwarm werden lassen und eine Gratinform von etwa 25 cm Durchmesser damit ausschmieren. Die Kartoffeln schälen, die Trüffel bürsten. Die Hälfte der Kartoffeln in dünnen Scheiben in die Form hobeln, gleichmäßig verteilen, salzen und pfeffern. Die Trüffel darüber hobeln, ebenfalls verteilen, salzen und pfeffern, genauso mit dem Rest der Kartoffeln in einer dritten Schicht verfahren. Sahne darüber gießen, Crème fraîche darauf streichen, mit Klarsicht- oder Mikrowellenfolie abdecken, auf stärkster Stufe 15 Minuten garen. Paßt ganz hervorragend zu jeder Art von dunklem Fleisch. Will man nur einen Salat dazu essen, nimmt man vier oder fünf Kartoffeln.

Im Rhônetal, wo zwischen Natur und Industrieanlagen:

Auch wenn an der Autobahn kein Schild den Reisenden darauf hinwiese »Vous êtes en Provence«, er würde die Veränderung auf der Fahrt in den Süden trotzdem spüren: Sobald man die Nougatstadt *Montélimar* hinter sich gelassen hat, wird das Licht auf einmal schimmernd, seidig-weich, über den Himmel ziehen silbern glänzend duftige Wolkenstreifen; oder, sollte der unumgängliche Mistral das Rhônetal hinunterfegen, der die Sonne gleißend macht und mit geradezu brutaler Kraft schwarze Schatten zeichnen läßt, dann wirkt das vorher sanfte Blau auf einmal dunkel, lila fast: Kontraste, die von der Intensität des Südens zeugen.

Die Rhône war immer schon eine wichtige, allerdings auch schwierige Verkehrsverbindung zwischen Nord und Süd. Der zweitlängste und wasserreichste Fluß Frankreichs, der dem Rhônegletscher in den Schweizer Alpen entspringt, erreicht beim »Engpaß«, dem sogenannten *Défilé* von *Donzère* den »Midi«, den Süden. Hier zwängt sich der Fluß zwischen fast senkrechten Felsenwänden durch und entwickelt gefährliche Strömungen und Strudel. Bis Staustufen den Fluß leichter befahrbar machten, galt die Reise mit dem Schiff hier als höchst gefährlich. Die weithin sichtbare Figur des *St. Michel* auf einer der Klippen sollte die Schiffer während der riskanten Passage schützen.

Der Schiffer Sorge war für die Industrie indes ein Segen: das starke Flußgefälle ließ sich zur Stromgewinnung nutzen, 22 Wasserkraftwerke sind heute entlang dem Flußlauf installiert. Gleich südlich von *Donzère*, bei *Pierrelatte*, beherrscht ein gigantisches Atomkraftzentrum die Landschaft. Die gewaltige *Cité de l'Usine*, wie der Atomkomplex stolz genannt wird, und die kolossalen Kanalbauten aus den 30er Jahren wirken inmitten der von Felsen gesäumten, landschaftlich reiz-vollen Ebene in ihrer betongefaßten Brutalität erschreckend.

Von *La-Garde-Adhémar*, *St-Restitut*, *Saint-Paul-Trois-Châteaux*, den entzückenden, kleinen Dörfern auf der Höhe östlich des Flusses, hat man über die Ebene jeweils einen prächtigen Blick. Daß die sorgsam restaurierten Orte noch vor wenigen Jahren völlig verfallen waren, mag man heute kaum mehr glauben. Um die 50er Jahre hatten die Bewohner in den großen Städten Arbeit suchen müssen, weil

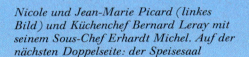

Nicole und Jean-Marie Picard (linkes Bild) und Küchenchef Bernard Leray mit seinem Sous-Chef Erhardt Michel. Auf der nächsten Doppelseite: der Speisesaal

der »Midi« beginnt, der Landgasthof »Mas des Sources«

das Land ihnen keine Chancen mehr zum Leben bot. Inzwischen sind sie zurückgekehrt, dank der Industrie ist wieder neues Leben eingezogen. Angesichts dieser Zusammenhänge fällt es schwer, die hier noch völlig ungebrochene Industrie- und Atomkraftgläubigkeit zu verurteilen ...

Oberhalb von Donzère liegt, inmitten der Weinberge, mit einem unverstellten, weiten Blick ins Land in abgeschiedener Ruhe der Landgasthof »Mas des Sources«. Nicole und Jean-Marie Picard haben das hübsche Landhaus, das sich so harmonisch in die Gegend fügt, erst vor wenigen Jahren übernommen: Restaurant und ein paar gemütliche Gästezimmer sind liebevoll eingerichtet, mit Stoffen, Möbeln und Farben, die in die Landschaft passen. Daß manchmal die Küche jedoch mehr städtisch ausgerichtet statt ausdrücklich provenzalisch wirkt, bedauert Monsieur Picard selbst. Jedoch hat er erfahren müssen, daß die Gäste, die aus der Nähe kommen – und das ist etwa die Hälfte seiner Klientel - lieber essen wollen, was in Paris gerade Mode ist, statt Gerichte zu verspeisen, die hier heimisch sind. Die eher Bordeaux und Burgunder genießen möchten, als die Weine von nebenan; Provenzalisches verschmähen sie als zu vertraut.

Der Prophet gilt eben nichts im eigenen Land – das war schon immer so. Auf diese Einstellung trifft man überall. Dazu tragen leider auch die bekannten kulinarischen Restaurantführer bei, die nur solche Häuser loben und mit Sternen oder Punkten krönen, in denen vorwiegend edle, teure Produkte, wie Gänseleber und Trüffeln, auf der Karte stehen, ein kleines, bescheidenes Restaurant dagegen unbedeutend finden, dessen Spezialität, »nur« eine *Daube* etwa, jener herrliche provenzalische Schmortopf, der aus dem richtigen Fleisch mit einem vorzüglichen Rotwein zubereitet, bestimmt die seltenere Delikatesse ist.

Nun versucht Jean-Marie Picard, der als früherer Weinhändler und leidenschaftlicher Weinliebhaber über einen eindrucksvollen Keller mit Kreszenzen aus sämtlichen Regionen Frankreichs, auch der Provence, verfügt, zusammen mit seinem Küchenchef Bernard Leray beidem gerecht zu werden. Den Gästen kommt's zugute: sie können zwischen feinen Kreationen und Bodenständigem wählen, auch, was die Weine anbetrifft.

1

– RAVIOLI D'ESCARGOTS –

SCHNECKEN-RAVIOLI

Hierfür braucht man die kleinen provenzalischen Weinbergschnecken, die sogenannten *escargots* oder *petits gris*, die würziger sind als die hiesigen – in Frankreich übrigens auch billiger. Man kauft sie in Dosen.

Für vier Personen:
½ Portion Nudelteig (Rezept Seite 94), Mehl, 1 Eiweiß, 1 Dose provenzalische Schnecken (200 g), 100 g Kalbfleisch, Salz, Pfeffer, 100 g Crème fraîche, je 250 g Möhren, Sellerie und Lauch, 3 Schalotten, 4 Knoblauchzehen, 100 g Petersilie, 4 EL Olivenöl, 1 l Geflügelbrühe, 200 g Spinat

Den Teig dünn ausrollen, mit Mehl bestäuben und mit Eiweiß einpinseln. Zwei Eßlöffel Schnecken mit zwei Löffeln des Safts aus der Dose, dem restlichen Eiweiß und dem eiskalten Kalbfleisch sowie der ebenfalls kühlschrankkalten Crème fraîche im Mixer pürieren, dabei salzen und pfeffern. Das Wurzelgemüse in dünne Scheiben hobeln, etwa zwei Eßlöffel davon jedoch winzig würfeln, mit ebensoviel winzig gewürfelter Schalotte und ein wenig Koblauch in etwas heißem Öl andünsten. Abgekühlt unter die kaltgestellte Farce mischen.
Teelöffelweise in exakten Abständen Häufchen auf eine Hälfte der Teigfläche setzen, mit der anderen Hälfte abdecken. Ravioli ausschneiden oder -radeln. In reichlich Salzwasser behutsam fünf bis acht Minuten gar ziehen lassen.
Das restliche Gemüse in etwas Öl andünsten, mit Brühe auffüllen und in 20 Minuten gar kochen. Zum Schluß die Schnecken samt Saft zufügen, mit Petersilie bestreuen, abschmecken und die Ravioli einlegen. Wie eine Suppe in tiefen Tellern servieren. Die restliche Petersilie mit dem Spinat blanchieren, mit zwei Knoblauchzehen, Salz, Pfeffer und zwei Löffeln Olivenöl zu einer würzigen Paste mixen. Getrennt dazu reichen.

2

– LANGOUSTINES EN SALADE D'ASPERGES –

SCAMPI MIT SPARGELSALAT

Für vier Personen:
400 g grüner Spargel, Salz, 400 g ausgelöste Scampi, Pfeffer, 4 EL Zitronensaft, 5 EL Olivenöl, ½ Endiviensalat, 1 rote Paprikaschote, 1 kleine Handvoll Walnüsse, 1 EL Sherry-Essig

Nur die Spargelspitzen nehmen (den Rest für einen Flan, eine Sauce etc. verwenden). In Salzwasser knackig kochen. Die Scampi entdärmen (am Rücken längs aufschlitzen, den Darm herausziehen), mit Salz, Pfeffer, etwas Zitronensaft und Öl marinieren, erst kurz vor dem Servieren über Dampf vorsichtig garen.
Zuvor jedoch den Salat quer in feine Streifen, die Paprikaschote in winzige Würfel schneiden. Mit den grobgehackten Nüssen mischen und mit einer Marinade aus Zitrone, Essig, Salz, Pfeffer und Öl anmachen.
Wie auf dem Photo anrichten und so servieren, daß Spargel und Scampi noch lauwarm sind.

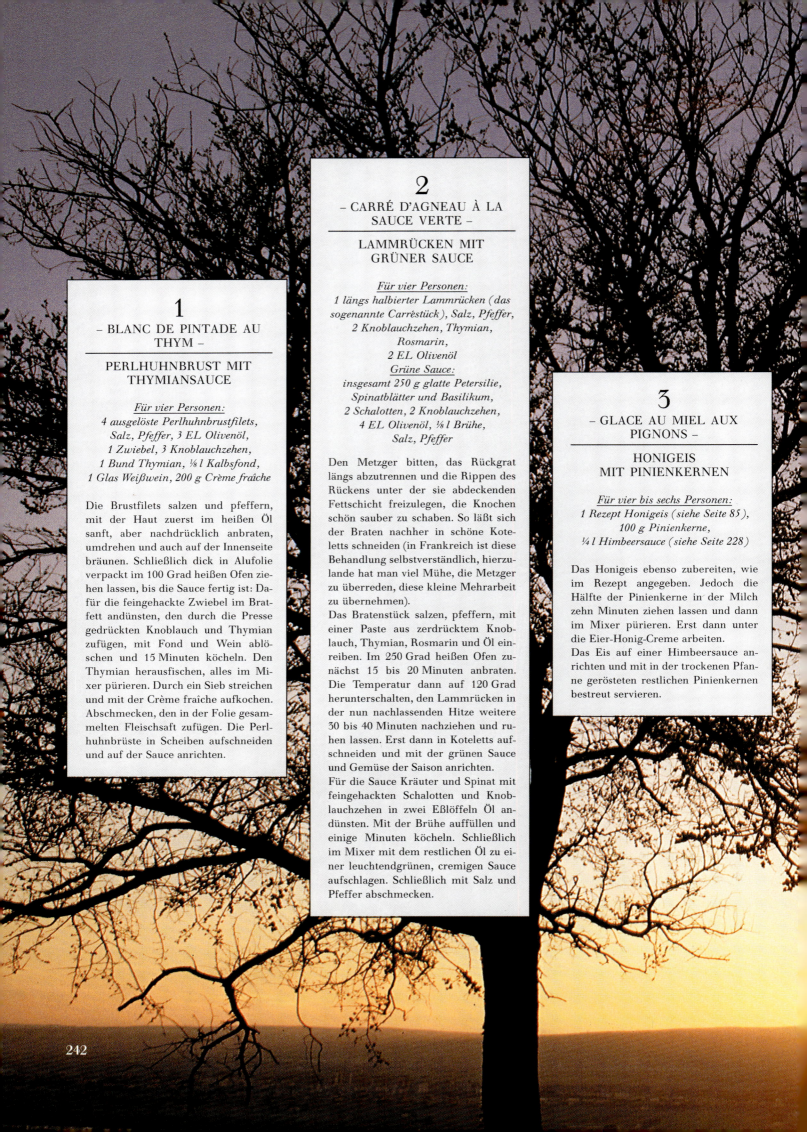

1
– BLANC DE PINTADE AU THYM –

PERLHUHNBRUST MIT THYMIANSAUCE

Für vier Personen:
4 ausgelöste Perlhuhnbrustfilets,
Salz, Pfeffer, 3 EL Olivenöl,
1 Zwiebel, 3 Knoblauchzehen,
1 Bund Thymian, ⅛ l Kalbsfond,
1 Glas Weißwein, 200 g Crème fraîche

Die Brustfilets salzen und pfeffern, mit der Haut zuerst im heißen Öl sanft, aber nachdrücklich anbraten, umdrehen und auch auf der Innenseite bräunen. Schließlich dick in Alufolie verpackt im 100 Grad heißen Ofen ziehen lassen, bis die Sauce fertig ist: Dafür die feingehackte Zwiebel im Bratfett andünsten, den durch die Presse gedrückten Knoblauch und Thymian zufügen, mit Fond und Wein ablöschen und 15 Minuten köcheln. Den Thymian herausfischen, alles im Mixer pürieren. Durch ein Sieb streichen und mit der Crème fraîche aufkochen. Abschmecken, den in der Folie gesammelten Fleischsaft zufügen. Die Perlhuhnbrüste in Scheiben aufschneiden und auf der Sauce anrichten.

2
– CARRÉ D'AGNEAU À LA SAUCE VERTE –

LAMMRÜCKEN MIT GRÜNER SAUCE

Für vier Personen:
1 längs halbierter Lammrücken (das sogenannte Carréstück), Salz, Pfeffer,
2 Knoblauchzehen, Thymian, Rosmarin,
2 EL Olivenöl
Grüne Sauce:
insgesamt 250 g glatte Petersilie, Spinatblätter und Basilikum,
2 Schalotten, 2 Knoblauchzehen,
4 EL Olivenöl, ⅛ l Brühe,
Salz, Pfeffer

Den Metzger bitten, das Rückgrat längs abzutrennen und die Rippen des Rückens unter der sie abdeckenden Fettschicht freizulegen, die Knochen schön sauber zu schaben. So läßt sich der Braten nachher in schöne Koteletts schneiden (in Frankreich ist diese Behandlung selbstverständlich, hierzulande hat man viel Mühe, die Metzger zu überreden, diese kleine Mehrarbeit zu übernehmen).
Das Bratenstück salzen, pfeffern, mit einer Paste aus zerdrücktem Knoblauch, Thymian, Rosmarin und Öl einreiben. Im 250 Grad heißen Ofen zunächst 15 bis 20 Minuten anbraten. Die Temperatur dann auf 120 Grad herunterschalten, den Lammrücken in der nun nachlassenden Hitze weitere 30 bis 40 Minuten nachziehen und ruhen lassen. Erst dann in Koteletts aufschneiden und mit der grünen Sauce und Gemüse der Saison anrichten.
Für die Sauce Kräuter und Spinat mit feingehackten Schalotten und Knoblauchzehen in zwei Eßlöffeln Öl andünsten. Mit der Brühe auffüllen und einige Minuten köcheln. Schließlich im Mixer mit dem restlichen Öl zu einer leuchtendgrünen, cremigen Sauce aufschlagen. Schließlich mit Salz und Pfeffer abschmecken.

3
– GLACE AU MIEL AUX PIGNONS –

HONIGEIS MIT PINIENKERNEN

Für vier bis sechs Personen:
1 Rezept Honigeis (siehe Seite 85),
100 g Pinienkerne,
¼ l Himbeersauce (siehe Seite 228)

Das Honigeis ebenso zubereiten, wie im Rezept angegeben. Jedoch die Hälfte der Pinienkerne in der Milch zehn Minuten ziehen lassen und dann im Mixer pürieren. Erst dann unter die Eier-Honig-Creme arbeiten.
Das Eis auf einer Himbeersauce anrichten und mit in der trockenen Pfanne gerösteten restlichen Pinienkernen bestreut servieren.

243

Zum Winterausklang: Pfirsichblüte.

Nachdem die im Rhônetal angesiedelte Industrie den Menschen wieder genügend Lohn und Brot versprach, zog in den einst verlassenen Orten wieder neues Leben ein. Es kehrten jedoch nicht nur die früheren, einst aus Not in die Ballungszentren geflohenen Einwohner wieder zurück; der Bedarf an noch mehr Arbeitskräften brachte zusätzlich Einwanderer: Aus den ehemaligen Kolonialgebieten und Überseedepartements, von den Antillen, aus Nord-, Zentral- und Westafrika kamen Schwarze und Araber ins Mutterland, die ihrerseits auf der Suche nach besseren Lebensverhältnissen waren. Schließlich viele Algerienfranzosen, die sogenannten *Pieds noirs*. Sie vor allem waren es, die die aufgelassenen Ländereien wieder in Betrieb nahmen, dank Staatskrediten und moderner Technik zunehmend rentabel ausbauen konnten! So entstanden längs der Rhône jene endlosen Obst-

Für die Provence: ein Neubeginn

plantagen, die im ausgehenden Winter, wenn der nahende Frühling ihnen Blüten aufsteckt, zu rosa oder weißen Wolken explodieren.
Die Mischung, die das Zusammenleben so unterschiedlicher Kulturen mit sich brachte, sorgte für Vielfalt und für ungewohnte, frische Farben. Besonders gut läßt sich dies auf Märkten beobachten, zum Beispiel in Donzère an jedem Samstagmorgen: Hier kaufen neben den französischen Hausfrauen, die ungerührt vor dem arabischen Teppichstand ihren Klatsch abhalten, ganz selbstverständlich auch die halbverschleierten Neubürgerinnen ein; man kann provenzalischen Ziegenkäse oder karibische Blutwurst kosten, neben klassischen Blue jeans arabische *Kaftane* anprobieren. Und der typische Provence-Duft nach Knoblauch, Kräutern und Olivenöl wird angereichert durch das Parfum von Koriandergrün, *Harissa* und *Kurkuma*.

Restaurants & Hotels

Auberge du Soleil, Coaraze, 06390 Contes;
Tel: 04 93 79 08 11 (S. 195)

Auberge La Fontaine, 84210 Venasque;
Tel: 04 90 66 02 96 (S. 230)

Hostellerie du Pont de Gau, 13460 Saintes-
Maries-de-la-Mer; Tel. 04 90 97 81 53 (S. 203)

Hostellerie de la Fuste, 04210 Valensole;
Tel: 04 92 72 05 95 (S. 80)

Hôtel d'Europe; 84000 Avignon;
Tel: 04 90 14 76 76 (S. 226)

Hôtel La Tartane, Route des Salins,
83990 St-Tropez; Tel. 04 94 97 21 23 (S. 180)

Hôtel Château des Alpilles, 13210 St-Rémy-
de-Provence; Tel. 04 90 92 03 33 (S. 222)

Hôtel Les Roches, Aiguebelle Plage,
83980 Le Lavandou; Tel: 04 94 71 05 07 (S. 20)

La Merenda, 06000 Nizza; 4, rue de la Terrasse;
kein Telefon (S. 188)

Lou Mas Dou Juge, 13460 Les Saintes-
Maries-de-la-Mer; Tel: 04 66 73 51 45 (S. 199)

Mas de la Pagane, 15, Avenue du Mas Ensoleillé,
06600 Antibes; Tel: 04 93 33 33 78 (S. 102)

Mas du Langoustier, 83400 Ile de Porquerolles;
Tel: 04 94 58 30 09 (S. 28)

Restaurant Alexandre, 30128 Garons (Nîmes);
Tel: 04 66 70 08 99 (S. 158)

Restaurant Chez Nous, 83470 St-Maximin-
la-Ste-Baume; Tel: 04 94 86 52 40 (S. 110)

Restaurant La Beaugravière, 84430 Mondragon;
Tel: 04 90 40 82 54 (S. 66)

Restaurant Le Lunch, Calanque de Sormiou,
13009 Marseille; Tel: 04 91 25 05 37 (S. 170)

Restaurant Louis XV, Hôtel de Paris,
Monte Carlo, 98000 Monaco;
Tel: 04 92 16 30 01 (S. 44)

Restaurant Le Vaccarès, Place du Forum,
13200 Arles; Tel: 04 90 96 06 17 (S. 209)

Restaurant Ou Ravi Provençau,
13520 Maussane-Les-Alpilles; Tel: 04 90 54 31 11

Restaurant Prévot, 84300 Cavaillon;
Tel: 04 90 71 32 43 (S. 126)

Restaurant Puyfond, 13100 Aix-en-Provence;
Tel: 04 42 92 13 77 (S. 121)

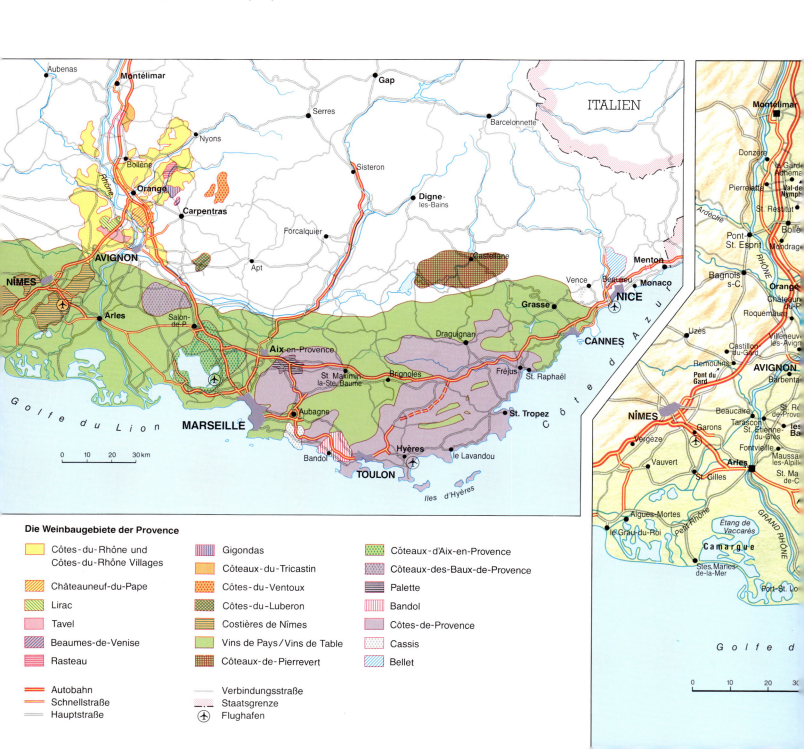

Weingüter & Handwerk

Château Barbeyrolles, Régine Sumeire, Gassin, 83990 St-Tropez; Tel: 04 94 56 33 58 (S. 181)

Château Minuty, M. et Mme Matton-Farnet, Gassin, 83990 St-Tropez; Tel: 04 94 56 12 09 (S. 182)

Château Rayas, M. Emanuel Reynaud, 84230 Châteauneuf-du-Pape; Tel: 04 90 83 73 09 (S. 70)

Coopérative Oléicole de la Vallée des Baux, 13520 Maussane-Les-Alpilles; Tel: 04 90 54 32 37 (S. 215)

Domaine de Durban, Leydier et Fils, 84190 Beaumes-de-Venise; Tel: 04 90 62 94 26 (S. 59)

Domaine Caillol, François et Joseph Caillol, 13260 Cassis; Tel: 04 42 01 05 35 (S. 179)

Domaine du Trévallon, 13103 St-Étienne-du-Grès; Tel: 04 90 49 06 00 (S. 221)

Bibliographie

ARNABOLDI, D., Jean »Guide des spécialités gastronomiques de France« Éditions Albin Michel, 1967, Paris

BORELLI, Irene, »La cuisine provençale«, Solar, 1975

BRÖHAN, Magrit, »Die Provence – Morgensegel Europas«, 1989 Piper-Verlag, München

DAUDET, Alphonse, »Briefe aus meiner Mühle«, 1971 Universalbibliothek Reclam, Stuttgart

DROSTE, Thorsten, »Die Provence«, DuMont Kunst-Reiseführer, 3. Auflage 1988, DuMont-Verlag, Köln

ESCUDIER, Jean-Noel, »La véritable cuisine provençale et niçoise«, 1974, Maury-Imprimeur

FORBES, Leslie, »Eine kulinarische Reise durch die Provence«, 1988 DuMont Buchverlag, Köln

GALLO, Chantal, »Die Küche der Provence«, 1985 Heyne-Verlag, München

GAULT-MILLAU, Guide France 1989

GIONO, Jean, »Der Mann mit den Bäumen«, 1972 Flamberg-Verlag, Zürich

GÖTZE, Karl-Heinz, »Provence. Ein Reisebuch«, 1987 Verlag Ellert & Richter, Hamburg

GOURMET Nr. 49, »Provence und Côte d'Azur: Restaurants und Weine«

HACHETTE »Weinatlas Frankreich«, 1989 Droemersche Verlagsanstalt, München

HB-BILDATLAS »Provence«, 1986 und HB-BILDATLAS »Côte d'Azur«, 1988 HB-Verlags- und Vertriebsgesellschaft, Hamburg

LICHTNER, Monique, »Knoblauch, Kräuter und Oliven«, 1987 Heyne-Verlag, München

MERIAN »Provence«

MICHELIN Reiseführer »Provence, französische Riviera«

NEUNER-Duttenhofer, Bernd, »Französisch Kochen«, 1975 Co-Publica-Verlagsgesellschaft, München

NEUWIRTH, Hubert und Petra, »Provence«, 1985 Süddeutscher Verlag, München

PAGNOL, Marcel, »Eine Kindheit in der Provence«, 1988 Goldmann

PHILIPPON, Henri, »Cuisine de Provence« 1977 Éditions Albin Michel, Paris

POBÉ, Marcel »Provence«, 1962 Walter-Verlag, Olten

REBOUL, J.-B., »La cuisinière provençale«, Éditions Tacussel, Marseille

SCHEFFEL, Victor von, »Reisebilder«, Meyer's Klassiker-Ausgaben, 1917 Bibliographisches Institut, Leipzig

SCHOELLER Hannes W.A., »Die Küche der Provence«, 1972 Heyne-Verlag, München

SCHREIBER, Hermann, »Provence. Zauber des Südens«, 1974 Hallwag, Bern

–, »Die Côte d'Azur und ihr Hinterland« 1986 Süddeutscher Verlag, München

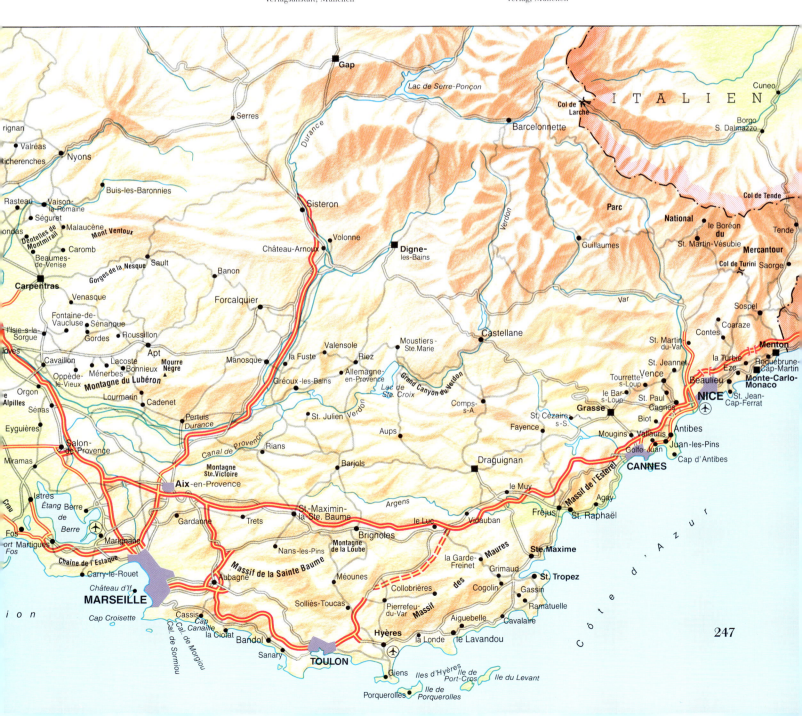

Rezeptregister

Hors d'œuvres, entrées et salades

Asiette de crudités 142
Beignets de crabes aux épinards 226
Cabrette au jardin 196
Carpaccio de poissons 170
Charlotte des courgettes et dindonneau 122
Cœurs de salade à la truffe 236
Crevettes marinées 216
Effeuillée de morue 208
Feuilletés de chèvres (piquantes) 18
Foie gras à la salade d'artichauts 216
Frisée aux croûtons d'ail 200
Langoustines en salade d'asperges 240
La salade Niçoise 189
Les beignets de sardines à la purée de poivrons doux 22
Mousse aux tomates 158
Palmiers 36
Pan bagna 109
Pissaladière 103
Pointes d'asperges, émulsion d'huile d'olive et vinaigre balsamico 46
Poireaux aux truffes 236
Rillettes de truite et flétan fumé 120
Salade aux pissenlits 52
Salade aux rognons d'agneau 67
Salade Coarazienne 196
Salade de sot l'y laisse et foie blond 226
Salade de truite saumonée marinée a l'huile d'olive 80
Suprêmes de lapin et foie gras en salade 231

Tarte Tropézienne 184
Terrine de langues de morue 127
Terrine de poisson à la sauce homardine 66
Terrine de tête de veau 158
Terrine maison 202
Tourte Provençale 104

Soupes et potages

Aïgou boulido 60
Crème aux morilles 54
Crème de petits pois en »cappuccino« 48
La soupe claire de langoustines 22
Soupe au cresson 52

Les sauces

Aïoli 87
Anchoïade 96
Bagnarot 96
Coulis de framboise 228
Pistou 190
Rouille 174
Sauce vanille 202
Tapenade 96 et 230

Légumes et accompagnements

Ail au four 109
Anchoïade 200
Artichauts à la barigoule 219
Artichauts aux haricots secs 26
Artichauts farcis 26
Bohémienne de légumes 112
Canneloni d'herbes et salades 48
Canneloni maison 94
Étuvée d'artichauts et courgettes aux truffes 30
Fassum 99
Filets de truites aux pignons 104
Flan de poissons 147
Fleurs de courgettes farcies 98
Foie de veau aux griottes 232
Foie gras au coriandre et nouilles vertes 251
Friture de fleurs de courgettes 97
Gratin de cardons truffé 236
Gratin de courgettes 100
Gratin de pommes de terre truffé 236
La ratatouille 163
Légumes de printemps 54
Les petits farcis I 82
Les petits farcis II 94
Les petits farcis III 98
Mosaïque de légumes au basilic 120
Omelette aux artichauts 26
Pâtes au pistou 190
Ravioli d'escargots 240

Poissons et crustacées

Blanc de loup au bouillon d'anis 228

Bouï de congre à la rouille 202
Brandade 156
Colinot au four aux épinards et ravioli de potiron 31
Crevettes en pâte de riz 32
Croquant de moules 170
Filet de loup de mer avec sauce Vignelaure 110
Filets de poissons à la marinière 160
Filets de rouget au flan d'aubergines 127
Homard, vongole et soupions aux pâtes en impression de feuilles 48
L'Aïoli des Roches 24
La barigoule de tous les légumes aux coquillages 22
La bouillabaisse du pêcheur 169
La brandade de cabillaud 24
Le filet de st-pierre à la huile parfumée 22
Le taboulé de loup en peau d'épices 22
Morue aux pois chiches 42
Poissons grillés et confit de pommes de terres 172
Risotto au ris de veau et langoustines 208
Rougets en filets et un sauté de pommes et courgettes 49
Sardines à la sauce tomate 97
Sardines farcies 190
Saumon dans le potager 81
Soupe de poisson 174
Tian de morue aux épinards 42
Tian de morue 110
Tresse de truite saumonée sur julienne d'artichauts 128
Truites grillés 131

Viandes, abats et volailles

Agneau en mille feuilles de courgettes 128
Blanc de pintade au thym 242
Brouffado des mariniers du Rhône 210
Cailles au romarin 61
Cailles farcies 100
Canard colvert rôti 202
Canette aux pêches 104
Carré d'agneau à la sauce verte 242
Côte d'agneau au flan d'ail 112
Côte de bœuf grillé à la sauce Trévallon 68
Côte et pied de cochon de lait 49
Côtelette de porc et beignets de courgettes 145
Effiloché d'onglet 160
Eminé de filet de bœuf aux huîtres 32
Filet d'agneau au thym 219
Joues de porc braisées 111
La daube de bœuf 122
La daube maison 95
Lapin à l'ail et au thym 219
Lapin à la purée d'olives noires 68
Lapin aux olives 62

Lapin farci 62
Noisettes de laperau à la tomate 82
Paella 156
Pièce de bœuf marinée au Châteauneuf-du-Pape 228
Pieds et paquets à la Provençale 112
Pigeons au thym 62
Poulet à la crème de morilles 54
Poulet à la sauge 61
Poulet au citron 143
Rôti de chevreau farci 232
Rôti de veau 184
Tripes à la Niçoise 191

Les desserts

Beignets caramélisés 202
Beignets de fleurs d'acacia et de sauge 58
Chocolat glacé à l'Amaretto 49
Composition des fruits d'été 124
Crème brulée 210
Feuilletés de chèvres (doux) 18
Figues au rosé 104
Fougasse 206
Fromage blanc au sucre brun 122
Galette au cerises 64
Gâteau a la mousse au chocolat 160
Gâteau au chocolat 210
Glace au miel aux fleurs de lavande 85
Glace au miel aux pignons 242
Gratin de fraises au Muscat de Beaumes de Venise 68
La brouillade aux fruits 172
La soupe aux trois fruits 172
Le gratin de griottes et parfait réglisse 24
Le nougat glacé 172
Melon de Cavaillon 128
Melons au Muscat de Beaume de Venise 124
Mousse au chocolat 122
Poires au vin rouge 82
Sorbet aux fraises 184
Soupe de pêche 82
Tarte Tatin 232
Tian de lait aux cerises 64

Les confits

Confiture de courge 18
Griottes confits 232
Olives maison 93
Pâte de coings 200
Vin d'orange 93

Recettes de base

Bisquit au chocolat 122
Pâte brisée (salée) 104
Pâte brisée (sucrée) 232
Pâte de nouilles 94
Tuiles aux amandes 32

Rezeptregister

Vorspeisen & Salate

Anchoïade 200
Anchovisbrot mit Tomaten 109
Aufgeblätterter Stockfisch 208
Bunter Salat mit Lammnieren 67
Charlotte von Zucchini und Babypute 122
Eingelegte Krabben 216
Endiviensalat mit Knoblauch-croûtons 200
Fischterrine 68
Gänseleber auf Artischocken-salat 216
Gebackene Garnelen mit Spinat 226
Grüner Trüffelsalat 236
Hähnchensalat mit blonder Leber 226
Junger Ziegenkäse im Garten 196
Kalbskopfterrine 158
Kaninchenrücken und Gänse-stopfleber im Salat 231
Kleiner Salat von Spargelspitzen 46
Lauchsalat mit Trüffel 236
Löwenzahnsalat 52
Paste von geräucherter Forelle und Heilbutt 120
Provenzalischer Gemüse-kuchen 104
Salat nach Art von Coaraze 196
Salat nach Nizzaer Art 189
Salat von Lachsforelle mit Olivenöl 80
Salzige Käsetaschen mit Basilikum 18
Sardellenkuchen nach Art von St-Tropez 184
Sardellenkuchen 103
Sardinen mit Tomatensauce 97
Scampi mit Spargelsalat 240
Schweinsöhrchen 36
Terrine nach Art des Hauses 202
Tomatenschaum 158
Vorspeisenteller 142

Suppen

Brunnenkressesüppchen 52
Erbsencremesuppe à la Cappuccino 48
Klare Suppe mit Meeres-früchten 22
Morchelcremesüppchen 54
Salbeisuppe 60

Saucen

Aïoli 24 und 89
Anchoïade 96
Auberginenpüree 196
Bagnarot 96
Frisches Tomatenpüree 112
Grüne Sauce 242
Himbeersauce 228
Hummermayonnaise 226
Hummersauce 66
Paprikasauce 22
Petersiliensauce 82
Piparade 81
Pistou 190
Ratatouillepüree 196
Rouille 174
Tapenade 96 und 230
Tomatensauce 83
Tomatensauce 94
Tomatensauce 97
Vanillesauce 202

Gemüse & Teigwaren

Artischocken mit weißen Bohnen 26
Artischocken-Omelett 26
Artischocken-Ragout 28
Artischocken-Ragout Barigoule 219
Basilikum-Nudeln 190
Canneloni aus Kräutern und Salat 48
Eingemachte Kartoffeln 172
Frühlingsgemüse 54
Gänseleber mit Koriandergrün und grünen Nudeln 231
Gebackener Knoblauch 109
Gebackene Zucchiniblüten 97
Gedämpfte Artischocken mit Zucchini und Trüffeln 30
Gefüllte Artischocken 26
Gefüllte Gemüse 94
Gefüllte Gemüse III 98
Gefüllte Kartoffeln 82
Gefüllte Teigblätter 94
Gefüllter Wirsing 99
Gefüllte Zucchiniblüten 98
Gemüse à la Barigoule mit Meeresfrüchten 22
Gemüse-Mosaik mit Basilikum 120
Getrüffelter Kartoffelgratin 236
Große Aïoli nach Art des Hauses 24
Karden-Gratin mit Trüffeln 236
Kürbis-Ravioli 31
Panisses 191
Provenzalische Gemüsepfanne 163
Provenzalisches Gemüse 112
Schnecken-Ravioli 240
Zucchiniauflauf 100

Fisch

Brandade vom Kabeljau 24
Brandade vom Stockfisch 156
Die große Aïoli 87
Filet vom Seewolf im Anis-Sud 228
Fisch-Carpaccio 170
Fisch-Pudding 170
Fischsuppe nach Art der Fischer 169
Fischsuppe 174
Forellenfilets mit Pinienkernen 104
Gebackene Sardinen 22
Gebratene Fischfilets 160
Gedämpftes Steinbuttfilet 210
Gefüllte Sardinen 190
Gegrillte Forellen 131
Gegrillter Fisch 172
Hummerkrabben im Reisteig-mantel 32
Knusprige Rolle mit Muscheln 170
Lachsforellenzopf 128
Lachs im Gemüsegarten 81
Meeraal-Ragout mit Rouille 202
Meeresfrüchte mit Teigblättern 48
Risotto mit Bries und Scampi 208
Rougetfilets auf Kartoffeln 48
Rougetfilets mit Auberginenflan 127
Seewolffilet auf grüner Spargel-sauce 22
Seewolffilet mit Rotweinsauce 110
Stockfischauflauf 110
Stockfischauflauf mit Spinat 42
Stockfisch mit Kichererbsen 42
St-Pierre-Filet in duftendem Öl 22
Terrine von Kabeljauzungen 127
Überbackener Seehecht mit Spinat 31

Fleisch

Gebratene Krickente 202
Gefüllter Zickleinbraten 232
Gefülltes Kaninchen 62
Gefüllte Wachteln 100
Gegrilltes Ochsensteak mit Rotweinsauce 68
Geschmorte Schweinebäckchen 111
Hähnchenbrust in Morchelrahm 54
Hochrippensteak in Rotwein 228
Kalbsbraten 184
Kalbsleber mit Sauerkirschen 232
Kaninchenmedaillons auf Tomatensauce 83
Kaninchen mit Knoblauch und Thymian 219
Kaninchen mit Püree von schwarzen Oliven 68
Kaninchenragout mit Oliven 62
Kotelett und Füßchen vom Spanferkel 49
Kronfleisch in dünnen Scheiben 160
Kutteln nach Nizzaer Art 191
Lammfilet mit Thymian 219
Lammfüßchen und Päckchen 112
Lammkoteletts mit Knoblauch-flan 112
Lammrücken mit grüner Sauce 242
Lamm zwischen Zucchini-blättern 128
Ochsenfiletstreifen mit Austern 32
Perlhuhnbrust mit Thymian-sauce 242
Provenzalischer Schmortopf 122
Provenzalisches Schmorfleisch 95
Reispfanne 156
Salbei-Hähnchen 61
Sauerbraten nach Art der Rhônefischer 210
Schweinekotelett mit gebacke-nen Zucchinischeiben 143
Thymian-Täubchen 62
Wachteln mit Rosmarin 61
Wildente mit Pfirsich 104
Zitronenhähnchen 143

Desserts

Birnen in Rotwein 82
Cavaillon-Melone 128
Erdbeer-Gratin 68
Erdbeersorbet 184
Falsches Rührei mit Früchten 172
Feigen in Rosé 104
Gebackene Akazienblüten und Salbeiblätter 58
Gebrannte Creme 210
Geeister Nougat 172
Geeiste Schokolade mit Amaretto 49
Hefekuchen mit Orangenduft 206
Honigeis mit Pinienkernen 242
Karamelisierte Krapfen 202
Kirschkuchen 64
Lavendelhonigeis 85
Milchauflauf mit Kirschen 64
Obstsalat 124
Obstsuppe aus dreierlei Früchten 172
Pfirsichsuppe 82
Sauerkirsch-Gratin mit Lakritz-Parfait 24
Schokoladenbiskuit 122
Schokoladenkuchen 210
Süße Käsetaschen 18
Tarte Tatin 232
Weißkäse mit braunem Zucker 122
Zweierlei Melonenkugeln in Beaumes-de-Venise 124

Eingemachtes

Eingelegte Sauerkirschen 232
Kürbiskonfitüre 18
Orangenwein 93
Quittenbrot 200
Selbst eingelegte Oliven 93
Zwiebelrose 127

Grundrezepte

Hefeteig (Pizza) 103
Mandelhippen 32
Mousse au chocolat 160
Mürbeteig (salzig) 104
Mürbeteig (süß) 232
Nudelteig 94
Schoko-Biskuit 122

Register

A
Achour 30
Aiguebelle 20, 34
Aigues-Mortes 207
Aiguines 88
Aix-en-Provence 7, 76, 77, 86, 118, 120, 123
Albi 154
Albigenser 154
Allemagne en Provence 80, 87
Alpes de Haute-Provence 10
Alpilles 10, 213, 215, 216, 218, 220
Andreas-Salomé, Lou 216
Antibes 102
Antonius, Mare 154
Apt 136
Argilliers 152
Arles 7, 154, 198, 208, 209, 213, 222
Armond, Denise, und Georges 92–94
Artischocke 26, 27
Aubagne 177
Audry, Jean und Monique 203
Avignon 7, 77, 124, 224, 225, 226, 227

B
Bandol 21
Banon 142
Barbentane 222
Les Baux 212, 213
Baux, Familie des 56, 212, 213
Bauxit 213
Beaucaire 91
Beaumes-de-Venise 56, 59, 61, 65
Béjart, Maurice 227
Benjamin, Walter 167
Benkemoun, Marcel 171
Ber, Lelia Le 28
Bergamotte 21
Bertin, Oenologe 183
Bizet, Georges 222
Bon, Cathérine 222
Bonnieux 137, 138
Bories 136
Boscq, Patrick 96, 97
Bouffier, Elzéard 148
Bouillabaisse 175
Boule 87
Brougham, Lord Henry 40
Brun, Maurice 168
Bruyère 35
Bucaille, Lydia und Dominique 80–82
Burlat 65

C
Cabridou 15
Caesar 166
Cagnes 100
Caillol, François 179
Cairanne 57
Calanques 170, 176
Calissons 119
Camargue 7, 146, 164, 167, 193, 198, 207, 213
Canadel 54
Canal de Marseille 76, 77
Canal de Provence 76, 77
Canal du Verdon 77, 120
Cannes 7, 40, 41, 96, 100
Cap Canaille 179
Craponne, Adam de 77
Carbonel, Anne 120
Carpentras 56, 124, 230, 234, 235
Carros 188
Cassis 170, 176, 177, 179
Castellane 10, 144
Cavaillon 124
Cavalaire-sur-Mer 34
Cavalière 34
César 117
Cevennen 152
Cézanne, Paul 7, 118
Chabert, Joseph 179
Chartreuse de la Verne 35
Château Arnoux 78
Château Barbeyrolles 181
Château Coussin 181
Château de Fonsalette 72
Château Minuty 181, 182
Château Rayas 70, 71
Chateaubriand, François René de 222
Châteauneuf-du-Pape 57, 70, 71
Chusclan 57
cilantro 21
citronelle 21
Clemens VI. 225
Coaraze 195
Cogolin 34, 35
Col de Turrini 194
Colette 34
Collobrières 57
Colostre 86
Comtat Venaissin 124, 230
La Condamine 44
Contes 188
Corrida 155, 156
Côte d'Azur 8, 15, 20, 21, 34, 96
Côtes-du-Rhône 57, 72
Coulon 136
Crau 10, 77
Cucuron 137
Currypasten 21

D
Dante 212
Dauday, Henry 227
Daudet, Alphonse 88, 216, 218, 222, 226, 229
Dauphiné 76
Daura, Aurore und Jean-François 216–218
Dehennin, Bernadette und Samy 196, 197
Dentelles de Montmirail 8, 56, 57, 59, 61, 234
Doerenkamp, Michel 142, 143
Donzère 238, 239, 244
Ducasse, Alain 44, 46
Dumas, Alexandre 168
Dumas, Bernard 209, 210
Durance 54, 76, 77, 78, 86, 120, 148, 150, 222
Dürrbach, Eloï 220, 221

E
En-Vau 176
Endiviensalat 140
Esterel 8
Étang de Vaccarès 199, 201
Eure 152
Èze 194

F
Fayencen 90, 91
Féret und Fontaine 91
Fontaine de Vaucluse 8, 130
Fontvieille 216
Forcalquier 140, 142
Fos 8, 167
Fragonard, Jean Honoré 100
La Fuste 80

G
Gap 76
Garigue 121
La Garde-Adhémar 50, 238
La Garde-Freinet 15, 35, 37
Garnier, Charles 44
Garons 158
Gassin 180, 181
Gayme, Maurice 226, 227
Gerini, Georges Marie 44, 46
Giens 28
Gigondas 56, 57
Ginster 14
Giono, Jean 8, 148
Giusti, Christine und Jean 188, 190
Glanum 213
Gogh, Vincent van 213
Gordes 132
Gounod, Charles 222
Grand Canyon du Verdon 86, 88
La Grande Motte 167
Granier, Renée und Roger 199, 200
Grasse 92, 96, 97, 144
Le Grau-du-Roi 207
Gréoux-les-Bains 86, 144
Grignan 149
Grimaldi, Familie 44
Grimaud 34, 180

H
Haute-Provence 8, 142, 188
Herbes de Provence 10, 115
Hyères 26

I
Île du Levant 21

J
Jacquet, Yvonne 195
Jas 14
Johannes XXII. 57
Jourdan, Daniel 80, 81, 82
Juan-les-Pins 7, 102
Jullien, Tina und Guy 66

K
Kastanien 14, 149
Kayser, Monique und Michel 158, 159, 160
Kirschen 61, 65
Kleopatra 154
Knoblauch 6, 108
Koriander 21
Korkeichen 14
Korsika 147

L
Lac de Ste-Croix 88, 90
Lacoste 137, 139
Lakritz 24
Lamartine, Alphonse de 222
Le Lavandou 20, 21, 34
Lavendel 6, 84, 85, 92, 144
Laye 142
Lentz, Mischa 100
Lepanot, François 180
Leray, Bernard 238
Leydier, Familie 59, 60
Limans 149
Lirac 57
Lourmarin 137, 138

Lubéron 7, 90, 130, 137, 149
Lucéram 195
Ludwig II. 118
Ludwig IX. 207
Ludwig XIII. 213
Ludwig XIV. 56, 57
Lure 149
Lyon 9, 15, 66

M
Macchia 120
Malaucène 147
Malijai 76
Mandeln 124, 144
Mane 142
Manosque 80, 142, 144, 148, 150
Marseille 8, 15, 66, 76, 150, 167, 168, 176
Mas 14
Marseilleveyre 170
Massif des Maures 15, 21, 34, 38
Matton-Farnet, Familie 183
Maupassant, Guy de 34
Maurengebirge 14, 34, 35
Maussane 150, 193, 215, 216, 218
Mées 76
Melonen 124
Ménerbes 137
Menton 40, 194, 195
Michel, Erhardt 238
Milesi, Michel 80
Mimose 41
Minze 21
Mirelli, Magaly 87
Mistral (Wind) 6, 37, 67, 120, 144, 147, 198, 222, 238
Mistral, Frédéric 179, 212, 216, 222
Monaco 44
Mont Ventoux 6, 7, 56, 84, 90, 144, 146, 149, 234
Montagne Sainte-Victoire 118
Montagnette 229
Monte Carlo 8, 40, 44, 194
Montélimar 238
Morgiou 169, 170, 175
Mougins 100
Mourre Nègre 137
Moustiers-Ste-Marie 86, 88, 90, 144
Muscat de Beaumes-de-Venise 21, 59

N
Napoleon 227
Nesque 230
Nîmes 7, 152, 154, 156
Nizza 9, 15, 27, 40, 94, 100, 144, 146, 150, 186, 188, 194
Nougat de Sault 144
Nyons 150, 230

O
Octavian 154
Les Olivades 119
Oliven 150, 188, 214
Olivenöl 6, 10, 214
Oppède-le-Vieux 137
Orange 56, 154
Ott, Anne 102, 104
Ott, Olivier 103

P
Pagnol, Marcel 8, 177, 180
Paillon 186, 195
Paix, Frédérique und Roland 110–113
Palette 118
Parfums 92
Paris 15
Pastis 144
Peeters, Benoît 44
Peillon 195
Peïra-Cava 194
Perrier 164
Pétanque 37, 87
Petrarca, Francesco 130, 146, 147, 212, 225
Peyrot, Tonia 91
Pfirsiche 78
Picard, Nicole und Jean-Marie 238, 239
Picasso, Pablo 11
Pichot, Amédé 222
Pieds noirs 244
Pierrelatte 50, 238
Pissaladière 186
Pizza 106
Plantet, Alain 226, 227
Plateau d'Albion 130
Plateau de Valensole 84, 90
Plateau de Vaucluse 132, 148, 234
Pont du Gard 152
Porquerolles 28
Port-Cros 28
Port-Grimaud 34
Port-Miou 176
Port-Pin 176
Prat, Pierre 20, 21
Prévot, Sylviane und Jean-Jacques 126–128
Provence, Jeanne de 225
Puyfond 121
Pyrenäen 147

Q
Queller 203

R
Ramatuelle 34, 180
Raquillet, Jean-Christophe 234, 235
Rasteau 56
Ratatouille 162
Reynaud, Jacques 70–72
René de Provence 118
Rhône 54, 77, 91, 146, 148, 153, 164, 167, 198, 199, 207, 209, 222, 224, 238, 244
Richard, Marie Caroline und Georges 28, 30
Richaud, Michel 78
Richerenches 234
Riez 86
Rilke, Rainer Maria 216
Rinquinquin 140
Riviera 8, 186, 190
Rochegude 57
Ronceray, Olivier 14–16
Roquemaure 57
Rouille 175
Roure, Louis 162
Roussillon 136
Rustrel 136

S
de Sade, Marquis 139
Saint-Paul-Trois-Château 238
Saintes-Maries-de-la-Mer 7, 198, 199
Salins du Midi 207
Santiago de Compostela 164
Santons 115, 116, 217
Sault 84, 144
Seeigel 177
Segura, Alain und Nanou 175
Sénanque 133, 137
Serre-Ponçon 76
Sesamöl 21
Sévigné, Madame de 149
Silvacane 137, 138
Sisteron 10, 76, 78
Soehlke, Ingrid und Christian 230
Sorgue 130
Sormiou 170, 171
St-Cézaire-sur-Siagne 92
St-Etienne-du-Grès 220
St-Gilles 164
St-Martin-Vésubie 195
St-Maxime 34
St-Maximin-la-Ste-Baume 106, 110
St-Michel-de-Frigolet 229
St-Quentin-la-Poterie 162
St-Raphaël 34
St-Rémy-de-Provence 213, 222
St-Restitut 238
St-Tropez 8, 14, 34, 180, 181, 184
St. Marcellin 159
Stockfisch 42
Stopfleber 197
Sumeire, Elie, Gabriel und Jean-Pierre 117, 181
Sumeire, Regine 181
Szechuanpfeffer 29

T
Tarascon 229
Tarridec, Laurent 20, 21, 24
Tavel 57
Le Thoronet 137
Thymian 144
Toulon 76, 147
Transhumance 10
Tricastin 54
Trochet, Pierre 180
Troubadoure 212
Trüffeln 6, 234
La Turbie 194
Turenne, Raymond de 213

U
Uzès 135, 152, 162, 234

V
Vacqueyras 59
Vaison-la-Romaine 149
Val des Nymphes 50
Valensole 84, 90
Valréas 57, 150, 234
Var 14, 40, 54, 171, 234
Vasarely, Victor 132
Vaucluse 8, 132, 148, 234
Venaissin 124, 230
Venanson 195
Venasque 230
Vence 100
Vercors 159
Verdon 7, 86, 88
Vésubie 194, 195
Vilar, Jean 227
Villeneuve-lès-Avignon 224, 225, 226
Visan 57
Volonne 78
Vosgien, Jean Louis 28, 30

W
Wilhelm I. von Nassau-Oranien 56

Z
Ziegenfrischkäse 18
Zitronenblatt 21
Zitronengras 21, 29
Zola, Émile 118

251